KB013215

일몰의
저편

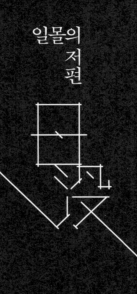

옮긴이 이규원

한국외국어대학교에서 일본어를 전공했다. 문학, 인문, 역사, 과학 등 여러 분야의 책을 기획하고 번역했으며 현재 전문 번역가로 활동중이다. 옮긴 책으로 미야베 미유키의 『이유』, 『얼간이』, 『하루살이』, 『미인』, 『진상』, 『피리술사』, 『괴수전』, 『신이 없는 달』, 『기타기타 사건부』, 덴도 아라타의 『가족 사냥』, 마쓰모토 세이초의 『마쓰모토 세이초 걸작 단편 컬렉션』, 『10만 분의 1의 우연』, 『범죄자의 탄생』, 『현란한 유리』, 우부카타 도우의 『천지명찰』, 구마가이 다쓰야의 『어느 포수 이야기』, 모리 히로시의 『작가의 수지』, 하세 사토시의 『당신을 위한 소설』, 가지야마 도시유키의 『고서 수집가의 기이한 책 이야기』, 도바시 아키히로의 『굴하지 말고 달려라』, 사이조 나카의 『오늘은 뭘 만들까 과자점』, 『마음을 조종하는 고양이』, 하타케나카 메구미의 『요괴를 빌려드립니다』, 아사이 마카테의 『야채에 미쳐서』, 『연가』, 미나미 교코의 『사일런트 브레스』 등이 있다.

NICHIBOTSU
by Natsuo Kirino
Copyright © 2020 Natsuo Kirino
All rights reserved.
Originally published in Japan by Iwanami Shoten, Publishers, Tokyo.
Korean translation rights arranged with Natsuo Kirino, Japan
through THE SAKAI AGENCY and JM CONTENTS AGENCY.

이 책의 한국어판 저작권은 THE SAKAI AGENCY와 JM CONTENTS AGENCY를 통한
Natsuo Kirino와의 독점계약으로 도서출판 북스피어에 있습니다.

기리노 나쓰오

일몰의 저편

이규원 옮김

뷰스토

차
례

일러두기
＊작게 표시된 본문의 주는 옮긴이 주입니다.
＊괄호로 표시된 주는 원저자의 주입니다.

1
장

―――――

소
환

금요일 밤, 컴퓨터가 갑자기 이상해졌다. 인터넷이 자꾸 끊기곤 해서 상태가 불안정해졌구나 싶었는데 결국 완전히 먹통이 되고 말았다. 이리저리 살펴봤지만 공유기는 정상이었고 본체도 고장난 건 아닌 듯했다. 며칠 전 짜증이 날 만큼 속도가 느려졌던 게 전조였을까.

속 타는 일이 또 하나 있었다. 기르던 고양이 곤부가 저녁에 자취를 감춘 것이다. 곤부는 흰색 바탕에 검정 얼룩이 있는 암고양이로 등에 다시마처럼 생긴 까만 얼룩이 있다_{곤부='다시마'.} 겁이 많아 밖에 산책을 하러 나가도 저녁이면 반드시 돌아오는데, 그날은 2층 베란다를 통해 옆집에서 뻗어 온 소나무 가지를 타고 나가더니 그대로 모습을 감추고 말았다.

아침이 밝으면 곤부도 돌아오고 컴퓨터도 정상으로 돌아오려나. 하는 수 없이 잠자리에 들었지만 아침이 밝아도 곤부는 돌아오지 않고 컴퓨터도 변함이 없었다. 그러나 급한 일도 없으므로 초조해하지 말자고 생각하며 전원을 끄고 업무 메일은 스마트폰으로 해결했다.

나는 기본적으로 세상일에 흥미가 없다. 절망한 탓이다. 어느새 시민이 아니라 국민이라 불리게 되었고 모든 일에 국가가 우선이며 사람들은 자유를 빠르게 국가에 넘겨주었다. 뉴스는 인터넷으로 보고 있었는데, 집권한 정권에 아부하는 논조에 진저리가 나서 이제는 쳐다보지도 않는다. 물론 텔레비전은 내다 버렸고 신문도 구독을 끊었다.

해서 곤부가 돌아오기를 기다리는 것 말고는 딱히 할 일이 없었다. 나는 읽다 만 책을 보기로 했다. 소설 쓰는 일을 하지만 동업자의 작품은 별로 읽지 않는다. 다른 작가가 쓴 글에 흥미가 없어서다.

그러나 기메타 아리에의 작품은 예외다. 아리에는 세간에 성애소설을 쓰는 여성 작가로 알려져 있다. 시작부터 끝까지 여자가 남자를, 혹은 동성끼리 몸을 섞는 야한 장면만 그린다. 젊은 여자의 격한 욕망과 여자가 꿈꾸는 온갖 섹스를 거침없이 묘사한다. 나는 기메타 아리에의 열렬한 팬이다.

아리에의 신작 제목은 '미쓰 잠들다'로, 제목은 의미심장하지만 내용은 강렬한 섹스 장면의 연속이다. 박력이 넘친다. 단숨에 읽고 아리에의 재능을 진심으로 부러워했다. 나도 이런 소설을 쓸 수 있으면 얼마나 좋을까.

내가 작년에 낸 책도 성애를 그린 작품이었다. 세상 사람들의 금기나 양식 따위로는 감히 상상도 못할 지점에 인간의 본질이 있다고 믿고 독자의 미간을 찡그리게 만들고 싶었다. 강간, 페도필리아, 페티시. 내가 생각해도 상당히 공들여 썼지만 아리에의 자유로움에는 도저히 미치지 못한다. 나는 아리에를 내심 질투하고 있었다.

아리에가 우울증으로 입원했다는 소문을 들은 게 언제쯤이더라. 『미쓰 잠들다』는 출간된 지 몇 개월 지나지 않은 신작이다. 이 작품의 교정을 끝낸 직후에 입원한 걸까.

이만한 힘을 폭발시켰으니 아리에의 마음에 침전된 앙금은 어둡고 무거우며 아마 양도 많으리라. 나는 아리에가 실제로 어떤 사람일지 상상해 보았다. 실은 아리에가 몇 살이고 어떻게 생긴 사람인지 전혀 알지 못한다.

『미쓰 잠들다』를 다 읽고 나니 컴퓨터는 어느새 원래대로 돌아와 있었다. 봐, 내가 뭐랬어. 컴퓨터가 그냥 기분이 좋지 않았던 것뿐이야. 나는 안도하며 평소처럼 친분이 있는 블로그나 인스타그램, 지인의 페이스북이나 트위터 등을 열심히 읽었다.

그러나 토요일 오후가 되도록 곤부는 돌아오지 않았다. 교통사고라도 당한 걸까. 걱정이 되어 곤부를 찾으러 밖으로 나갔다.

평소에 다닐 법한 골목이나 고양이들이 모이는 공원 등을 둘러보았지만 곤부는 보이지 않았다. 찾다 지쳐 패밀리 레스토랑에 들러 햄버거 세트를 먹고 편의점에서 야식용 도시락을 사 가지고 연립주택으로 돌아왔다.

우편함을 보니 '마쓰 유메이 귀하'라고 적힌 커다란 파란 봉투가 들어 있었다. '마쓰 유메이'는 나의 필명이다. 언젠가 본 적이 있는 봉투여서 내가 아는 정기우편물일 거라고 생각했다. 정기우편물이란 전에 살던 히가시나카노의 연립주택에 사는 주민에게 두세 달에 한 번 꼴로 받는 편지를 말한다.

그 사람 이름은 다나카. 성만 알고 이름은 모른다. 다나카는 내 또래, 즉 사십 대 초반의 주부인 듯한데, 같은 층에 사는 내가 작가임을 알게 되자 주변의 흥미로운 이야기를 열심히 모아다가 일삼아 프린트까지 해서 부쳐 주는 별난 사람이다.

3년 전이었나, 연립주택 우편함에 커다란 파란 봉투가 들어 있었다. '집필에 참고하십시오. 다나카'라는 메모와 함께. 그게 시작이었다.

우표도 붙이지 않고 주소도 적지 않고 직접 우편함에 넣은 것이므로 이사를 하면 더는 오지 않을 거라고 생각했다. 하지만 어디서 나의 새 주소를 알아냈는지, 이사한 지금도 이렇게 보내고 있다.

슈퍼마켓 점장이 매출을 늘리려고 채택한 이런저런 방법들, 운전면허도 없는 자동차 정비공장 사장이 어떻게 일을 하고 있는지, 왕따를 당한 아이의 모친이 자신의 어린 시절을 회고하는 이야기 등등. 대부분 나에게는 아무런 상관없는 고생담 종류였다.

내가 흥미를 느낀 대목은 그동안 모아서 보내 준 이야기가 아니라, 작가라면 이런 이야깃감을 원할 거라고 예단한 그녀의 상투적인 믿음이었다. 자신의 행동을 무례한 짓이라고 여기지 않는 걸까. 정작 나는 굴욕이라고 느끼는데.

결국 작가라는 인종은 이렇게 도량이 작고 타인이 하는 일을 삐딱하게 관찰하거나 멸시하기까지 하는 오만한 족속인 것이다. 더구나 자신이 당사자가 되어 휘말리는 사태만은 극력 피하려고 하는 겁쟁이이기도 하다.

그런데도 다나카는 작가라면 이런 잡다한 이야기를 좋아하고 작품에 활용하고 싶어 하리라 생각하며 본인이 작가를 돕고 있다고 믿는 것이다. 나는 파란 봉투를 볼 때마가 화가 치밀었다.

다나카 때문에 지금 사는 연립주택으로 이사했다고 해도 과언이 아니다. 이번에야말로 다시는 이런 거 보내지 말라는 말을 전달해야겠다고 마음먹었다. 한데 확인을 위해 봉투를 뒤집어 보니 보낸 이의 이름이 다나카가 아니었다.

'총무성 문화국 문화예술윤리향상위원회'라고 적혀 있다.

나는 관청하고는 전혀 인연이 없어서 무슨 연락인지 짐작도 되지 않았지만, 보는 순간 언짢은 예감이 스쳤다. 집에 들어가 봉투를 열자 얇은 종이 한 장이 나왔다. 첫머리에 '소환장'이라고 적혀 있었다.

소환장 B98호

마쓰 유메이(마쓰시게 간나) 귀하

총무성 문화국 문화문예윤리향상위원회는 귀하에 대한 독자의
제소를 심의하고 사정청취를 하고자 귀하에게 심의회에 출석할
것을 요구하는 취지의 청원서를 3월 1일부로 보냈습니다. 그러나
회답이 없이 지정된 기간이 지났으므로 귀하에게 아래 기일에 하
기 장소에 출두할 것을 요청합니다.

이곳에서는 약간의 강습 등이 예정되어 있습니다. 숙박 준비물
을 부탁드립니다.

질병이나 기타 피치 못할 사정으로 출두할 수 없는 경우에는
의사 진단서 등 개인 사정을 증명하는 서류를 첨부하여 즉시 기
일변경원을 위원회 사무국에 제출해 주십시오.

날짜 : 6월 27일 오후 1시

장소 : JR선 C역 개찰구

총무성 문화국 문화문예윤리향상위원회

'출두 날짜'는 모레이고 장소는 이바라키 현 경계에 있는 지바
현의 바닷가 도시였다.

출두라고 해서 시내에 있는 청사 건물일 줄 알았는데, 변두리
전철역의 개찰구라니. 왜 그런 데로 오라는 걸까. 더구나 날짜도
이틀 뒤로 촉박하다. 강습을 위해 숙박도 필요한 듯한데, 이렇게

일방적인 지시라면 흡사 범죄자에 대한 수감조치 같은 취급 아닌가. 나는 잠시 아연해졌다. 혹시 못된 농담, 장난이 아닐까 하는 생각도 들었다.

그러나 이 '소환장'에 적혀 있는 '청원서'라는 단어는 언젠가 본 기억이 있다.

올해 3월, 갈색 봉투가 편지함에 도착해 있었다. 심의회에 출석하기 바란다는 내용이었지만, 어떤 독자가 나의 어떤 작품 어느 대목을 무슨 이유로 제소했는지 전혀 알 수 없어서 무척 화가 났는데.

마침 평소 알고 지내던 작가를 파티에서 만난 김에 '청원서'에 대해 물어보았다. 이름은 나리타 린이치, 시대소설을 쓰는 오십 대 남자였다. 나 역시 대중소설 작가라는 범주에 속하는 만큼 거들먹거리는 순문학 작가보다 이런 속세의 화신 같은 사람하고 이야기가 더 잘 통한다.

나리타는 내 말을 듣자 "웃기지도 않는다니까. 그런 편지는 그냥 내다 버리세요. 독자들의 비난 같은 건 작가한테 연락할 것도 없이 출판사 측에서 처리하면 되는 겁니다"라고 말했다. 내가 그 편지를 봉투째 버린 데는 나리타의 시원한 말에 영향을 받은 점도 있었다. 그 뒤로 아무 연락도 없어서 다 끝난 일인 줄 알았다.

나는 인터넷이 복구된 컴퓨터를 켜고 '총무성 문화국 문화문예 윤리향상위원회'라는 조직을 찾아 보았다. 하지만 구글에서도 검색이 되지 않았다.

가공의 조직 아닐까. 나 말고도 소환장을 받은 작가가 또 있을까?

나는 쓰지오카에게 전화해 보기로 했다. 쓰지오카는 이십 대 후반 여성으로, 현재 연재 중인 월간 소설 잡지 《리터러리》의 담당 편집자이다.

나이도 어리고 경험도 얕기 때문에 미덥지는 못하지만 요즘 가장 자주 연락하는 사람인데다가 달리 상의할 만한 적임자도 없었다. 다른 편집자들과는 언젠가부터 소원해지거나 애당초 신뢰하지도 않고 있었다.

평소 쓰지오카와는 메일이나 라인을 이용해서 연락한다. 직접 목소리를 듣는 일은 드물다. 오늘은 토요일이어선지 쓰지오카는 금세 전화를 받지 않았다.

"여보세요, 쓰지오카입니다."

벨소리를 일곱 번쯤 헤아린 뒤에야 조금 귀찮아하는 목소리가 들렸다. 수화기 너머로 붐비는 곳에 있는 듯한 웅성거림이 느껴진다. 토요일 저녁이니까 시내에서 놀고 있겠지.

"마쓰인데, 지금 통화 괜찮아요?"

"네, 작가님, 괜찮습니다. 무슨 일이세요?"

쓰지오카는 휴일에 웬 전화야, 라는 불만을 감추려고도 하지 않았다. 회사에 있을 때 연락하면 주위에 듣는 귀를 의식해서인지 굉장히 상냥한데. 요즘 편집자들은 주말이면 전화는 고사하고 메일이나 라인이라도 답변하기를 싫어한다.

"저어, 쓰지오카 씨. 총무성 문화국인지 뭔지에 있는 문화문예 윤리향상위원회라고, 알아요?"

나는 봉투 뒷면을 보며 물었다. 아니나 다를까, 쓰지오카는 모르는 듯했다.

"그게 뭔데요? 제복향상위원회 같은 건가요?"

"그건 또 뭐죠?"

"AKB 비슷한 부류의 아이돌 그룹이에요. 옛날 그룹이지만."

"그건 아닌 것 같아요."

쓴웃음을 지을 수밖에 없었다.

"근데 그게 왜요?"

쓰지오카도 용건을 모호하게 남긴 채 이야기를 마치려고 하지는 않았다.

"거기에서 소환장을 보냈어요."

"초대장?"

"아니, 소환장이라고 적혀 있어요."

"소환장, 이라고요?"

"그래요. 월요일에 출두해야 한다고 적혀 있더라고요. 그러니까 편집자인 당신이 뭐 아는 게 없을까 해서 전화해 본 거예요."

"네에? 첨 들어보는데요" 하는 심드렁한 대답이었다.

"나 말고 또 이런 거 받은 작가는 없나요?"

"그런 얘기도 못 들어 봤어요."

"그럼 어떡하나, 편집장이나 윗분에게 물어봐 주지 않을래요?"

"네. 그거, 월요일에 말씀드려도 되겠죠?"

이럴 줄 알았다. 나는 작은 소리로 말했다.

"월요일이면 너무 늦겠죠."

"그런가요? 어떻게 해야 하나." 쓰지오카가 곤혹스런 듯이 말했다.

"편집장에게 물어봐 줄래요?"

"그것도 좋지만, 메시지 전달하기 게임처럼 꼬일 수 있으니까 선생님이 직접 연락해 보시는 게 어떨까요?"

냉정한 반응이었다.

"그럼, 됐어요. 다음에 봐요."

나는 얼른 전화를 끊었다. 편집장은 파티에서 마주쳐도 외면해 버리는 남자이니 전화를 해도 받지 않을 것 같았다.

며칠간 집을 비울 거라면 곤부를 빨리 찾아서 맡길 데를 결정해야 한다. 이리저리 궁리해 보았지만 시간 여유가 거의 없다는 것을 깨닫고 마음이 급해졌다.

명함을 넣어둔 상자를 꺼내서 나리타 린이치의 명함을 찾았다. 금방 눈에 띄어 나리타의 휴대전화에 연락해 보았다.

"여보세요."

불안한 음색의 여성이 갈라진 목소리로 전화를 받았다. 안 좋은 예감이 스쳤다.

"실례합니다, 나리타 씨 전화 맞습니까?"

놀라서 묻자 여성이 지친 기색으로 대답했다.

"예, 그렇습니다만."

나는 동업자라고 소개하고 나리타에게 할 얘기가 있다고 고했다. 그러자 아내로 짐작되는 여성이 말했다.

"나리타는 두 달 전 지주막하출혈로 쓰러져 현재 입원 중입니다. 전화를 받을 수 없는 상태이니 무슨 용건인지 저에게 말씀해 주시겠습니까?"

이야기를 듣고 보니 출혈을 일으킨 부위가 좋지 않아 거의 의식불명 상태에 있다고 한다. 아무것도 모르고 있던 실례를 사죄하고 황망히 전화를 끊었다.

더 이상 기댈 사람이 없었다. 스스로 결정해야 한다. 어떡하나. 나는 잠시 혼란에 빠졌다가 세 살 아래인 동생 신야에게 전화했다.

신야는 무대미술 일을 하는데 프리터_{직장 없이 아르바이트만으로 생활하는 사람을 가리키는 말로, 프리랜서와 아르바이터의 약칭}나 다름없는 처지다. 한 해에 한 번도 만나지 못하고 지내지만 곤부를 맡겨야 한다면 신야에게 의지하는 수밖에 없었다.

신야는 전화를 한참 동안 받지 않았다. 그러다가 부재중 메시지로 변환되자 용건을 녹음했다.

"오랜만이구나, 나 간나야. 잘 지내니? 엄마는 그 후 어때? 너한테만 떠넘겨서 미안하다. 다름이 아니라 부탁이 있는데, 우리 고양이 좀 잠시 맡아 줄 수 없겠니? 무슨 영문인지 나한테 총무성 문화문예윤리향상위원회라는 곳에서 소환장이 날아왔어. 거의 강제적인 명령이라 아마 가 봐야 할 것 같아. 고양이를 부탁해도 될까? 내일 데려갈 테니까."

그때 곤부 소리가 들린 것 같았다. 나는 얼른 베란다로 나가 밖을 내다보았다. 곤부를 위해 벌레가 들어오는 것도 마다하지 않고 베란다 문을 열어 두고 있었지만 고양이는 보이지 않았다.

어쩌나. 만약 월요일까지 돌아오지 않는다면 내가 집에 없을 때도 들어올 수 있도록 베란다 문을 열어 두고 사료를 충분히 놔두는 수밖에 없는데.

하지만 그렇게 하면 사료 때문에 바퀴벌레가 대거 출몰할지도 모른다. 전에 해외여행을 할 때 곤부를 차마 다른 곳에 맡기지 못하고 빈집에 놔두었다가 나중에 크게 후회한 적이 있었다. 바퀴벌레를 완전히 퇴치하기까지 상당한 기간이 필요했던 것이다.

그래도 당장 곤부가 보이지 않으니 어쩔 수 없었다. 나는 원망스런 기분으로 소환장을 보았다.

한데 '독자들의 제소'란 무엇일까. 소위 클레임인가? 내 작품이 선정적이라고 비난하는 독자가 있다면 번지수가 틀렸다. 기메타 아리에가 있지 않은가.

문득 기메타 아리에가 우울증으로 입원했다는 소문이 떠올라 뒤숭숭해졌다.

나리타도 그렇고 아리에도 그렇고 대체 주위에서 무슨 일이 일어나고 있는 걸까. 나는 작가들과 교류가 거의 없어서 풍문도 잘 듣지 못하고 애써 말해 주는 사람도 없다. 만약 내가 모르는 곳에서 작가들에게 무슨 일이 일어나고 있는 거라면.

쓰지오카에게 다시 한 번 물어보려고 전화했지만 이번에는 아무리 벨소리가 울려도 받지 않았다. 어떤 문제가 생겼을 때 편집자가 작가와 함께 싸워 주던 시절도 있었다지만 이미 과거가 되어 버렸다. 출판사 직원도 결국 샐러리맨이니 작가 개인의 우군으로 행동하기보다는 회사 전체의 이익을 먼저 생각하게 마련이다. 따라서 요즘 작가는 뭐든 혼자 대처해야 한다.

목욕하기 전에 나는 다시 한 번 곤부를 찾으러 밖으로 나갔다. 하지만 찾지 못하고 쓸쓸한 심정으로 돌아왔다. 이렇게 경황이 없을 때 대체 어디로 가 버렸을까. 아무것도 먹지 못하고 방황하고 있을 곤부를 생각하니 딱하기만 했다.

잠자기 전에 인터넷으로 C역에 가는 방법을 검색해 보았다. 내가 사는 M역에서는 주오선과 특급을 타고 세 시간 정도면 갈 수 있을 듯했다.

뭘 준비해 가야 할까. 스마트폰과 충전기, 갈아입을 속옷, 잠옷, 그곳에서 읽을 책. 나를 기다린다는 '약간의 강습'을 생각하니 우울해졌다. 여전히 누군가에게 속고 있는 기분이었다.

일요일 아침, 베갯맡에서 울리는 스마트폰 소리에 벌떡 일어났다. 오전 8시. 신야였다.

"여보세요, 마쓰 씨? 연락이 늦어서 미안해."

신야는 나와 이야기할 때 '마쓰 씨'라는 필명으로 부른다. '마쓰 유메이'가 링네임프로 권투나 프로 레슬링 선수가 링에서 사용하는 별명 같아서 마음에 든다고 했다.

"안녕."

전화로 잠을 깬 나는 곤부가 들어왔는지 집 안을 둘러보았다. 보이지 않았다. 밖은 비가 내리는 듯했다. 몹시 우울한 일요일이었다.

"연락이 늦었네. 미안. 어젠 공연이 있어서 자리를 비울 수 없었거든."

"그래? 바쁜데 미안하구나."

저자세로 대응하자 신야가 의아해했다.

"대체 어떻게 된 거야?"

"나도 뭐가 뭔지 모르겠어."

"부재중 메시지에 남긴 소환장이라는 거."

"그래. 세 달쯤 전에도 비슷한 우편물이 왔었는데, 그냥 무시했더니 이번에는 소환장이네."

아아, 하고 신야가 한숨을 토한다.

"마쓰 씨, 제대로 본 거야? 소환장이라면 대개는 재판 통지 같은 거야. 몇 날 몇 시까지 어느 재판소에 출두하라는 거. 출두하지 않으면 구인된다고 적혀 있지. 근데 그건 어디서 보낸 건데?"

"총무성 문화국 문화문예윤리향상위원회."

"그게 뭐야. 요란스럽네." 대답하기 무섭게 신야가 야유했다.

"그런 조직도 있었나? 처음 듣는걸."

"나도 처음 들어."

"그러니까, 마쓰 씨의 신작이 과격하다는 건가?"

"설마. 별 내용 아냐. 그렇잖아?"

"맞아. 별 거 없던데, 뭐. 그것보다 더한 소설도 얼마든지 있는데."

신야가 똑 부러지게 말하자 나는 조금 발끈했다.

"신야, 이거 어떻게 생각해?"

"나야 모르지. 하지만 이상한 소문을 들은 적이 있어."

"어떤 소문?"

"인터넷에 떠도는 소문일 뿐이니까 너무 신경 쓰진 마"라고 신야는 말머리를 놓았다. "요즘 작가들이 잇달아 자살하고 있다는 거야. 가령 아오토 야스하루가 작년에 갑자기 죽었잖아. 그 뒤 스고우 시즈카라는 작가도 있었고. 그 사람도 죽었어. 그리고 예순이 넘긴 했지만 모리야마 나오키도. 비교적 갑자기 자살하는 사람이 많다는 얘기 못 들었어?"

"그거 다 우울증 같은 거 때문 아니었나?"

"글쎄. 아주 건강했다는 이야기도 있어. 연극계나 영화판에서도 요즘 부고가 많이 들려."

"그쪽도 다 노인들 얘기 아닌가?"

"그렇지도 않아. 삼십 대에 죽은 사람도 있어."

"호오, 그래?"

우연이겠지. 나는 건성으로 대답하고 스마트폰을 귀에 댄 채 커튼 쪽으로 다가갔다. 커튼을 여는 순간 도로에서 내 집을 올려다보던 남자가 급히 달아나는 것을 본 것 같아 우뚝 멈춰 섰다. 뒷모습을 눈으로 좇았지만 흰 셔츠와 검은 바지, 까만 가방을 든 모습은 영업사원처럼 보이기도 했다.

"왜, 무슨 일이야?"

이야기가 뚝 끊기자 신야가 걱정스런 목소리로 물었다.

"아무것도 아냐."

"나도 우연이라고 생각은 하지만. 암튼 조심해."

"조심하고 싶어도 뭘 조심해야 하는지 알아야지."

"그러네" 하고 웃는다.

"그런데 고양이가 문제야. 지금 집을 나가고 없어. 찾게 되면 너희 집에 데려가도 될까?"

"그 얘기 말인데, 곤란해. 내가 내일부터 지방순회를 가거든. 동물병원에 맡기지 그래."

"알았어. 그런데 엄마는 어떠셔?"

"별일 없어."

우리 아버지는 이십수 년 전에 돌아가시고 일흔네 살 엄마는 치매로 시설에 들어가 있다. 동생 집이 가까워 병문안이나 연락은 동생에게 떠맡기고 있었다. 나는 바쁘다는 핑계로 요즘은 면회하러 가는 일도 뜸하다. 가 본들 딸 얼굴도 모르는 엄마에게 쓸쓸함만 느끼기 때문이다. 그러나 내일은 출두해야 하나 생각하니 마음이 약해졌다.

"엄마 면회하고 올까."

"그래, 다녀와. 가끔은."

"알았어. 이만 끊자."

동생과 거의 1년 만에 나눈 통화는 오 분 만에 끝났다. 엄마를 면회하러 가겠다고 했지만 나의 급선무는 곤부를 찾아 동물병원에 맡기는 것이었다. 안 그러면 불안해서 집을 떠날 수 없다.

총무성 문화국 문화문예윤리향상위원회 직원임을 자처하는 사람이 휴대폰으로 연락한 것은 공원과 여기저기 전봇대에 곤부를 찾는 전단지를 붙이고 있을 때였다.

휴대폰이 아니라 사무실에서 거는 것으로 짐작되는 낯선 전화번호였다.

"저는 문화문예윤리향상위원회의 니시모리라는 사람입니다. 마쓰 유메이 씨의 전화 맞습니까?"

부드러운 목소리의 남자였다.

"예, 그렇습니다."

내 휴대전화 번호는 어떻게 알았을까.

"일전에 보내드린 소환장과 관련해서 전화 드렸습니다. 내일 출두하시는데, 시간은 괜찮으신가요?"

"네, 괜찮습니다."

"전차 시각 같은 것도 아십니까."

"네, 찾아 두었습니다."

"정말 감사합니다. 제가 C역으로 모시러 갈 테니 잘 부탁드립니다."

마치 강연 연사를 모시는 듯한 정중한 말투였다.

"저어, 강습이 있다고 하던데 며칠이나 걸릴까요?"

"예, 며칠을 잡아야 좋을지 생각 중입니다. 사람에 따라서는 하루 만에 귀가하시는 경우도 있으니까요."

"그 기준은 뭐죠?"

대답할 말을 고르는지 잠시 뜸을 두었다.

"저는 담당자가 아니어서 답변 드리기가 어렵군요. 하지만 그리 길지는 않으니 부디 염려하지 않으셔도 됩니다. 그럼 내일 역에서 기다릴 테니 잘 부탁드립니다."

전화를 끊은 뒤 내가 나무에 붙인 손글씨 전단지를 바라보았다. 곤부 사진을 크게 프린트해서 A4 용지에 붙여 만든 전단지였다.

> 고양이를 찾습니다. 24일 저녁 집을 나갔습니다.
> 흰 바탕에 검정 얼룩이 있는 암고양이이며, 등에 다시마 같은 까만 얼룩이 있습니다.
> 그래서 이름이 '곤부'입니다. 5세.
> 겁이 많아 이름을 불러도 다가오지 않을지 모릅니다.
> 만약 곤부를 보시면 아래 전화번호로 연락해 주십시오.

잘 부탁드립니다.

가령 전화가 와도 내가 받을 수 없는 상황이라면 곤부를 다시 만날 수 없게 될지도 모른다. 나는 볼펜을 꺼내 신야의 휴대전화 번호도 덧붙여 놓았다.

그날 밤 나는 잠을 거의 못 자고 근방을 돌아다녔지만 곤부를 찾지 못했다. 그나마 비가 그쳤다는 것 정도가 위안이 되었다. 곤부가 비에 젖지는 않겠구나.

한잠도 못 자고 동이 텄다. 활짝 갠 날이라 푹푹 찔 것 같은 하루의 시작이었다.

집을 나서기 전에 곤부를 위해 베란다 문을 조금 열어 두고 새 건조식을 커다란 쟁반에 충분히 담아 두었다. 이만한 양이면 2주는 먹을 수 있을 터였다.

하지만 곤부가 돌아와도 내가 보이지 않으면 쓸쓸해하겠지. 냐옹냐옹 울며 나를 찾아다닐 곤부를 떠올리니 불쌍해서 가슴이 아팠다. 어떻게든 강습을 일찍 끝내고 돌아와야겠다고 마음먹었다.

커피를 마시며, 나리타 린이치가 건강했다면 내가 소환장에 순순히 응하는 데 분노했을까 하고 생각했다. 소환장에는 강제라는 말은 전혀 없었지만 그렇게 느끼게 만드는 무언가가 있었다.

만약 소환장에 따르지 않으면 어떻게 될까. 벌칙은 적혀 있지 않지만 모종의 페널티, 아니 응징이 있으리라는 것을 넌지시 비치는 점이 섬뜩했다.

'요즘 작가들이 잇달아 자살하고 있다는 거야.'

신야의 불길한 말을 떠올리고는 얼른 잊으려고 도리질을 했다. 당연히 우연일 것이다. 그때 이 소환장 자체가 응징이라는 것을 알아차렸다. 나는 이미 벌을 받고 있는 것이다.

역까지는 도보로 십오 분이 걸린다. 버스가 나를 지나쳐 갔지만 탈 마음은 들지 않았다. 최대한 미루고 싶어 어깨에서 흘러내리는 백을 번번이 고쳐 메며 고개를 떨어뜨린 채 걸었다.

스마트폰이 울렸다. 발신번호가 표시되지 않는 전화였다. 곤부 소식인지 모른다. 얼른 받자 남자 목소리가 이렇게 말했다.

"댁의 고양이가 죽어 있는 걸 봤습니다."

"어디예요?"

"쓰레기장."

그 말을 끝으로 전화가 끊겼다. 이 전화도 소환장과 마찬가지로 악질적인 장난인지 모른다. 하지만 나는 사실일 거라고 느끼며 눈물을 흘렸다.

2

플랫폼은 도쿄 역 지하 깊은 곳에 있다고 했다. 에스컬레이터를 타고 빠르게 내려가 대지의 밑바닥 같은 어둑한 플랫폼에 도착했다. 사람들은 보이지 않고 이미 선로에 들어선 전차가 어둠 속의 관처럼 음울하게 멈춰 있었다.

지하 플랫폼 너머는 더 깊은 곳으로 향하는 터널처럼 캄캄하다. 너무 쓸쓸한 풍경에 주눅이 들어 맥주라도 살까 하며 주위를 둘러보지만, 매점은 없고 자판기가 어둠 속에서 파르스름하게 빛나고 있을 뿐이었다. 하는 수 없이 생각을 바꿔 녹차 음료 페트병을 사서 전차에 탔다.

차량은 텅 비어, 나와 같은 차량에 탄 사람은 양복 입은 비즈니스맨으로 보이는 남자 두 명과 초로의 여성 일행 네 명뿐이었다. 남자들은 멀찍이 떨어져 있지만 여성 일행은 통로 반대편에 답답해 보일 정도로 꼭 붙어 앉아 있었다.

한 사람이 일찌감치 과자 봉지를 돌리기 시작하고 다른 한 명은 프린트해 온 지도처럼 보이는 것을 꺼내 뭔가 상의하고 싶어하는 눈치였다. 그다지 내켜하지 않는 일행에게 "이거 어떡해. 나도 이젠 몰라" 하고 초조한 목소리로 말했다.

어느새 조용히 출발한 열차가 잠시 지하 터널을 달려 다음 역에 도착했다. 도쿄 역과 비슷하게 살풍경했지만 플랫폼에 서 있는 사람은 많았다. 내가 탄 칸에도 몇 명이 타자 초로의 여성 일행은 잠시 조용히 있었다.

마침내 전차가 지상으로 나왔다. 그러나 선로가 말의 차안대처럼 높은 담 안에 있어서 경치가 전혀 보이지 않았다.

나는 스마트폰에 있는 곤부의 사진을 들여다보았다. 최소한 사체라도 예쁜 상자에 넣어 꽃으로 장식해 주고 싶었다. 쓰레기장에서 죽어 있었다면 그대로 쓰레기와 같이 폐기되는 걸까. 그 보드랍고 따뜻한 몸이 차게 굳어져 가는 모습을 상상하니 가슴이 아팠다.

문득 가네가사키 유가 생각났다. 히가시나카노 시절에 1년간 동거했던 사람이다. 가네가사키라는 별난 이름을 갖고 있어서 "돈이 우선입니다"라고 한 손을 내밀며 우습지도 않은 개그를 날리는 명랑한 남자였다 '가네가사키'는 '돈이 우선'이란 말로 해석할 수도 있다.

그가 길에서 새끼 고양이 곤부를 주워 왔으니 장례를 치러 줄 책임도 있을 것이다. 누군가와 곤부의 슬픈 죽음을 공유하고 싶어서 견딜 수 없었던 나는 그런 남자한테 다시는 연락하지 않겠다는 맹세를 깨고 소식을 전했다.

애당초 히가시나카노에서 이사한 까닭은 이상한 편지를 보내는 다나카가 언짢았기 때문이기도 하지만 가네가사키에 얽힌 기억도 떨쳐 버리고 싶어서였다.

　　오랜만이야.
　　곤부가 죽은 것 같아.
　　같다고 한 것은 확인하고 싶어도 그럴 수가 없는 상황이어서 확실한 사실은 아니기 때문이야.
　　하지만 죽은 걸 보았다는 전화 연락이 왔어.
　　당신이 주워 온 고양이니까 일단 알려 두는 거야.
　　너무 슬퍼.

무뚝뚝함과 응석이 동거하는 듯한 묘한 메일이었으나 문장을 다듬기도 귀찮아 나는 그냥 보내 버렸다. 수신 거부나 수신자 불명으로 돌아오지 않을까 걱정했는데, 무사히 송신할 수 있어서 안도했다. 그러자 십 분 뒤 답신이 왔다.

알려줘서 고맙습니다.
저는 유의 엄마입니다.
유는 세 달 전에 자살했습니다.
저도 슬픕니다.

가네가사키도 자살했다고? 믿기지 않아 몇 번이나 다시 읽었다. 주변 사람들이 힘을 모아 거대한 올가미를 설치하고 있는 게 아닐까 싶은 의구심이 생겼을 정도다.

가네가사키는 잘생겼지만 깡마른 남자로 나보다 여덟 살 연하다. 백수에다 특별히 하는 일도 없이 그저 수상한 권법을 배우러 다니는 것이 생활의 전부였다. 내 친구들은 그를 종종 '귀여운 남자'라고 불렀다. 그러나 가네가사키가 이름대로 낭비가였으며 내 돈만 노렸다는 것, 대부분의 한자를 읽지 못하는 것까지 가리켜 '귀엽다'고 말한 거라면 '귀엽다'는 말은 '바보'로 바꿔도 좋을 것이다. 그러니까 자살 같은 걸 할 캐릭터가 전혀 아니라는 뜻이다.

아니, 실은 내가 가네가사키라는 남자를 전혀 이해하지 못했던 걸까. 그는 정말로 하고 싶은 것만 하는 순수한 남자인데, 그 매력을 나만 알아차리지 못했나. 자신감을 잃은 나는 깊은 혼란에 빠졌다.

가네가사키는 무슨 이유로 어떻게 죽었을까. 답신을 보낸 '엄마'에게 물어볼까 하다가 그만뒀다. 물어본들 마음만 가라앉아 버릴 테니까. '엄마'라는 사람이 진짜인지 아닌지도 모르는 상태에서 메일 내용을 사실로 받아들이는 것도 이상하지 않은가.

만약 나를 원망하는 가네가사키가 엄마를 가장해서 악의에 찬 소식을 보낸 거라면. 하지만 가네가사키는 그런 거짓말을 구사할 만큼 재치 있는 사람도 아닌데.

이런저런 생각을 하다 보니 점점 더 알 수 없게 되었다. 곤부든 가네가사키든 그 죽음을 확인한 것은 아니니까.

최근 까맣게 잊고 지내던 가네가사키 유라는 남자가 내 마음에 새로운 자리를 찾아내서 둥지를 튼 것 같아 불쾌하다. 곤부 소식 같은 것은 알리지 말걸 그랬다.

문득 '아타고야마愛宕山'라는 만담이 떠올랐다. 소식이 끊긴 사람에게 연락하는 것은 깜깜한 밤중에 벼랑에서 술잔을 던지는 거나 마찬가지다. 술잔들이 어디서 산산이 깨어져 흩어지는지도 모르면서 감히 던질 수 없을진대〈아타고야마〉는 유명한 전통 만담으로, 그 내용에 술잔 던지기가 등장한다. 술잔 던지기는 전국시대 무장이 필승을 기원하며 술잔을 땅바닥에 내던지고 출진한 데서 유래한 것으로, 액운을 막거나 소원을 빌며 높은 장소에서 질그릇을 던지는 서민들의 놀이가 되었다.

곤부도 그렇고 가네가사키도 그렇고 나라는 인간을 증명하는 과거가 소리도 없이 잇달아 사라져 가는 것 같아 우울해졌다. 나는 어둠 속에 선 채 오도 가도 못하는 심정이었다. 그래, 절벽에서 어둠을 향해 던져지는 질그릇이 곧 나 자신인 것이다. 뒤쫓을 수도 없는 캄캄한 어둠 속에서 땅바닥 어딘가에 부딪혀 산산이 깨질 운명. 그렇다면 던지는 자는 누구인가.

스마트폰에서 눈길을 드니 멀리 산 위의 풍경이 보인다. 풍력발전기의 새하얗고 거대한 터빈 여러 개가 늘어서 있다. 반짝이는 세 개의 날개. 산 너머 하늘은 맑고 광활하다. 텅 비어 있는 공간이 파란색을 띠고 있다. 바다가 가까웠다. "잠깐, 저것 좀 봐." "우와, 엄청 큰 풍차네!" 하고 터빈을 가리키며 떠드는 초로의 여성들과 달리 내 마음은 무거워져 갔다.

종점인 C역에 내리니 플랫폼에 화단과 친절한 안내판이 보인다. 곳으로 가는 지방선과 연결되는 곳이라서 그런지 한가롭고 오래된 역이었다.

지시받은 대로 개찰구로 향했다. 약속시간까지는 아직 여유가 있다. 나는 역 편의점에 들러 수제품으로 보이는 주먹밥을 구입하여 대합실에서 먹었다. 랩으로만 싼 주먹밥은 김이 충실하게 싸여 있고 크기며 맛도 좋았다. 곤부와 가네가사키가 죽었는지 어쨌는지도 모르면서 맛있는 주먹밥을 먹고 있다는 사실에 서글픔이 더욱 깊어진다.

주먹밥을 다 먹고 작은 관광안내소에서 관광지도를 얻었다. 이대로 관광이나 하면 좋으련만, 하고 생각하며 등대 마크를 들여다보았다. 그때 뒤에서 누군가 나를 불렀다.

"마쓰 유메이 선생이시죠?"

돌아다보니 하얀 반소매셔츠에 까만 바지를 입은 삼십 대 남자가 서 있었다. 까만 가방을 들고 있다.

볕에 멋지게 그을었고 적당한 키에 군살이 전혀 없는 모습이었다. 잘 단련된 몸이 옷 위로도 드러나 있었다. 나에게 전화를 걸었던 남자인 모양이다.

"저는 문윤의 니시모리라고 합니다. 먼 길 오시느라 정말 고생하셨습니다."

"문윤?"

"예, 문화문예윤리향상위원회를 줄인 말이죠. 이름이 길어 저희는 그냥 문윤이라고 말합니다."

니시모리는 명함을 내밀었다.

'총무성 문화국 문화문예윤리향상위원회 니시모리 이사오'라고 되어 있다. 직함은 적혀 있지 않았다. 명함에 적힌 주소가 자못 엄숙해 보인다. 가스미가세키 총무성이라.

이 사람은 공무원일까. 그렇게 보이진 않는데. 나는 니시모리의 까맣게 그을린 목덜미를 바라보며 생각했다. 군살이 없는 탓에 목이 더 길어 보인다. 마치 두루미나 플라밍고처럼.

"요양소는 조금 외진 곳에 있으니 차량으로 가시죠."

문득 언짢은 위화감이 번졌다. 지금 니시모리는 '요양소'라고 하지 않았나?

"요양소인가요?"

나도 모르게 묻자 니시모리는 가만히 고개를 끄덕였다.

"예, 전에 요양소였던 시설을 임대해 쓰고 있어서 저희도 그냥 요양소라고 부르고 있습니다."

"무슨 요양소였나요?"

"글쎄요, 그것까지는 모릅니다."

"결핵이라든지?"

"글쎄, 어떨까요."

니시모리는 생각해 본 적도 없다는 듯 고개를 갸웃거렸다. 턱을 살짝 당기며 머리를 오른쪽 앞으로 기울이는데 목이 긴 니시모리가 하니까 마치 무용의 한 동작처럼 느껴진다.

건강하고 성실해 보이지만 그다지 똑똑한 타입은 아닌 것 같다. 아니, 똑똑하지 않다는 말은 좀 그런가. 가네가사키도 종종 화를 냈었다. 마쓰는 뭐가 그렇게 대단해, 하며.

그렇다면, 쓸데없는 생각으로 두뇌를 낭비하지 않는 사람이라고 바꿔 말하는 게 좋겠다. 나는 니시모리의 해맑은 눈을 보며 생각했다.

역전의 한적한 로터리로 나섰다. 역에서 바다 쪽을 향해 직선으로 뻗어 있는 도로가 한눈에 들어왔다. 바다 위에서는 하늘빛도 달라지는지, 보이지 않는데도 그 존재를 알 수 있었다.

조금 전까지 화창하던 날씨는 태양이 구름 사이로 숨자 모든 것이 희고 둔하게 빛나는 것처럼 보였다.

"저 차입니다."

왼쪽에 까만 경차가 서 있었다. 나는 니시모리가 안내하는 대로 뒷좌석에 짐을 싣고 조수석에 앉았다.

똑바른 자세로 운전석에 앉은 니시모리가 조금 거칠게 차를 출발시켰다.

"지금부터 한 시간 넘게 가야 하니까 편하게 계십시오."

"어디로 가는 거죠?"

"해변을 따라 이바라키 현 쪽으로 갑니다. 피곤하면 주무셔도 됩니다."

니시모리는 조금 성가시다는 듯 말했다. 내가 이것저것 물으니 귀찮은 모양이다.

"니시모리 씨는 볕에 많이 타셨군요."

나는 무던한 얘기부터 시작했다.

"아, 제가 트라이애슬론을 합니다."

"그래서 군살이 하나도 없는 거군요."

니시모리는 화가 난 것처럼 입을 다물었다. 멋진 육체를 칭찬하려던 것인데 성희롱 발언처럼 들렸을까? 애써 침묵을 견디고 있자니 마침내 니시모리가 먼저 입을 열었다.

"가혹한 경기니까요."

"철인 경기라고도 한다죠."

"그게, 아이언맨은 거리가 가장 긴 종목입니다. 트라이애슬론도 종목이 다양하거든요."

그렇게만 말했다. 무엇이 어떻게 다른지, 자신은 어떤 종목을 전문으로 하는지는 딱히 설명해 주지 않았다. 개인적인 이야기는 내키지 않는 듯했다.

나도 마음이 상해서 입을 다물고 바깥 경치나 바라보기로 했다. 보소반도에서 가장 돌출된 지역이므로 높은 산은 없었다. 진초록 언덕을 이룬 정상에는 예외가 없다고 해도 좋을 정도로 풍력발전기의 거대한 터빈이 나란히 서 있었다. 종종 도로 사이로 바다가 살짝 보였지만 상당한 고도를 달리고 있는지 해수면은 한참 아래쪽이었다.

니시모리는 시속 40킬로미터 속도로 일정하게 해안도로를 달리며 묵묵히 운전에만 집중했다. 나는 견디다 못해 말을 걸었다.

"니시모리 씨, 한 가지 물어봐도 되나요?"

"뭐죠?"

얼굴은 전방을 향한 채 니시모리가 대답했다.

"이번 일 말인데요. 저로서는 전혀 짚이는 게 없어서. 정말 금방 귀가할 수 있는 건가요?"

니시모리는 다시 우아한 각도로 고개를 갸우뚱했다.

"글쎄요, 저는 아무 말도 듣지 못해서 대답해 드릴 게 없군요."

니시모리는 심부름꾼에 불과한 걸까.

"그럼 누가 결정하는 거죠? 당신의 상사인가요? 그분은 직책이 뭐죠? 어떤 권한이 있는 건가요?"

내가 추궁하자 니시모리는 곤혹스러운 듯 미간을 찡그렸다.

"그런 질문에는 대답할 수 없습니다."

니시모리의 태도가 마음에 들지 않았다.

"그런 무책임한 말이 어디 있어요. 나는 하던 일도 젖혀 두고 내 돈으로 여기까지 왔어요. 당신들은 무슨 권리가 있어서 나에게 이런 일을 지시하는 거죠? 왠지 개운치 않아서 오긴 했지만, 이게 무슨 의미가 있는 건지, 당신들에게 무슨 권한이 있는지 가르쳐 주세요. 결국 당신들은 국가권력이라는 건가요. 국가권력의 탄압이란 말은 들어 본 적이 있지만 이런 식이라면,"

"마쓰 씨. 경고합니다." 니시모리가 소리쳤다. "차 안에서 폭력을 휘두르면 처벌을 받습니다."

"폭력 같은 거 휘두르지 않았어요."

내가 발끈해서 소리쳤다. 그러자 니시모리가 갑자기 속도를 줄이고 비상깜빡이를 켜더니 갓길에 차를 세웠다.

"폭력은 물리적인 것만 말하는 게 아닙니다. 언어폭력도 폭력입니다. 모럴 해러스먼트라는 말 아시죠?"

니시모리가 분연한 어조로 말했다.

"언어폭력이라뇨. 나는 그저 이상하다고 여긴 걸 말했을 뿐입니다. 그게 어떻게 폭력이 된다는 건지 알 수가 없네요."

"감점 당할 수 있으니 더 이상 말하지 마세요."

"감점은 또 뭐죠? 말 같지도 않은 소리 그만하세요. 나는 생활이 달린 문제니까."

"아무튼 입을 다무는 게 당신에게 득이 될 겁니다."

"뭐라고요, 꼭 협박하는 것 같군요."

나는 화가 나서 문을 열고 내리려고 했다. 니시모리가 오른팔을 붙잡았다.

"1점 감점."

"감점은 무슨. 지금 나랑 운전교습 하세요? 난 내릴래요."

손을 뿌리치고 다시 도어를 열려고 하자 어깨를 억센 힘으로 붙잡혔다.

"그만두시죠. 아직은 감점이 1점뿐이니까. 이쯤에서 자제해 두는 게 좋을 겁니다. 머무는 기간이 길어지는 건 싫겠죠."

니시모리가 이번에는 상냥하게 말했다. 그러자 나도 입을 다물지 않을 수 없었다. 다시 출발한 차가 포장도로로 들어섰다.

나는 점점 이상함을 느끼기 시작했다. 감점이라니. 그게 뭘까. 감점이 쌓이면 어떻게 된다는 거지. 처벌이라도 하겠다는 걸까. 자유를 박탈당한 사람의 불안을 조금쯤 실감할 수 있었다. 겁에 질려서 그들이 시키는 대로 움직이는 내 모습이 문득 떠올랐다. 그들이 바라는 것이 무엇인지 알지 못하지만 위반하면 벌칙이 따른다는 것만은 짐작할 수 있었기 때문이다.

"여기로 들어갑니다."

차가 갑자기 덤불 속으로 우회전하더니 양쪽에 잡초가 무성하게 자란 길 없는 길을 달리기 시작했다. 덩굴이 감긴 나무들이 빽빽이 서 있다. 그대로 야트막한 산을 하나 넘자 계곡 바닥 같은 곳에 철조망을 이고 있는 담장이 불쑥 나타났다.

"이 안쪽에 있습니다."

감색 제복을 입은 젊은 문지기가 철문을 열어 주었다.

가시철조망이 설치되어 내부를 빙 둘러싸고 있는 콘크리트 담
장은 외견상 형무소나 비밀 기지처럼 보였다.

마침내 잡초가 무성한 부지 안에 병원처럼 생긴 백색의 3층짜
리 건물이 나타났다. 낡은 철근콘크리트조 건축물로, 곳곳에 하
얀 페인트가 벗겨져 있었다. 현관으로 가는 길 말고는 다 억새 같
은 잡초로 덮인 모습이, 흡사 폐허처럼 보이기 위해 꾸민 것 같다
는 생각이 들었다. 설사 내가 이 시설을 무사히 빠져나가서 고발
한다 해도 이 장소를 지목할 수 있을지 자신이 없었다. 그 정도로
은폐되어 있었다.

"여기가 요양소입니다. 자, 들어가시죠."

병원에 수용되는 기분이다. 여전히 불안한 마음을 감출 수 없
었다. 하지만 아무리 그래도 절차조차 밟지 않은 채 구속할 리가
있나. 이곳은 법치국가인데. 나는 가만히 짐을 안고 니시모리를
따라갔다.

현관을 들어서자 왼쪽으로 접수처와 사무실이 나타났다. 관청
에서처럼 작은 유리창을 열고 닫을 수 있는 접수처에는 누렇게
바랜 커튼이 쳐져 있어 내부를 들여다볼 수 없었다.

"고생하셨습니다."

사무실 문이 열리고 키가 큰 남자가 나타났다. 수행승처럼 비

쩍 마르고 니시모리처럼 볕에 그을었다. 하얀 폴로셔츠에 회색 바지, 하얀 스니커를 신은 모습이 꼭 체육교사 같았다. 니시모리와 마찬가지로 트라이애슬론을 할지 모르겠다고 짐작해 보았다.

"소장 다다입니다. 먼 길 오시느라 고생하셨습니다."

다다는 내 온몸을 재빨리 훑어보며 인사했다. 그 시선에 운동을 하지 않는 몸에 대한 경멸이 드러나는 것처럼 느껴졌다.

명함에는 '시치후쿠진하마 요양소 소장 다다 고지로'라고 적혀 있었다. 공무원은 아니라는 데 안심했지만 내가 수용된 시설의 정식 명칭이 '요양소'라는 사실에 적잖이 놀랐다.

"여기는 요양소인가요?"

명함을 보며 나도 모르게 묻자 다다가 고개를 끄덕였다.

"예전에 이곳이 요양소였어서 그 이름을 쓰고 있습니다."

관청이 아무렇게나 이름을 정할 리 없으니, 이곳은 아마 요양소 기능도 있을 것이다. 그렇다면 나에게 어떤 치료가 이루어지는 걸까? 작가로서 내 뜻대로 살아온 내가 규칙적인 생활이나 운동을 제대로 소화할 리가 없어 그저 무섭기만 했다.

"니시모리 군, 수고했네."

니시모리가 목례하고 사무실 안으로 들어갔다. 그 방향을 시선으로 좇으니 사무실에는 몇 명이 근무하고 있는 듯했다. 아무도 책상에서 고개를 들지 않았다.

"니시모리 군은 저와 함께 러닝을 하는 동료입니다."

다다가 자랑스레 말했다.

"트라이애슬론을 한다고 들었습니다."

"저 친구, 굉장한 기록을 보유하고 있죠. 올림픽 후보도 꿈이 아닙니다."

"아, 대단하군요."

전혀 관심이 없는 나는 맥 빠진 소리로 적당히 대답했다.

"개인 방으로 안내하는 김에 시설을 보여 드리죠."

다다는 앞장서 걷기 시작했다. 안쪽으로 걸어 들어가자 곧 십자로처럼 교차하는 복도가 나타났다. 오른쪽으로 꺾어진 곳에 '식당'이라고 적힌 플라스틱 안내판이 매달려 있었다.

"이곳이 식당입니다."

다다가 교실 문처럼 생긴 목조 미닫이문을 드르륵 열었다. 순간 급식실에서 풍기는 듯한 싸구려 스튜 냄새가 났다. 긴 테이블이 무표정하게 나란히 놓여 있고 접이식 의자가 벽에 기대어져 있었다. 점심시간이 끝났는지 식당에는 아무도 없었다. 주방 안에서 뚱뚱한 중년 여성이 혼자 식기를 정리하고 있다.

"가니에 씨, 여기 잠깐만요."

가니에라는 여성이 얼굴을 들고 앞치마에 손을 닦으며 다가왔다.

"이분은 지금 막 들어온 선생입니다. B98번."

"B98번 씨, 잘 부탁합니다." 가니에가 고개를 숙였다.

필명 마쓰 유메이로 소개할까 본명 마쓰에를 말할까 망설이던 나는 흠칫 놀랐다. B98번. 여기서는 번호로 불리게 되는 걸까.

나는 유명하지는 않지만 무명작가도 아니다. 거리를 걷다 보면 드물게 "마쓰 씨 아니세요?"라는 소리를 듣기도 한다. 그래서 하는 말은 아니지만, 번호라니, 이게 무슨 일인가. 그러고 보니 소환장에서도 같은 번호를 봤던 것 같은데. 그렇다면 내 번호는 벌써부터 정해져 있었던 건가.

"식당은 아침 7시부터 8시. 점심은 12시부터 1시. 저녁은 6시부터 7시. 뭐, 시간이야 사정에 따라 조정할 수 있죠." 그렇게 말하고 다다는 손목시계를 보았다. "6시가 되기 전에는 열지 않아요."

나는 역 대합실에서 주먹밥을 먹어 두길 잘했다고 생각했다. 앞으로 무슨 일이 있을지 알 수 없다. 먹을 것을 준비해 오는 게 나았을지 모르겠다. 그런데 내 마음을 읽은 것처럼 다다가 손가락을 들어 가리켰다.

"매점도 있으니까 안내해 드리죠."

식당 옆에 작은 매점이 보였다. 파는 것들은 담배, 과자류. 수건이나 실내화, 칫솔 같은 일용품도 있었다. 병원 매점과 똑같지만 신문이나 잡지류는 없었다. 매점 옆에 작은 문이 있는데, 거기서 긴 머리를 포니테일로 묶은 젊은 여자가 얼굴을 내밀었다.

"안녕하세요."

아직 앳되어 보이지만 하관이 발달한 억세 보이는 얼굴이었다.

"이 아이는 가니에 씨의 조카예요. 고등학교를 졸업하고 여기서 일하고 있습니다. 주방 보조 일도 해 줍니다."

"잘 부탁합니다."

수줍은 표정으로 하는 말에 사투리가 섞여 있었다. 이 지역 출신일까. 어쨌든 시설에 여자들이 일한다니 왠지 안심이 되었다.

식당과 좁은 복도 사이에 목욕실이 있었다. 다다를 따라 식당 앞으로 돌아오자 복도 저쪽에 창고 간판이 걸려 있는 것이 보였다.

"선생 방은 2층입니다. 여성은 2층으로 정해져 있죠."

"남성도 있나 보군요."

"네. 2층은 10개실. 3층은 18개실입니다."

"3층에 방이 더 많군요."

"3층은 전망은 좋지만 방이 좁아요. 선생 방은 큽니다. 3평 반이나 되니까."

다다가 그렇게 말하며 웃을 때는 오싹했다. 왜 내가 이런 처지에 빠졌는지 알 수 없었다. 누구에게도 그 답을 듣지 못한 채 어느새 여기에 있다.

계속 여기 있게 되면 어쩌나. 다들 나를 잊을 때까지. 그래도 동생만은 나를 기억해 주려나. 문득 동생은 무사할까, 라는 생각이 들었다. 곤부를 찾는 전단지에 동생 휴대전화 번호를 적어 둔 것을 후회했다.

다다가 계단을 오르며 계단참의 창문을 가리켰다.

"저길 보세요. 저 절벽, 멋지죠? 일본에서 손꼽히는 절벽입니다."

창에서 오른쪽으로 펼쳐진 깎아지른 절벽이 보였다. 100미터

가량 될까. 도버해협 절벽은 하얗지만 이 절벽은 어떤 암석으로 이루어져 있는지 까맣고 음침했다.

"뵤뷰가우라屛風ヶ浦인가요?"

"아뇨, 그건 지바 현에 있죠. 이곳이 더 대단한데, 우묵하게 굽어져 들어온 지형에 있는 사유지여서 바다 쪽에서만 제대로 볼 수 있죠. 그래서 일반에는 별로 알려져 있지 않습니다."

깎아지른 절벽 밑에서 하얀 파도가 부서지고 있었다. 검은 바위 여러 개가 파도에 버티고 서 있는 듯하다.

"선생 방은 창이 반대쪽으로 나 있어서 바다가 보이지 않습니다. 그러니 설명해 둘까요. 저 바위는요, 모두 일곱 개가 있어요. 시치후쿠진七福神이란 이름이 붙어 있다고 합니다. 해서 시치후쿠진하마七福神浜라고 하죠. 하지만 일곱 개 중에 네 개는 지진과 쓰나미로 무너져 버렸습니다. 지금은 세 개밖에 남지 않아 삼복신이 되고 말았지만, 복록수福祿壽칠복신의 하나. 키가 작고 머리통이 길며 수염이 많은 모습이다만은 금방 알아볼 수 있죠. 저겁니다."

다다가 가리킨 것은 꼭 남자 성기처럼 생긴 탑 같은 바위였다. 어째서 복록수란 이름이 붙었는지 알 수 없을 만큼 외설스러워 보였다.

"저쪽에 묵직해 보이는 것이 호테이손布袋尊미륵불의 화신으로, 큰 가방에는 보물이 가득 들어 있다이고 저기 남아 있는 작은 건 변재천재물. 예술과 관련 있는 신으로, 칠복신 중 유일한 여신이다이라고 합니다. 사실 변재천처럼 보이지는 않습니다만."

다다가 웃으며 말했다. 납작한 모양 한가운데 골이 갈라져 있는 거대한 바위는 여성 성기를 연상케 했다. 나는 조금 당황했다.

"바닷가로 내려갈 수 있나요?"

걸음을 멈춘 다다가 잠시 침묵했다. 대답을 망설이는 기색이다.

"워낙 가파른 절벽이라 아무래도 힘들 겁니다."

그렇다면 대답하기 전에 고민할 것도 없을 텐데. 나는 다다의 망설임이 이상하게 느껴졌다.

2층 복도에는 똑같이 생긴 문들이 양쪽에 나란히 있었다. 인기척은 전혀 없었다. 요양소라기보다 그다지 고급스럽지는 않은 양로원 시설 같았다. 아니, 역시 형무소에 가까우려나. 한시라도 빨리 여기서 나가고 싶었다.

"여기가 선생 방입니다."

다다는 계단에서 가까운 210호실 앞에 멈춰 문 위의 하얀 번호판을 가리켰다. 과연 바다와는 반대쪽으로 난 끝 방이었다. 3평반이라고 했지만 실제로는 3평도 안 되어 보였다. 방 안에는 싱글침대와 간소한 책상이 놓여 있었다. 그리고 작은 응접 세트와 화장실, 세면대.

창밖으로는 시야를 가로막는 나지막한 언덕이 보인다. 언덕 위에는 역시 풍력발전 터빈이 우뚝 솟아 있었다. 가까이서 올려다보니 지나치게 거대해서 무서운 기분이 들었다.

"바다 쪽 방 중에는 빈 방이 없나요?"

"오션뷰?" 하며 다다가 웃었다.

"그래요."

"유감이지만 그쪽은 꽉 찼습니다, 손님."

다다가 장난스럽게 말했다.

"그럼 됐어요. 그냥 물어본 겁니다."

나는 체념하고 침대를 보았다. 시트가 씌워져 있지 않아 실망했다. 당장이라도 눕고 싶었는데.

"시트와 침구는 나중에 누군가 가져다줄 겁니다. 직접 가지러 갈 필요는 없습니다."

다다가 내 마음을 읽은 것처럼 말했다.

"알겠습니다."

"잠시 쉬신 다음 사무실 옆에 있는 소장실로 오시겠습니까." 다다가 정중하게 말했다. "이곳 생활에 대해서 설명해 드리겠습니다."

"생활?" 하고 나는 대꾸했다. "며칠만 있는 게 아닌가요?"

"글쎄요, 그건 선생 노력에 달렸습니다."

"그러니까 뭘 노력하란 거죠?"

나는 화가 나서 소리쳤다.

"곧 설명할 테니까 그렇게 화내지 말아요."

다다는 얄팍한 턱을 잡으며 말했다. 말본새가 거칠어졌다.

"알겠어요."

"그럼 한 시간쯤 뒤에 와 주세요."

나는 다다의 뒷모습을 향해 물었다.

"와이파이는요?"

"직원 전용입니다."

대답은 쌀쌀했다. 인터넷도 못 한다니. 나는 쓸쓸한 기분으로 방 안을 둘러보았다.

3

창문으로는 상록수 우거진 작은 언덕과 그 위에 우뚝 솟은 풍력발전기의 하얀 터빈밖에 보이지 않았다. 거대한 터빈은 언덕 너머에 불쑥 나타난 로봇 같았다. 더구나 가만 보니 바람을 받아 천천히 돌고 있었다.

아까부터 벌레가 날아다니는 듯한 소리가 희미하게 들린다 싶었는데. 터빈이 방 안의 무언가와 공명하면서 내는 소리였나. 확인해 보고 싶어 나는 책상을 치우고 알루미늄 새시 창문을 밀었다. 하지만 바닷바람에 녹이 슬어 좀처럼 열리지 않았다. 있는 힘껏 밀어서 열고 상체를 내밀었다. 바다의 습기를 품은 대기가 거대한 날개에 휘저어지며 미세한 진동이 발생하고 있음이 느껴졌다. 바람이 강한 날은 대형 선풍기가 되어 신음 소리 비슷한 소음이 생길지도 모른다. 그 소리에 고통 받는 내 모습이 떠올라 우울해졌다. 이런 장소에서는 한시라도 빨리 나가야 한다.

만약 뛰어내리면 어떻게 될까. 나는 창 아래쪽을 내려다보았다. 하지만 거긴 평범한 신발로는 도저히 걷지 못할 것 같은 잡초 덤불이었다. 내 방에서는 왼쪽으로 현관 파사드가 일부 보인다. 정면 파사드 근처만 풀을 깎아 놓았다. 즉, 이 시설은 건물 전체가 높다란 잡초에 에워싸여 있는 것이다. 감탄스러울 만큼 주변 관리를 게을리하고 있었다.

그때 3층 창문에서 누군가 이쪽을 내려다보는 기척이 느껴졌다. 3층이니 남성 수용자겠지. 내가 올려다보자 상대방은 얼른 모습을 감추었다.

내가 수용된 사실을 아는 사람이 있을까. 아무도 없는 숙소에 끌려온 듯한 두려움을 느끼고 있었던 만큼 누군가를 보니 마음이 놓였다. 형무소에 갇힌 것은 아니므로 동료가 있다고 생각하니 왠지 든든했다.

기운을 차린 나는 동생에게 연락하려고 스마트폰을 꺼냈다. 그러나 접속 불가 표시가 뜬다. 와이파이를 쓸 수 없다는 말은 들었지만 전화까지 불통이라니. 외딴섬에 갇혀 자유를 빼앗긴 신세나 다름없다. 대체 내가 무슨 못된 짓을 저질렀기에 이런 취급을 당한단 말인가.

시트 없는 침대에 누워 보았다. 침대는 금방 소독했는지 약품 냄새를 풍겼다. 단단한 베개에는 옛날 베개처럼 메밀 껍질이 들어 있어서 머리를 움직이자 사각사각 귀에 거슬리는 소리가 났다.

똑바로 누워 바라보는 천장은 햇볕 반사광에 누렇게 변색되어 있었다. 물이 샌 흔적 같은 갈색 얼룩이 여기저기 눈에 띈다. 작은 형광등이 하나 달려 있을 뿐이라 밤이면 꽤 어두울 것이다.

우울해지다 못해 울고 싶어졌다.

똑똑, 하고 조심스러운 노크 소리가 났다.

"무슨 일이에요. 이제 그냥 놔둬요."

거의 자포자기한 기분으로 소리치자 젊은 여자의 놀란 목소리가 들렸다.

"시트, 가져왔습니다."

매점에서 본 가니에의 조카라는 젊은 여자가 아마포 같은 것을 안고 문 앞에 서 있었다. 아까 인사할 때는 수줍어하는 듯해서 인상이 좋았는데 지금은 웃음기 하나 없는 무표정한 얼굴이다.

"미안해요. 소리 질러서."

"아뇨, 별로."

가니에의 조카는 네 본색을 알겠다는 듯한 표정으로 나를 힐끔 훔쳐보았다.

나는 시트와 베개 커버를 받아들었다. 전부 풀을 먹였고 까만 매직펜으로 '210'이라는 방 번호가 적혀 있었다. 갑자기 궁금해져서 물어보았다.

"전에 이 방에 있던 사람은 어떤 사람이죠?"

"몰라요."

가니에의 조카는 필요 이상으로 세게 포니테일을 흔들었다.

"가져다줘서 고마워요. 세탁할 때는 어떡하죠?"

"직접 욕실에서 빨면 되잖아요?"

별 걸 다 묻는다는 투다.

"세제 같은 건."

"자기 돈으로 사는 거예요."

여긴 호텔이 아니라는 건가. 나는 쓴웃음을 지었다. 그대로 떠나려고 하기에 불러 세웠다.

"잠깐만요."

좀 더 얘기를 나누고 싶었다.

"왜요?"

노골적으로 짜증을 내며 미간을 찡그린다. 나는 오그라들려는 용기를 쥐어짜내어 물었다.

"그쪽 이름은요?"

"가니에 아키미인데요."

그게 왜? 라는 말이 뒤미처 나올 것 같은 말투였다. 수용자와 대화하지 말라는 지시를 받았는지도 모른다.

"아키미 씨라면, 한자는 어떻게 되나요?"

"가을 추에 바다 해를 써요."

설명할 때만은 왠지 부끄러워하는 듯했다.

"가을에 태어났군요."

그 질문에는 대답하지 않았다. 고개를 숙이고 얼버무린다.

"아키미 씨, 잠깐 물어보고 싶은 게 있는데."

아키미는 경계심을 숨기지 않는 표정으로 가타부타 말이 없었다. 이렇게 서서 이야기하는 것을 누가 수상하게 보지나 않을까 불안해하는 얼굴로 방 안 여기저기를 쳐다보며 두리번거리고 있다.

"여기에는 몇 명이나 있나요?"

"몰라요."

"여자도 있나요?"

"있는 것 같아요."

"식사 때는 모두 함께 먹나요?"

"상황에 따라 달라요."

어쩌면 저녁식사 때 시설에 있는 인원과 남녀 비율을 알 수 있지 않을까. 지인이 있을지도 모른다. 마음이 설레었다.

"고마워요."

아키미는 인사도 없이 몸을 획 돌렸다. 가니에를 닮은 탄탄한 등 위에서 포니테일이 좌우로 흔들렸다.

시트를 펴고 베개 커버를 씌우는 일은 쉬웠다. 하지만 이불 커버는 혼자 씌우기가 몹시 번거로웠다. 이불은 요즘은 보기 힘든 무거운 솜이불이었다. 더구나 제대로 마르지 않았는지 곰팡이 냄새가 났다. 나보다 앞서 이불을 사용한 여자는 누구일지 상상하니 또 울컥해졌다.

사흘 전까지만 해도 이런 일을 당할 줄은 상상도 못했는데. 내가 머그잔에 담긴 커피를 마시며 컴퓨터 앞에 앉아 좀처럼 진척

되지 않는 소설을 쓰는 동안 곤부는 등 뒤 소파에서 한가롭게 털을 고르고 있었다. 벌써 꿈처럼 느껴진다. 다시는 내 방으로 돌아갈 수 없을 것 같다.

그래도 가져온 책 따위를 책상 위에 가지런히 올려 두자 내 방다워졌다. 하지만 그게 또 싫어져서 다시 가방에 넣어 두었다.

"210호실 분, 1층 사무실로 와 주세요."

갑자기 소리가 들렸다. 놀라서 방 안을 둘러보니 문 바로 위에 작은 스피커가 보인다. 그렇다면 도청기나 감시카메라가 있어도 이상하지 않을 것 같았다.

아키미의 시선을 떠올리며 감시카메라를 찾아보았다. 하지만 당장은 눈에 띄지 않았다. 찾고 있다는 걸 드러내면 안 될 것 같아 나는 일단 태연한 얼굴로 방을 나가기로 했다.

개인실 안에서도 편할 수 없다고 생각하니 불쾌함을 넘어 공포심이 치솟았다. 공포는 몸과 마음을 위축시키고, 흠칫거리다가 결국은 아무것도 할 수 없게 만드는 감정이다.

분노하라. 불합리한 일에 분노하라. 나는 자신을 고무하기 위해 분노를 들깨우려고 했지만 그다지 잘 되지 않았다.

복도는 조용하고 아무 소리도 들리지 않았다. 이곳 2층의 10개 실과 3층의 18개실에 수인, 아니, 나 같은 작가가 몇 명이나 수용되어 있을까.

그들은 어디 살던 누구일까. 지인도 있을 텐데. 방마다 노크하며 확인해 보고 싶었다. 하지만 복도에도 감시카메라가 있을 거라는 생각에 체념했다. 나는 무표정해지려고 애쓰며 계단을 천천히 내려갔다.

사무실 문을 노크하자 C역으로 나를 데리러 온 니시모리가 나타났다. 스피커로 내 이름을 부른 사람이 니시모리인 모양이다. 목에 걸린 ID카드의 컬러사진 속 그가 이를 보이며 웃고 있다.

"아, 오셨군요. 수고하셨어요. 방에서는 좀 쉬셨습니까?"

니시모리가 내 팔을 살짝 잡으며 "1점 감점"이라고 외치던 모습과는 딴판인 온화한 표정으로 말했다.

"네, 덕분에. 경치도 좋고."

나는 생글생글 웃으며 비꼬았다.

"다행이군요. 여기는 정말 공기가 좋거든요. 느긋하게 휴양하세요."

나는 결핵환자가 아니야, 라고 외치고 싶은 것을 참고 모호한 미소를 지었다.

"자, 안으로 들어가시죠. 안쪽 소장실에서 다다 씨가 기다리고 있습니다."

사무실은 벽에 걸린 대형 텔레비전 말고는 아무 장식이 없었다. 창에는 여기저기 찌그러진 하얀 플라스틱 블라인드가 내려져 있다.

마주보는 형태로 나란히 자리한 커다란 책상은 모두 여섯 개였다. 직원이 여섯 명인가? 책상마다 랩톱 컴퓨터가 놓여 있었다.

사무실 구석에는 프린터나 팩스, 커다란 철제 서가, 화이트보

드에는 무슨 숫자들이 **빽빽하게** 적혀 있다. '수인' 번호일 거라고 짐작했다.

출입구와 가까운 가장자리 책상 앞에 시트를 가져다준 아키미가 앉아 있었다. 진지한 표정으로 키보드를 두드리는 중이다. 사무를 보다니 뜻밖이었다. 처음에 '주방 보조'라고 들었기 때문에 허드렛일에 가까운 일을 하나 싶었는데.

아키미는 나를 알아보고 한순간 미소를 지으려다 이내 지워 버리고 어른 같은 차가운 눈인사를 했다. 저 표정, 어디서 봤더라 생각하다가 내 담당 편집자인 쓰지오카를 떠올렸다. 영문도 없이 그녀에게 화가 났다.

아키미 옆 책상에는 처음 보는 남자가 앉아 있었다. 하얀 폴로 셔츠에 감색 바지. 볕에 그을었고 머리는 짧게 쳤다. 남자는 얼른 일어나 자기소개를 했다.

"처음 뵙습니다, 마쓰 유메이 선생님. 저는 히가시모리 료라고 합니다."

니시모리 이사오西森功와 히가시모리 료東森遼. 내가 놀란 얼굴을 하자 히가시모리가 뒤미처 말했다.

"이상하다 싶겠지만 그냥 우연입니다. 니시모리 씨는 문윤뿐만 아니라 대학 선배이기도 하죠."

두 사람은 볕에 잘 그을린 모습도 목이 긴 것도 꼭 닮았다.

"히가시모리 씨도 트라이애슬론을 하세요?"

"아, 예, 합니다."

히가시모리는 쑥스러운 듯이 말하고 니시모리 쪽을 보았다.

"사실 우리는 동서東西 모리라고 해서 트라이애슬론 쪽에서는 유명합니다."

니시모리가 끼어들었다. 두 사람이 얼굴을 마주보며 빙글빙글 웃는다.

"그래서 분위기가 비슷한 거군요. 꼭 형제 같아요."

"아뇨, 천만에요. 그런 말을 들으면 니시모리 선배가 기분 나빠합니다. 선배는 나 같은 건 엄두도 낼 수 없는 훌륭한 선수니까요."

듣는 사람하고는 아무 상관도 없는 말을 신나게 늘어놓는다. 히가시모리도 필시 니시모리를 닮아 융통성 없는 바보로구나, 하고 나는 짐작했다. 그런데 니시모리에 히가시모리라. 만담 콤비도 아니고, 우연이라고 하지만 이상하지 않은가. 어쩌면 두 사람 모두 가명을 사용하며 수용자들을 속이고 있는지도 모른다. 그러고 보니 다다 고지로라는 이름도 이상하다. 그래, 틀림없이 그럴 거야.

히가시모리가 준 명함에는 니시모리와 마찬가지로 '총무성 문화국 문화문예윤리향상위원회 히가시모리 료'라는 장황한 직책명이 적혀 있었다. 마찬가지로 구체적인 직함 따위는 기재되어 있지 않았다.

안쪽에 있는 문에는 '소장실'이란 문패가 걸려 있었다. 니시모리가 그 문을 노크했다.

"마쓰 유메이 선생 오셨습니다."

"아, 어서 오세요."

큼지막한 책상 앞에 금속 테를 두른 돋보기안경을 코에 걸친 다다가 앉아 있었다. 그가 싸구려로 보이는 비닐 소파세트를 가리켰다.

"자, 앉으시죠."

니시모리가 목례하고 나갔다. 나는 소파 끝에 앉았다. 다다가 책상 위에 파일을 펴 놓고 들여다보고 있었다.

"좀 쉬셨습니까, 선생."

고개를 들고 묻기에 대답했다.

"아, 예."

"시트는 가져다주던가요?"

"가니에 씨의 조카라는 분이 가져다주었습니다. 세탁은 직접 하는 건가요?"

"대개는요."

다다가 태연한 얼굴로 나를 쳐다본다.

"요양소라고 해서 세탁도 해 주는 줄 알았습니다."

"작가 선생은 연수를 위해 이곳에 오신 거니까 세탁하는 것도 자유, 안 하는 것도 자유입니다."

"그럼 연락도 자유일 테니까 시내로 외출하게 해 주세요."

다다는 내 질문에 대답하지 않고 손맡에 있는 서류로 눈길을 떨어뜨리더니 돋보기안경을 벗으며 나를 쳐다보았다.

"그런데 마쓰 유메이 선생은 본명이 마쓰시게 간나 씨라고 알고 있습니다. 장난스런 필명에 비하면 훌륭한 이름 아닙니까. 마쓰시게 씨라고 부르고 싶습니다만, 번호로 부르기로 하겠습니다. 선생은 B98번입니다. 여기에서는 앞으로 이름을 부르지 않고 항상 B98번이라는 번호로 불리게 됩니다. 물론 번호로 불리는 게 불만이라는 건 압니다. 입소자 여러분은 모두 불쾌하다고 하십니다. 저희도 실례라고 생각합니다. 그러나 선생들은 모두 사회에서 명망이 높지요. 그런 분들을 이런 곳에 모셔놓고, 게다가 지도를 하니 마니 건방진 말을 한다는 건 저희들로서도 몹시 어려운 일입니다. 어떻습니까. 세상에서 통하는 이름은 피차 갖다버리는 게 편하다고 생각하지 않습니까?"

참으로 일방적인 논리였다. 내가 이자들에게 무슨 지도를 받는단 말인가. 불만을 터뜨리고 싶었지만 꾹 참았다. 그때 문득 깨달은 게 있다.

"피차라니, 다다 씨 들도 가명을 쓰시나요?"

"그건 답해 드릴 수 없습니다."

역시 예상이 들어맞은 모양이다. 나는 진저리를 쳤다. 우리는 번호로 불리고 문윤 직원은 가명을 쓰며 이곳에 있다. 언젠가 이 납치 감금이 불법이라고 판명되더라도 아무도 책임지지 않을 작정일 것이다.

"다다 씨, 나는 왜 여기 있어야 하는 거죠? 집으로 돌아가게 해주세요."

나는 다다에게 호소했다. 하지만 다다는 눈을 감은 채 고개를
희미하게 젓고 있었다.

"미안하지만 한동안은 귀가할 수 없습니다. 이곳에서 자기 작
품의 문제점을 확실히 직시해서 인식하고 훈련을 통해 교정된다
면 귀가할 수 있습니다."

나는 발끈해서 소리쳤다.

"납득할 수 없어요. 뭘 근거로 내가 작품의 문제점이니 훈련으
로 고친다느니 하는 말을 들어야 하는 겁니까."

다다가 곤혹스런 표정으로 쓴웃음을 짓고 미간을 찡그렸다.

"자, 자, 감정을 좀 누그러뜨리세요. 당신은 감정적인 분이군
요. 당신뿐만 아니라 작가들은 툭하면 엉뚱한 말씀을 하시지. 자
기들은 의도적으로 감정을 발산하며 살아 왔다는 둥 감정이 풍부
하지 않으면 글을 못 쓴다는 둥. 뭘 해도 괜찮다는 것은 논리의
비약이죠. 그거야말로 사회적으로 허용될 수 없는 것 아닙니까."

누가 그런 말을 했을까. 우리 작가들은 사실 착실하게 일하고
있다. 하루 종일 컴퓨터 앞에 앉아 남들은 신경도 쓰지 않을 망상
을 계속 글로 쓰고 있으니까.

"내가 언제 그렇게 말했나요? 감정을 발산하며 살아 왔기 때문
에 뭘 해도 좋다니."

다다가 흥미롭다는 듯이 내 얼굴을 쳐다보았다.

"그래요. 당신이 말한 건 아니죠. 다른 작가가 한 말이었습니
다. 그 사람이 여기서 뭘 했더라? 그래요, 넘치는 감정을 억제하

는 훈련을 했습니다. 그 결과 성공해서 지금은 화를 내는 일도 없고 난동을 부리는 일도 없이 평온하게 살고 있습니다."

나는 공포를 억누를 수 없었다.

"대체 그분에게 무슨 짓을 한 거죠?"

"아무것도요." 다다가 진저리가 난다는 듯 어깨를 으쓱해 보였다. "자신을 제어하는 훈련 가운데 하나로 러닝을 추천했습니다."

"러닝이라고요?"

놀란 탓에 내 목소리가 반 톤쯤 올라갔다.

"네, 그 선생은 지금 마라톤 풀코스에 도전하고 있어요. 호놀룰루 마라톤도 완주하셨다고 합니다. 기록이 어떻게 되더라. 아마 여섯 시간대였던 것 같은데. 오십 대 후반에 막 시작한 사람치고는 대단하지 않습니까. 안 그렇습니까?"

놀라서 말이 나오지 않았다. 다다는 정말 그렇게 생각하는 걸까.

그러자 내 마음을 읽은 것처럼 다다가 말했다.

"뭐, 이를테면 그런 사례도 있다는 겁니다. 누구나 러닝으로 갱생된다는 건 아닙니다."

다다는 돋보기안경을 만지작거리며 말했다. 자세가 반듯하고 볕에 그을린 상완 근육이 아름답다. 왼손 손목에 찬 다이버워치가 잘 어울린다. 어쩌면 자기 육체를 자랑하고 있는지도 모른다.

다다는 작가의 오만을 규탄하지만 스포츠맨의 오만도 있다. 나는 그런 생각을 하면서 어떻게 해야 오해를 풀 수 있을지 절망적인 기분과 씨름하며 앉아 있었다.

"지금 갱생이라고 하셨나요."

실언이었다고 변명할 줄 알았는데 다다는 주눅 들지 않고 고개를 끄덕였다.

"네, 그랬습니다."

"감정이 넘쳐나 남에게 해를 끼친다면 그건 분명히 범죄입니다. 감정 폭발이 너무 격해서 억누를 수 없다면 갱생이라는 대책도 있을지 모르지만, 그것은 보통 사회에 적응할 수 없는 사람들에게나 쓰는 말 아닌가요?"

"말씀하신 대로입니다." 다다의 입술 사이로 하얀 이가 드러난다. 무서울 정도로 인상이 좋았다. "우리는 당신들 작가 분들이 사회에 적응한 작품을 써 주기를 바라는 겁니다."

"적응한 작품이란 어떤 작품이죠?"

"올바른 작품입니다."

"누가 그런 걸 강제할 권리를 갖고 있죠? 아무도 그럴 권리는 없어요."

어이가 없어진 나는 이미 흥분하고 있었다.

"컴플라이언스라는 말을 아세요? 총무성 쪽에서도 작가들의 작품에 약간의 컴플라이언스를 요구하게 된 겁니다. 방치하면 좋지 않다는 여론에 따른 거죠."

"처음 들어보네요. 법적인 근거가 있나요?"

나는 마구 쏴붙이려고 침을 꿀꺽 삼켰다. 그러자 다다가 손을 쳐들어 나를 제지했다.

"아, 그렇지, 당신 작품들을 읽어 봤습니다."

다다는 책상 밑에 있던 종이봉투에서 단행본 몇 권을 꺼냈다. 놀랍게도 지난 몇 년간 출간한 내 책들이었다. 장편과 단편이 한 권씩, 그리고 가벼운 에세이집이다. 게다가 다다는 연재소설이 실린 소설 잡지와 문예지까지 소파 앞 테이블에 쌓아올렸다.

"비교적 재미있었습니다."

다다는 잡지를 팔랑팔랑 넘기며 말했다. 나름의 칭찬인가.

"다다 씨, 확실히 말해 주세요. 뭐가 문제라는 겁니까. 왜 내가 소환되어 이런 데 있어야 하죠. 이거 너무한 거 아닌가요? 갑자기 폭력적으로 납치 감금된 거나 마찬가지잖아요. 그리고 아까 했던 질문에 아직 대답을 하지 않고 있군요. 대체 누가 우리 작업에 대해 불만을 말할 권리가 있다는 겁니까."

나는 다다의 눈을 보며 호소하듯이 말했다.

"납치 감금? 그건 조금 과장이네요. 다만 당신은 납치 감금을 좋아하는 것 같더군요."

다다가 코웃음을 쳤다.

"무슨 뜻이죠?"

다다가 내 단편집을 펼쳤다. 그때 처음 발견했지만 작은 포스트잇이 붙어 있었다. 그 단편은 중년 남성이 함정에 빠져 유괴되는데 아내가 몸값을 지불하려 하지 않자 여성 범인들에게 괴롭힘을 당하다가 마침내 그곳에서 살기 시작한다는 내용이었다. 익살

맞게 묘사된 작품이어선지 호의적인 서평이 여러 번 나왔고, 그 작품이 가장 좋다고 말해 준 친구나 편집자도 많았다.

"이게 뭐가 문제라는 거죠?"

나의 말투는 시비조가 되었다. 다다는 "아뇨, 아뇨" 하며 얼버무리듯 말하고 단편집을 탁 닫았다.

"문제라는 게 아닙니다. 다만 선생이 이런 주제를 즐겨 다루는구나 싶어서 말했을 뿐입니다. 화내지 말아 주세요."

다다가 다시 양손을 쳐들어 제지하듯이 말했다.

"나는 선호하는 주제 같은 거 없고 집착 같은 것도 없어요. 언제나 이야기에 맞는 주제가 자연히 생겨나는 거예요."

다다가 감탄한 듯 고개를 갸웃했다.

"대단하군요, 선생."

"선생이라니, 비아냥거리지 말아요."

"그럼 B98번이라고 불러드릴까요? 그건 발음하기가 좀 불편하지 않습니까. 일단 선생이라고 부르게 해 주십시오. 정 비아냥거리는 것처럼 들린다면 그냥 B98도 좋습니다만. 선생, 어느 쪽이 좋겠습니까."

다다가 빙긋이 웃었다.

"아무 쪽이든 상관없어요. 어차피 기호일 뿐이니까."

"기호? 작가님이 또 어려운 말을 쓰시네."

"어렵기는요. 당신들이 가명을 쓰는 것과 같은 거예요."

반박할 요량이었지만 다다는 갑자기 정색을 했다.

"우리는 가명 같은 거 안 씁니다. 아, 그렇지. 니시모리와 히가시모리 콤비 이름을 듣고 그렇게 생각하셨군요. 두 사람 이름이 꼭 만담 콤비 같죠? 하지만 맹세코 말하는데 우리는 실명을 씁니다. 그것도 작가 선생의 비뚤어진 망상인 듯합니다. 작가들도 필명을 쓰지 말고 실명으로 승부한다면 작품도 달라지지 않을까요."

"그거랑 이것은 다른 얘기죠."

이번에는 내가 쓴웃음을 지을 차례였다.

"그렇군요." 다다는 깨끗하게 인정했다.

계속 말을 했더니 목이 마르다. 생각해 보니 이 시설에 도착한 뒤로 아무것도 먹지 않았다.

"미안하지만 물 한 잔 마실 수 있을까요?"

"당연하죠."

다다는 일어나 문을 열고 사무실을 향해 소리쳤다.

"누구 선생께 물 한 잔 드려."

쟁반을 들고 온 사람은 역시 아키미였다. 아키미는 먼저 다다 앞에 잔을 놓고 이어서 내 앞에 놓았다. 받침대 같은 것도 없고 얼음도 들어 있지 않았다.

"드시죠, 선생."

다다가 권하는 대로 물을 마셨다. 생수일 줄 알았는데 미지근하고 바닷물 냄새가 났다. 목이 말랐던 나는 단숨에 잔을 비웠지만 다다는 입도 대지 않았다.

"살짝 짠맛이 나죠? 여기서 나는 물입니다. 괜찮다면 이것도 드시죠."

나는 사양하지 않고 다다 몫까지 마셨다. 두 잔째는 바닷물 맛뿐만 아니라 희미한 흙내까지 느껴졌다. 내 방 앞의 작은 산을 떠올렸다. 그 산에서 흘러내린 물일까? 과연 여기에 상수도 같은 게 설치되어 있을까, 라는 걱정이 든다.

다다가 초조한 듯이 말했다.

"슬슬 본제로 들어갈까요. 우리는 최근 소설 작품들을 보면서 위기감을 느끼고 있습니다. 청소년에게는 청소년용 소설이 있어야 합니다. 영화도 R등급이라는 기준이 있으니까. 그러므로 문윤은 영윤과 같은 일을 소설 분야에서 하고자 하는 것입니다."

"영화는 영상이니까 이해가 안 가는 것도 아니지만 소설은 문자니까 사람마다 환기되는 이미지가 다 다르겠죠. 사람 마음은 자유입니다."

내가 힘주어 말하자 다다는 쓴웃음을 지으며 한 손을 들어 발언을 제지하는 시늉을 했다.

"선생, 잠깐만요. 먼저 제가 이야기하지요."

나는 하는 수 없이 입을 다물었다.

"표현은 자유지만 모든 게 다 자유인 건 아니죠. 그게 아니라면 이 사회의 모든 것이 제멋대로가 되고 맙니다. 요즘 범죄가 빈발하고 성범죄도 늘어나고 있어요. 게다가 악질화되고 저연령화되고 있습니다. 영상으로 인한 살인이나 자살도 늘었어요. 이런 것들의 원인은 고삐 풀린 만화나 소설이 아니냐 하는 말도 있습니다."

그런 식으로 말할 줄 알았다. 나는 화가 난 나머지 눈앞이 캄캄해질 정도였다.

"그런 쓸데없는 말은 하지 마세요."

"그러나 영향이 없다고는 할 수 없죠."

"영향이 전혀 없다고는 하지 않아요. 하지만 그게 예술입니다. 사람의 마음 깊은 곳을 울리고 사람을 움직이죠. 그렇다고 함부로 규제하는 건 틀렸어요."

"오, 선생도 영향을 인정하는군요."

"말꼬리 잡지 마세요."

내가 소리쳤다.

"자, 자, 진정하시고." 다다가 웃었다. "일 년 반 전에 헤이트스피치법이 가결되었죠. 그걸 계기로 헤이트스피치뿐만 아니라 모든 종류의 표현물에 등장하는 성차별, 인종 차별 등도 규제해 나가기로 한 겁니다. 해서 우리는 먼저 소설을 쓰는 작가 선생들이 룰을 지키게 하자고 얘기가 된 겁니다. 법적 근거가 있으므로 우리가 위법 행위를 하고 있는 건 아닙니다."

"하지만 우리가 무슨 차별 행위를 하고 있는 건 아니잖아요. 작품에서 남을 차별하는 인물을 묘사하는 경우는 있겠죠. 그게 위법이라는 겁니까?"

"네, 모든 표현물에 일률적으로 적용되며 기준을 벗어나면 위법행위가 됩니다. 문윤에서도 따로 조사기관을 만들고 독자들에게도 의견을 구했습니다."

어이없는 이야기였다. 헤이트스피치법이 제정되는 것은 좋지만 작품 활동에 규제를 가하는 것은 아닐까, 하며 걱정한 작가는 몇 명 있었는데. 설마 이렇게까지 확대 해석될 줄은 몰랐다. 권력은 하나를 타협하면 덫을 하나 놓는다. 명백한 탄압이고 자유의 후퇴였다.

나도 그 덫을 우려한 사람 가운데 하나였지만 현실이 될 줄은 전혀 예상하지 못했다.

"애초에 헤이트스피치는 예술 표현이 아닙니다. 선동이죠. 차별 그 자체입니다. 하지만 예술 표현은 창작물이니까 창작자가 책임을 지는 겁니다. 똑같이 취급하는 건 잘못이에요."

나는 무력감과 필사적으로 싸우며 말했다.

"선생, 불만이 있으면 정부에 말하세요."

"그럼 나의 뭐가 문제가 된 거죠?"

"독자의 고발이 있었습니다. 마쓰 유메이는 강간이나 폭력, 범죄를 긍정하는 것처럼 쓰고 있다고."

너무나 뜻밖이라는 놀라움과 실망으로 나는 소파에서 맥없이 쓰러질 뻔했다. 이제부터 시작될 일이 두려워 한없이 겁에 질리는 순간이었다.

"그 고발인지 뭔지는 편지나 전화로 오는 건가요?"

나는 겨우 물었다.

"아뇨, 문윤은 홈페이지를 운영하고 있어요. 문예작품에 대한 독자의 니즈를 널리 모으고 있죠. 거기에 올라온 글들입니다."

공무원은 밀고를 '니즈'라고 부르나 보다. 홈페이지에 올라온 밀고를 근거로 '조사기관'인지 뭔지에 맡기는 시스템이 만들어져 있다니, 전혀 몰랐다. 심의회에 출석하라고 요구하는 문서가 왔을 때 좀 더 진지하게 대응했어야 했던 걸까.

"몰랐네요. 언제부터 시행된 거죠?"

"일 년쯤 전부터입니다."

"고지되었나요?"

"하고 있습니다. 홈페이지에."

그런 것은 고지라고 부르지 않는다. 문화문예윤리향상위원회라는 조직 자체를 아무도 모르니까. 실제로 내가 구글로 검색했을 때는 아무것도 나오지 않았다. 홈페이지가 정말 있는지부터가 의심스러웠다.

"내 어떤 작품에 대한 의견이었죠?"

"투고된 글을 두어 개 보여드릴까요?"

다다가 태블릿을 조작하여 화면을 이쪽에 보여주었다.

'마쓰 유메이의 작품에는 심각한 문제가 있습니다. 강간을 장려하는 게 아닌가 싶은 내용도 싫고 어린이를 성적 대상으로 삼는 남자를 등장시키는 등 정말 용서할 수 없습니다.'

나는 문득 불쾌하고 낯선 냄새를 맡은 기분이었다. 뭔가 부패하는 듯한 참으로 역겨운 냄새. 이게 시취라는 것일까. 내가 심하게 낯을 찡그렸는지 다다가 놀란 얼굴을 했다.

"괜찮으세요?"

나는 금방 입이 떨어지지 않을 만큼 충격을 받았다. 설마 작품 속 섹스 묘사를 독자에게 고발당할 줄이야.

물론 전에도 불만이나 졸렬한 감상을 들을 때가 가끔 있었다. 드물게는 "마쓰 씨도 참 끔찍한 상상을 하시네요"라며 어이없어 하는 사람도 있었다. 나는 어리석게도 그것을 칭찬하는 말로 들었다. 왜냐하면 나의 상상이 감히 미치지 못하는 역겨운 세계를 창조하려고 필사적이었고 역겨운 인물을 만들어 내려고 발버둥치고 있었기 때문이다.

"세상에. 생각도 못했어요."

나는 솔직하게 대답했다.

"그렇습니까. 하지만 놀랍게도 이런 고발은 대부분 여성 독자들에게서 나왔습니다."

다다가 진지하게 말했다. 내가 동요하는 모습을 보고 그럼 그렇지 하는 표정이었다. 여성 독자는 우군이라고 생각했는데 배반 당한 기분이었다. 나는 애써 실망을 감추며 자세히 따졌다.

"어느 작품이 문제란 거죠? 게다가 그 투고가 진짜라는 증거가 있습니까?"

"증거? 있고말고요. 그런데 선생, 직접 쓴 작품을 잊으신 겁니까? 여러 편입니다."

다다는 책상 위에 쌓인 내 소설을 곁눈으로 보며 단행본이나 단편의 제목을 나열했다. 개중에는 최근 자신 있게 펴낸 성애를 묘사한 작품도 있었다.

"그런 남자를 묘사하고 싶어서 쓴 겁니다. 강간이라는 행위를 긍정해서 쓴 게 아니에요. 나 개인적으로는 정말 혐오하는 남성이고, 이 작품들에 나오는 섹스 장면은 강간이라고 할 수 없는 것도 많습니다."

"그럴까요?" 다다는 짐짓 고개를 갸웃거렸다. "거의 강간에 가깝게 묘사했다고 생각됩니다만. 그게 아니라도 개중에는 강간 같은 성 행위에 여자가 환희를 느끼는 장면도 있더군요. 여성 독자들이 분노하는 것은 마치 그런 행위를 긍정하는 듯한 묘사 때문입니다."

나는 열심히 항변했다.

"썼다고 긍정한 게 아닙니다. 소설은 전체를 하나의 작품으로 읽어야 하는데 특정 부분 특정 단어만 끄집어 내서 논하는 것은 잘못입니다. 문맥으로 읽어 준다면 그런 남녀관계를 이해할 수 있다고 생각합니다."

"하지만 선생. 실제로 고발이 들어왔어요."

다다가 승리한 듯이 말한다.

"이상하군요. 고발이 들어왔으니 인정하라는 겁니까? 왜 글을 쓴 사람의 의견은 인정하지 않는 거죠?"

"문학작품은 일단 발표되고 나면 독자의 것이니까요."

"아뇨, 독자의 것만은 아닙니다. 내 것이기도 합니다."

"선생, 저작권을 말하는 겁니까?"

"아뇨, 그게 아니라."

논쟁에 지쳤는지 다다가 말을 막았다.

"하지만 강간은 강간이잖아요. 남자가 힘으로 여자를 취한다. 아니, 그 반대도 있나."

다다가 입술을 일그러뜨리며 야비한 표정을 지었다.

"천박하군요."

내가 외면하자 다다가 웃었다.

"선생 작품에 어울리게 말했을 뿐입니다. 천박한 건 선생 작품이죠."

"그럼 대체 뭐가 고상한 거죠? 고상한 소설은 어떤 겁니까. 그 것도 대중의 니즈를 들어 봐야 하나요? 나는 작가예요. 남의 직업을 모욕하는 말은 그만하세요."

발끈해서 나도 모르게 소리치고 말았다.

"오해가 없도록 말해 두지만 문윤은 강간 장면은 쓰지 마라, 라고 말하는 게 아닙니다. 강간은 범죄이므로 결과적으로 강간을 비난하는 내용이면 허용됩니다. 즉 작품 속에서 범죄를 정당화하지 않고 고발하는 내용이면 되는 겁니다. 선생 작품은 마치 강간이 옳은 행위인 양 그려져 있어요."

"말도 안돼요. 소설은 옳다 그르다로 판정할 수 있는 게 아닙니다. 사건을 그대로 쓸 뿐, 사건을 심판하는 게 아니에요. 진실은 당신이 말하는 올바름과는 다른 곳에 있으니까요. 그건 독자에게도 전해질 겁니다. 왜 당신들은 요즘 헐리웃 영화처럼 정치적 올바름에 갇힌 듯한 멀쩡한 말만 하는 겁니까. 어째서 그런,"

너무 화가 치밀어 말을 제대로 잇지 못했다. 흥분해서 논박할 말을 찾는 나를 보며 다다가 말했다.

"독자에게 전해진 결과가 이런 고발 아닙니까."

"그건 문윤의 설문 방식에 문제가 있는 겁니다."

반박하면서도 분하고 허탈해서 견딜 수 없었다. 이런 논쟁을 해 봐야 이미 소용없는 것이다. 다다도 귀찮다는 듯이 말했다.

"강간만이 아닙니다. 선생은 범죄소설 같은 것도 썼더군요. 살인이나 절도도 썼고 그밖에 또 뭐가 있더라. 그래, 훔쳐보기 취미를 가진 남자 이야기도 있었지. 여자 혼자 사는 아파트를 훔쳐보며 만족하는 남자 얘기. 그걸 읽어 보면 선생이 여성 작가라는 걸 아무도 모를 겁니다. 대단한 상상력이에요. 하지만 선생은 남자는 다 이런 자들이라고 생각하는 거 아닙니까? 그러니까 남자는 모두 변태 성향이 있고 범죄 직전에 있는 자들이라고 말입니다. 나는 그런 취향을 전혀 모릅니다. 남자도 선생 소설을 읽으면 머쓱해져요. 왜 이 작가는 남자에게 이렇게 악의를 품었을까 하고. 선생, 한번 정신감정 같은 걸 받아 보는 게 어떻습니까."

"나는 상상해서 쓰고 있을 뿐입니다. 악의 같은 거 없어요."

나는 또 목소리를 높였지만 등줄기가 서늘해졌다. 우매한 자들이 소설을 샅샅이 뒤져서 편향 혹은 변태라 판정하고 작가의 성격을 뜯어고치려고 한다. 요양소. 그리고 정신감정. 그다음에는 또 뭐가 있을까. 붕붕 소리를 내며 도는 풍력발전 터빈 소리를 바로 옆에서 듣는 느낌이 들며 신경이 마비될 것 같았다.

나는 반사적으로 이 방을 나가야겠다 싶어 벌떡 일어섰다.

"왜요?"

태블릿을 책상 위에 돌려놓으려던 다다가 손길을 멈추고 나를 쳐다보았다.

"집에 돌아갈래요. 이런 곳에 붙들려 있는 건 이상하잖아요. 당신은 계속 무례한 말만 하는데, 우리는 누구에게 벌을 받으려고 소설을 쓰는 게 아닙니다."

"그럼 무엇을 위해서죠?"

"나를 위해서죠."

"호오, 독자를 위해서가 아닙니까?" 다다의 말이 조롱하는 투가 되었다. "아무래도 건전하지 못하군요. 아니, 뭐랄까, 그걸로 돈을 벌려고 하다니, 너무 교활한 거 아닙니까."

"뭐가 교활하다는 거죠? 정당한 대가예요."

"자신의 지저분한 망상을 늘어놓는 것만으로 돈을 벌 수 있다니, 그런 세상은 크게 잘못된 거라고 봅니다."

"멋대로 말하지 마세요."

나는 문을 열고 나가려고 했다.

"아, 아, 선생. 진정하세요."

다다가 의자에서 일어나 두 손으로 나를 말리는 시늉을 했다. 그 얼굴에는 다시 안쓰러워하는 표정이 떠올라 있었다. 나는 그의 손을 뿌리쳤다.

"이러지 말아요. 난 당신한테 그런 막말을 들을 이유가 없어요. 뭐가 지저분하다는 겁니까. 대체 소설이 뭔지 당신들이 알기나 합니까. 뭘 읽기는 합니까? 읽고 감동 같은 걸 느껴 본 적은 있나요?"

"있고말고요. 선생이 엄두도 못 낼 노벨상 수상작가의 작품을 많이 읽었죠."

나는 두 팔을 뻗고 다가오는 다다의 가슴팍을 손으로 밀어냈다. 순간 상대방은 재빨리 몸을 틀어 피했지만 손끝에 닿은 다다의 가슴은 견고한 바위 같았다.

다다가 희미하게 웃으며 소파를 가리켰다.

"앉으세요. 너무 흥분하면 감점됩니다. 위원회 호출에 응하지 않았을 때 이미 2점 감점이 있었고 여기 오는 도중에 니시모리와 다퉈서 1점이 또 감점되었어요. 지금 이런 태도도 감점 대상이지만, 이번만큼은 관대하게 봐드리죠. 실은 제가 논쟁을 좋아하거든요. 그러니 건전한 토론을 하자는 의미에서 감점은 하지 않겠습니다. 그만두죠."

다다는 자못 은혜라도 베푸는 듯이 말했다. 다시 스프링이 망가진 소파에 앉지 않을 수 없게 된 나는 다다의 얼굴을 올려다보았다.

"감점이 쌓이면 어떻게 되는 거죠?"

"입원 기간이 연장됩니다."

"이런 상태를 입원이라고 하나요?" 내가 놀라서 물었다. "대체 얼마나 연장되는 건가요?"

"1점 감점에 1주일 연장입니다. 선생은 이미 감점이 3점이니까 3주간 요양 생활을 하게 됩니다."

"부당합니다."

"뭐가요?"

"감점되면 구류가 연장된다는 건 금시초문이에요. 게다가 위원회의 호출에 응하지 않은 경우 감점이 된다면 어째서 그 문서에 적시하지 않은 거죠? 그런 내용은 전혀 없었어요."

"뒷면에 다 적혀 있어요. 선생이 못 봤겠죠."

이미 찢어 버렸으니 미처 못 봤는지도 모른다. 별안간 자신감이 사라지고 말이 없어진 나에게 다다가 덮어씌우듯 말했다.

"그리고 구류가 아니라 어디까지나 갱생과 교정을 위한 입원이니까요."

"갱생과 교정?"

"예, 가능한 한 고쳐 주셨으면 합니다."

3주씩이나 여기에 가둬 두고 나의 무엇을 어떻게 교정하겠다는 말인가. 이런저런 트집을 잡아 감점이 거듭되면 영원히 연장될 수도 있다. 한심하게도 나는 눈물을 흘리며 소파 팔걸이에 몸을 기대었다.

"속이 이상해요."

"오오, 이거 미안합니다."

다다가 문을 열고 외쳤다.

"거기 누구 선생에게 물 좀 드려."

다시 아키미가 물만 든 잔을 쟁반도 없이 들고 왔다. 그것을 보고 다다가 화를 냈다.

"가니에 씨, 얼음 정도는 넣어서 드려야죠. 작가 선생이신데."

"예, 죄송해요."

아키미가 돌아설 때 빙긋이 웃는 모습이 보였다. 저런 웃음을 어디서 본 기억이 있었다. 최근 주위 사람들이 보여주는 일이 많아진 웃음이었다.

물론 우리 작가들은 자신이 세상의 존경을 받아 마땅하다고 믿는 경향이 있다. "나는 작가다, 존경하라"라고 위세를 부리는 자도 있다. 그런 의미에서는 복 받은 인종이다. 그러나 언젠가부터 작가의 그런 자의식은 통하지 않게 되었다. 통하기는커녕 경멸의 대상이 되는 일도 많다.

가령 《리터러리》의 담당 편집자 쓰지오카는 결코 나에게만 깔보는 듯한 태도를 취하는 것이 아니다. 또 대형 출판사의 문예국장이나 부장, 편집장의 시선은 늘 우리의 등 뒤쪽을 보고 있다. 요컨대 그들이 보고 있는 것은 작가가 아니라 작가의 배후에 있는 시장의 규모인 것이다.

예전에 출판사는 질 좋은 작품을 쓰는 작가를 대접했다. 그 뒤 한동안은 작품의 질은 젖혀 두고 팔리는 작가를 우대했다. 하지만 요즘은 잘 팔리면서도 올바른 내용을 쓰는 작가에게만 작업을 의뢰하는 경향이 있다. 그것도 올바른 내용을 써야 독자의 지지를 얻기 쉽다는 이유 때문만은 아니었던 듯하다.

나는 그제야 헤이트스피치와 소설이 똑같은 수준으로 받아들여지게 되었다는 사실에 경악했다. 이것은 양자를 똑같은 '표현물'로서 공평하게 포장한 국가권력의 횡포다.

게다가 규제 대상은 아무래도 엔터테인먼트 소설 분야이고 노벨상급 소설이라면 뭘 써도 괜찮다는 차별이 있는 모양이다. 요컨대 잘 팔리는 인기 엔터테인먼트 작품은 텔레비전 프로그램과 마찬가지로 정치권력의 간섭을 받기 쉽다는 것이다.

"네, 오래 기다리셨습니다."

아키미가 이번에는 둥근 쟁반에 잔을 두 개 얹어서 가져왔다. 골풀무늬 컵받침도 있었다. 잔에는 제빙접시로 만든 듯한 네모난 반투명 얼음이 세 개쯤 떠 있었다. 얼음 모서리가 둥근 것이 어쩐지 불결해 보였지만 나는 차가운 음료에 주려 있었다.

입을 대 보니 생수인지 아까 마신 물과는 비할 수 없을 만큼 상쾌했다. 이번에는 다다도 입을 댄다. 나는 다다를 곁눈으로 보며 얼음을 이로 바각바각 깨뜨려 먹었다. 얼음은 수돗물로 만들었는지 역시 바닷물 맛과 흙 맛이 난다.

찝찝한 뒷맛에 얼굴을 찡그린 순간 다다가 요란하게 탄식하며 나에게 웃어 보였다.

"피차 말을 너무 많이 해서 지친 것 같군요."

다다는 빈 잔을 컵받침 위에 놓았다. 투박한 다이버시계를 자랑하듯 손목에 스냅을 준 동작이었다.

"오늘은 이쯤에서 끝낼까요? 선생도 피곤하실 테니 얘기는 내일 이후에 다시 하죠. 시간은 얼마든지 있습니다."

나도 갑자기 피로를 느끼고 양손으로 지그시 볼을 눌렀다. 어느새 얼굴이 달아올라 있었다.

"다다 씨, 이런 곳에 갇혀 버렸으니 나는 무얼 하면 되는 거죠? 도서실이라도 있나요?" 하고 내가 대꾸했다.

"없습니다." 즉각 부정한 다다가 그다지 내키지 않는 듯이 말했다. "야외활동은 어떻습니까. 산책이나 체조 같은. 다들 여러모로 궁리하고 있는 것 같습니다."

다다는 태블릿 화면을 보고 있다. 이놈들끼리만 와이파이를 마음껏 쓰고 있구나. 나는 어떻게든 비밀번호를 알고 싶었다.

"그럼 선생. 석식까지 시간이 조금 있으니 방으로 돌아가 쉬시지요."

다다가 태블릿에서 얼굴도 들지 않고 말했다.

"산책은 할 수 있는 거군요?"

방에 감시카메라가 설치되어 있을지 모른다고 생각하니 쉬고 싶은 생각도 들지 않았다.

"물론이죠. 여기 부지 내라면 얼마든지."

나는 조금 안도하여 천천히 일어섰다. 이 '요양소'에 갇혀 있는 작가들을 밖에서 만날 수 있을지도 모른다고 생각하니 기대가 되었다. 모두 모인다는 식사 시간까지는 얼마나 기다려야 하나.

소장실을 나와 사무실 안을 통과할 때 화이트보드를 보았다. 아까 본 다른 번호들은 어느새 지워지고 'B98 #210③'이라고만 크게 적혀 있었다. 내 번호다. 동그라미 숫자는 감점 수가 분명하다.

"목욕은 언제 할 수 있죠?"

책상 옆을 지나가며 아키미에게 물었다.

"여자는 오후 7시부터예요. 차례가 되면 안내방송이 나갑니다."

컴퓨터 화면에서 얼굴도 들지 않고 아키미가 대답했다.

목욕조차 마음대로 못하나. 마치 입원한 중환자 같지 않은가. 입원 환자를 연상하니 정신감정 이야기가 떠올라 흠칫 놀랐다. 한시라도 빨리 여기를 탈출하고 싶다. 하지만 탈출해서 어디로 가면 좋을까. 내 주소를 알고 있으니 동생 집으로 도망치는 수밖에 없을 텐데. 그때 곤부를 찾는 전단지에 동생 휴대폰 번호도 적어 둔 것을 떠올리고 살짝 혀를 찼다. 돌이킬 수 없는 실수를 저질렀다. 동생한테 아무 일도 없어야 하는데. 연락하고 싶은 마음이 간절했다.

복도에는 아무도 없었다. 하지만 어딘가 설치된 카메라로 감시하고 있을 게 틀림없다. 나는 방향을 잃은 척하며 곧장 정면에 있는 현관으로 나가려고 했다. 그러나 현관은 단단히 닫혀 있었다. 사무실 사람들은 아무래도 다른 출입구를 이용하는 듯했다.

나는 시치미 뗀 얼굴로 두리번거리다 반대편의 식당 모퉁이를 돌아 매점 쪽으로 향했다. 매점 옆에 출구가 있는 것을 보았으므로 그곳을 통해 뒤뜰로 나가 상황을 살펴볼 작정이었다.

"뭘 사시게요?"

불쑥 목소리가 들려와 걸음을 멈췄다. 가니에가 매점 안에서 나를 쳐다보고 있다. 가니에는 흰 티셔츠에 청바지, 분홍색 앞치마를 두르고 있었다. 앞치마 주머니 주위가 조금 거뭇한 것은 늘 앞치마로 손을 닦기 때문이리라. 가니에는 몸집도 펑퍼짐하지만 얼굴도 하관이 튀어나와 네모나게 보인다. 단발머리에 화장기가 전혀 없고 표정도 없었다.

키오스크처럼 면적이 좁은 매점에는 칫솔, 티슈, 화장지, 얇은 수건이나 싸구려 샴푸 등이 진열되어 있었다. 컵라면과 카스텔라 같은 제과류에는 살짝 먼지가 쌓여 있다.

그 옆으로 역시 먼지를 뒤집어쓴 '코알라노마치한국의 '칸초'와 비슷한 과자'니 '가부키아게쌀과자튀김', 메이지 초콜릿 등이 보인다. 나는 서글퍼져서 외면하고 말았다.

"배고프세요? 컵라면은 어때요?"

가니에가 웃음을 그려 붙이며 컵라면을 가리켰다.

"뜨거운 물은 어떻게 하죠?"

"여기서 끓여 줍니다."

가니에는 등 뒤 선반에 있는 고풍스러운 꽃무늬 포트를 가리켰다. 저 열탕에서도 바닷물 냄새가 날 게 틀림없다. 컵라면에는 300엔이라는 가격표가 붙어 있었다. 놀라서 과자류를 살펴보니 그것도 소매가의 두 배 가까운 가격이었다.

"비싸네요."

가니에가 어깨를 으쓱해 보였다.

"그래요?"

가지고 있는 현금이 5만 엔 정도인 것을 떠올리니 갑자기 불안해졌다. 다 떨어지면 어떻게 되는 걸까.

"여기 현금인출기 있나요?"

내가 물건을 살 생각이 없음을 알고 불쾌해졌는지 가니에가 주방 쪽으로 돌아서며 고개를 저었다.

"아뇨, 없어요."

"신용카드는 쓸 수 있나요?"

"설마요" 하며 웃는다. 앞니 한 대가 없는 것이 보인다.

"돈이 떨어지면 어떻게 하나요?"

"빌려줍니다."

혹시 빚도 감점 대상이 아닐까? 돈을 빌리면 체재가 길어지게 된다. 그 시스템이 무언가와 닮은 것 같다는 생각이 들었지만, 그게 뭔지 얼른 떠오르지 않았다.

"문윤이 빌려준다는 건가요?"

"그래요. 하지만 빚지는 게 싫어서 다들 절약하고 식당에서 주는 음식만 먹으며 지내는 모양이에요."

식사만이 낙이고 식사 시간만 기다리게 된다면 진짜 수인이 되어 버릴 텐데. 그렇게 되지 않으려면 언제든 컵라면 정도는 사먹을 수 있도록 현금을 최대한 아껴 두어야 하는 걸까. 방에 두고 온 지갑이 문득 걱정되었다. 방에 금고는 있었나? 확인해야겠다.

"생각해 보고 다시 올게요."

설마 컵라면 하나 사는 걸 두고 망설이게 될 줄이야. 이 역시 고분고분하지 않은 작가들에 대한 문윤의 탄압일까 하고 생각하니 분통이 터졌다.

"방에 있는 화장지는 지급해 주는 건가요?"

만난 김에 물어보니 "예" 하고 가니에가 상품을 다시 진열하며 고개를 끄덕였다.

"하지만 주당 한 롤로 정해져 있어요. 화장실 말고도 코를 풀거나 여기저기 사용해야 하니까 다들 부족한 것 같아요. 사 가실래요?"

척 봐도 질이 좋지 않은 화장지는 한 롤에 150엔 가격표가 붙어 있었다.

"아뇨, 아직 괜찮아요."

화장지를 1주일에 한 롤밖에 쓸 수 없다니. 절망감만 쌓여 갔다.

나는 매점 옆 출입구를 통해 뒤뜰로 나섰다. 벌써 오후 4시가 다 되었는데도 살짝 기운 태양이 정면에서 내리쬔다는 데 놀랐다. 요양소가 일본 열도의 동쪽 바닷가에 있다고만 생각했는데, 작은 만을 에두른 좁은 곶의 끄트머리에 위치해 있다는 사실을 처음으로 깨달았다. 내 방은 바다 쪽이 아니므로 동향일 것이다.

그러나 창문 밖에 작은 산이 있으니 일출은 볼 수 없을 것 같았다.

철썩, 철썩, 부딪치는 파도소리가 바로 밑에서 들려왔다. 나는 깎아지른 절벽 쪽으로 조심스레 걸어갔다. 뒤뜰이라고 해도 잔디 같은 자잘한 풀들이 자라는 비탈에 불과했다. 더구나 바다 쪽으로 기울어 있어 바다 쪽으로 걷자니 당장이라도 데굴데굴 굴러 떨어질 것 같아 겁이 났다.

뒤뜰에는 벤치도 없고 화단도 없었다. 폭은 건물과 거의 같으므로 100미터나 될까. 종심은 그 절반도 안 될 만큼 좁았다.

뒤뜰 가장자리에 다다르니 추락 방지를 위해서인지 하얀 나무 울타리가 한 단 밑에 길게 쳐져 있었다. 그러나 무서워서 그 강도를 확인해 볼 수는 없었다. 그 밑은 깎아지른 절벽으로, 내려다볼 엄두도 나지 않았다. 만 건너편에는 깎아지른 까만 절벽이 이어진다. 남성기와 여성기를 닮은 바위 세 개가 바다 속에 우뚝 서 있는 것이 보였다. 이것이 시치후쿠진하마 요양소의 주변 조건이었다. 완벽하게 갇혔음을 나는 새삼 실감했다.

"신입이세요?"

어디선가 불쑥 남자의 낮은 목소리가 들려와서 깜짝 놀랐다. 주위를 두리번거렸지만 아무도 보이지 않았다. 남자가 이어서 말했다.

"움직이지 말고 그대로 있어요. 난 절벽의 움푹 팬 자리에 있어요. 거기에서는 보이지 않을 겁니다."

울타리를 짚고 내려다보려고 하자 이내 그런 소리가 들렸다.

"내려다보지 말아요. 이 장소가 탄로 나니까."

"예, 죄송해요."

"여기에서는 수용자끼리 대화하거나 정보를 나누는 게 금지되어 있어요. 그러니까 그대로 움직이지 말고 말씀하세요."

"알았어요."

나는 아무 사심 없이 바다를 쳐다보는 척했지만 상대방을 확인하고 싶어 견딜 수 없었다. 그러자 내 마음을 읽은 것처럼 상대가 말했다.

"누군가 반드시 당신을 지켜보고 있을 겁니다. 그대로 있어 주세요. 너무 움직이지 않는 것도 이상하니까 종종 자리를 옮기거나 잔디에 앉아 보기도 하세요."

"네, 그렇게 할게요."

나는 손차양을 하며 먼 데를 바라보는 척했다. 오후의 태양을 정면으로 바라보자니 지글지글 지겨지는 기분이 든다.

"나는 A45입니다. 이름은 말하지 않겠습니다. 서로 통성명은 그만두죠. 나중에 심문당할 때 자칫 대답해 버릴지 모르니까. 여기서 대화했다는 사실이 드러나면 공모죄가 적용될 겁니다."

"공모죄라고요?"

"예, 그리 되면 재판에 회부되어 형무소행입니다. 사실 형무소가 여기보다 나을지도 모르지만."

언제부터 그렇게 되어 있었단 말인가. 나는 반사적으로 뒤를 돌아볼 뻔했지만 간신히 참았다.

"그렇지, 가만히 있어 주세요" 하는 남자 목소리. "지금 손거울로 당신을 보고 있어서 당신이 어떻게 하고 있는지 조금은 보입니다. 당신 번호는?"

"난 B98이에요."

"B입니까. 다행이군요."

남자 목소리가 밝아진 듯했다.

"무슨 말씀이죠?"

"B는 순순히 죄를 인정하고 반성하면 귀가할 수 있습니다. 하지만 A는 A급 전범 같은 거라서 귀가하는 데 시간이 걸린다고들 합니다."

남자 목소리는 담담했다. 모습이 보이지 않으니 절벽과 이야기하는 기분이었다.

"오늘 불려 들어왔는데 놀라운 일투성이라 충격을 좀 받고 있어요."

"당신만 그런 게 아닙니다. 다들 그래요. 그러니 용기를 갖고 힘내세요."

나도 모르게 눈물이 쏟아질 뻔했다. 동료를 만나니 얼마나 두려웠는지를 알게 된 것 같았다.

"나는 소설가인데, 당신도 그런가요?"

"자세한 이야기는 삼갑시다."

"알겠어요. 그런데 당신은 그런 위험한 곳에서 뭘 하는 거죠?"

"죽고 싶어질 때를 기다리고 있어요. 죽는 건 쉬워요. 여기서 뛰어내리기만 하면 되니까."

"하지만 누군가 감시하고 있다고 하셨잖아요?"

"뛰어내리는 건 아무도 말리지 않아요. 아니, 장려하고 있죠."

A45가 웃었다. 그 웃음소리가 바람을 타고 흩어지는 것 같아 나는 귀를 막고 싶어졌다.

"제발 죽지 말아 주세요."

"아뇨, 세 달만 지나면 당신도 죽고 싶어질 겁니다. 여기에서는 벌써 열 명 이상이 뛰어내려 죽었어요."

"탈출할 방법은 없나요?"

"없어요. 여기는 곶의 맨 끄트머리이고 절벽으로 둘러싸여 있어서 밖으로는 나갈 수 없어요. 천연 형무소죠. 정문엔 문지기가 있고 담은 높고 철조망에는 전기가 흘러요. 멧돼지 퇴치용 철조망이죠. 놈들은 우리가 뛰어내리는 걸 기다리고 있는 겁니다. 당신한테도 산책하고 오라고 적극 권하지 않던가요? 아니면 조깅이라든지."

"듣고 보니, 그랬어요."

역시, 하고 A45는 웃었다.

"바깥을 뛰어 다니다가 굴러 떨어지기를 바라는 겁니다."

"여기에는 몇 명 정도나 수용되어 있죠?"

"늘 스무 명은 돼요."

"저는 앞으로 어떻게 하면 좋을까요?"

"순순히 죄를 인정하고 회개하면 됩니다."

"죄 같은 거 저지른 적 없어요."

나는 발끈하며 말했다. 바람을 타고 A45의 한숨 소리가 들려왔다.

"그러시면 안 됩니다. 얌전해지셔서 당신만이라도 무사히 귀가해 주세요."

"우리는 가장 어려운 걸 요구받고 있군요."

"그렇게 느끼는 사람에게는 힘든 곳입니다."

"지금 당신이 있는 자리에는 어떻게 갈 수 있는 거죠?"

"위험하니까 시도하지 않는 게 좋아요. 나도 오늘은 이만 방으로 돌아갈 겁니다. 당신과 이야기를 하다 보니 죽을 마음이 사라졌어요."

"그럼 내일도 여기서 만나요."

대답은 없었다.

4

어느 샌가 만 너머 절벽으로 해가 지고 있다. 일몰까지는 아직 시간이 있을 테지만, 절벽에 에워싸인 만은 이미 오후 햇살이 들지 않았다. 까만 암반 절벽에 음영이 짙어져 불길한 무늬처럼 보였다.

나는 문득 불안해졌다. 요양소의 밤은 퍽 쓸쓸할 것이다. 매일 밤 어두운 방에서 할 일도 없이 풍력발전기 터빈 소리나 듣는 신세가 되는 것이다. 머리가 돌아버리지나 않을지.

절벽 턱밑에 있는 남자는 자기가 숨어 있는 위치가 밝혀질 수 있으니 내려다보지 말라고 경고했지만 나는 마음을 단단히 먹고 상체를 기울였다. A45라 불리는 남자가 거기 있다면 같은 처지가 된 인간을 직접 보며 안심하고 싶었다.

하얀 울타리 바로 밑에는 폭이 불과 1미터쯤 되는 지면이 차양처럼 돌출해 있었다. 그곳에 몸집이 작은 한 남자가 바다를 향해 무릎을 안고 앉아 있는 모습이 보였다. 중간에 바위가 돌출해 있는 탓에 무릎을 안고 있는 양팔과 비치샌들을 신은 발, 머리 왼쪽밖에 보이지 않았다. 아무래도 A45는 회색 파자마 같은 상하의를 입고 한 세트인 모자를 쓰고 있는 듯하다.

그는 내가 위에서 내려다보는 것을 모르는지 방심한 듯 무릎을 풀고 먼 데를 바라보았다.

뒤쪽을 보는 데 쓰는 손거울은 당장이라도 왼손에서 떨어질 것처럼 맥없이 축 늘어져 있다. 까만 가죽 손목시계. 푸른 힘줄이 돋은 다리는 노인처럼 보이지만 손은 빈약한 체격에 비해 크고 힘 있어 보였다. 더 참지 못하고 저어, 하고 말을 걸려는데 뒤에서 여자 목소리가 들렸다.

"위험해요."

벼랑 턱밑에 있는 남자에게도 그 소리가 들렸는지 긴장해서 몸이 굳는 것을 알 수 있었다.

천천히 돌아보니 가니에가 매점 옆 출입구에 서서 손차양으로 석양을 가리며 이쪽을 보고 있었다. 지저분한 분홍색 PVC 샌들을 신은 가니에의 발이 풀을 밟으며 다가온다.

"뛰어내리는 줄 알았잖아요."

가니에는 이가 한 대 빠진 앞니를 드러내며 웃고 가슴을 쓸어내리는 시늉을 했다.

"설마요. 절벽 밑이 어떻게 생겼는지 보려고 했던 거예요."

나는 울타리에서 물러나 가니에 쪽으로 걸어갔다. 가니에는 멈춰 서서 손차양을 내리고 내 얼굴을 올려다보았다. 눈꼬리가 쳐진 얼굴에는 아무런 악의도 느껴지지 않았다.

"울타리가 삭았거든요. 조심하세요."

아, 네, 하며 나는 모호하게 고개를 끄덕였다. 삭았으면 수리하면 될 것을, 이라는 말이 나올 뻔했다.

"이제 곧 석식이니까 방에서 기다려 주세요."

가니에는 그렇게 말하고 주방으로 돌아갔다. 가니에가 건물로 들어간 것을 확인하고 나는 다시 그 자리로 돌아가 벼랑 턱밑에 있는 A45에게 작은 소리로 사과했다.

"죄송해요."

역시 대답은 없었다.

가니에가 시간을 맞춘 듯 나타난 것이 신기해서, 나는 방으로 돌아가는 동안 짐짓 여기저기 둘러보며 감시카메라를 찾았다. 하지만 교묘하게 설치했는지 눈에 띄지 않았다.

아까 그것은 가니에의 친절이었을까. 아니면 누가 어디서 감시하고 있다가 절벽 끝에 가까이 다가가자 근처에 있는 가니에에게 상황을 확인해 보라고 지시했던 것일까. 그러나 A45의 말처럼 그들이 우리가 투신해 주는 게 낫다고 여긴다면 모순되는 지시 아닌가. 내가 B라는 계층에 속해 있기 때문에 죽는 걸 방치할 필요까지는 없다고 생각하는지도 모른다. 계층. 저도 모르게 그런 말을 떠올린 자신에게 흠칫 놀랐다.

이런저런 고민을 하다 보니 여기에서 얼마나 오래 버틸 수 있을지 자신이 없어졌다. 단 3주로 끝난다면 고개를 조아리고 지낼 수 있을지도 모른다. 하지만 더 길어지면 정신이 이상해질 것이다. 나는 졸지에 처넣어진 감옥 같은 환경에, 다다와의 무익한 논쟁에 지칠 대로 지쳐 있었다.

방은 병실이나 다름없었다. 안에서 잠글 수도 없고 가구도 거의 없다. 침대와 작은 소파세트, 책상. 차라리 병실이 훨씬 낫지 싶었다. 병실에서는 인터넷도 접속할 수 있고 전화 통화도 가능하고 이메일도 쓸 수 있다. 텔레비전도 볼 수 있고 냉장고도 있다. 그러나 내가 있는 이 방에서는 잠자는 것 말고는 할일이 없었다.

나는 책상 위에 던져둔 가방의 내용물을 확인했다. 지갑, 스마트폰, 열쇠, 화장품 파우치, 손수건, 티슈 등은 고스란히 들어 있었다. 일단은 지갑을 숨겨 둘 장소를 찾아야 하는데 메밀 껍질 베개 밑에라도 넣어 두는 수밖에 없었다.

머리 밑에 장지갑의 존재를 든든하게 느끼며 침대에 누웠다. A45라는 남자와 3층 방에서 나를 보던 남자. 적어도 두 명의 동료는 확인했다. A45의 말에 따르면 이곳에는 상시 스무 명쯤 있다는데, 그밖에 또 어떤 사람이 갇혀 있을까.

깜빡깜빡 잠들려 할 때 노크 소리가 들렸다. 아키미나 가니에일 것이다. 문은 잠글 수 없으니 들어오고 싶으면 마음대로 들어올 수 있다. 나는 대답을 하지 않고 어둑해진 방에 누워 있었다.

"실례합니다."

아니나 다를까 내 대답을 기다리지 않고 아키미가 들어왔다. 회색 옷을 품에 안고 있다. A45가 입고 있던 그 옷이다. 나는 우울한 기분으로 윗몸을 일으켰다.

"여기, 어둡지 않아요?"

아키미가 문 앞에 있는 스위치를 멋대로 올렸다. 천장에 부착된 형광등이 깜빡거리며 켜진다. 해가 저물어 어두워진 실내가 한밤의 분위기를 띠며 쓸쓸하게 떠올랐다. 나는 조명에 감시카메라가 장치된 것은 아닐까 의심해서 굳이 켜지 않았던 것이다.

아키미는 내가 다다와 논쟁한 것을 알고 있으니, 기분이 상해서 누워 있는 거라고 짐작했을까. 책상 위에 회색 옷을 아무렇게나 던져 놓았다. 초등학교 교실 책상 같은 작은 책상은 회색 옷으로 가득 찼다.

"이걸로 갈아입고 식당으로 와 주세요. 이건 소내에서 입는 제복인데, 규칙상 늘 입고 있어야 하니까 반드시 따라 주세요. 그리고 방을 나갈 때는 모자도 써 주세요. 여성은 머리카락을 모자 속에 감추도록 되어 있어요. 머리끈이 없으면 고무줄을 드립니다."

아키미가 대충 매듭지어 고리로 만든 까만 고무줄을 보여주었다. 굵은 줄이라 매듭이 눈에 띈다. 하지만 내가 단발머리여서 필요 없다고 생각했는지 슬쩍 보여주기만 하고 바로 주머니에 넣었다.

"신발은요?"

"자유예요."

아키미는 침대 밑에 벗어던진 내 스니커를 힐끔 쳐다보며 대답했다. 비치샌들을 신고 있던 A45가 떠올랐다. 그는 비치샌들밖에 없는 것일까 하는 걱정이 들었다.

"6시 30분까지 식당이에요."

나는 대답하지 않았다. 사무실에서 보았던 아키미의 태도에 여전히 화가 나 있었다.

아키미가 문을 거칠게 닫으며 나간 뒤 나는 회색 제복을 책상 위에서 펼쳐 보았다. 고무줄을 넣은 두툼한 바지와 품이 넉넉한 상의는 작년에 처음 경험한 MRI 장비에 들어갈 때 입는 진찰복 같았지만, 뻣뻣하게 풀을 먹인 탓에 진찰복보다 훨씬 착용감이 떨어질 것 같았다.

감시카메라가 두려워 좁은 화장실에서 제복으로 갈아입었다.

화장실에는 세수도 하기 힘들어 보이는 작은 세면대가 달려 있었다. 거기 있는 녹슨 작은 거울 앞에서 모자도 써 보았다. 나는 이내 개성 없는 공장 노동자처럼 되어 버렸다.

모두가 이런 차림이라면 남녀노소는 판별할 수 있어도 어디 살던 누구인지는 알 수 없을 것이다. 그러나 사복을 압수하지 않은 만큼 아직 돌아갈 희망이 있었다. 나는 다시 입을 날을 위해 청바지와 티셔츠를 잘 개켜서 의자 위에 놓았다.

6시 반에 아키미 말대로 안내방송이 나왔다.

"B98번, 식당으로 내려와 주세요."

방송을 하는 사람은 다다 같았다. '천한 것은 선생 작품입니다'라고 승리자처럼 말하던 얼굴이 떠올라 부아가 치밀었다. "입 닥쳐, 바보자식" 하고 욕설을 내뱉었다.

문을 열었다가 복도에 아키미가 서 있어서 깜짝 놀랐다. 혹시 문 앞에서 방 안을 엿보고 있었나. 방금 내뱉은 욕설을 들었는지도 모른다.

"계속 여기 있었어요?"

아키미는 그 물음에는 대답하지 않고 간수 같은 말투로 말했다.

"머리카락이 삐져나왔어요."

나는 발끈했지만 말다툼해 봐야 힘만 빠질 뿐이므로 잠자코 머리카락을 모자 속으로 밀어 넣었다.

아래층에는 생선조림으로 짐작되는 비릿하고 짭짜름한 냄새가 감돌고 있었다. 나는 생선조림을 끔찍이 싫어한다. 하지만 내 취향과 달리 배가 꼬르륵거렸다. 놀랄 정도로 허기가 졌다.

식당은 낮에 보았을 때와 식탁 배치가 달라져 있었다. 입구에서 볼 때 좌우 벽에 긴 식탁을 붙여 놓았다. 회색 옷을 입은 사람들이 벽을 향해 앉아서 식사하고 있었다. 사람과 사람 사이에는 합판 칸막이 같은 것이 있어서 양 옆과 앞쪽이 벽으로 막힌 갑갑한 상태였다.

이 풍경은 내가 종종 이용하는 어느 중화요리 체인점을 떠올리게 했다. 그곳은 일인용 칸막이가 있어 술 취한 아저씨나 시끄러운 아이들에 방해받지 않고 교자를 안주로 맥주를 마실 수 있다. 하지만 물론 이 식당에서는 식도락 따위는 기대할 수 없었다. 수인이라고밖에 할 수 없는 회색 제복을 입은 사람들이 꾸역꾸역 먹고 있다.

얼른 둘러본 바로는 나를 포함하여 십수 명이나 될까. A45가 상시 스무 명은 있다고 한 것을 보면 시간제로 급식하고 있을 것이다. 나는 A45를 찾아보았지만 모두 같은 옷차림으로 벽을 향하고 있어서 전혀 분간이 가지 않았다.

여성이 서너 명 섞여 있는 것은 금방 알 수 있었다. 모자를 쓰고 있어서 연령은 알 수 없지만 닭처럼 비쩍 마른 여자는 모자에서 삐져나온 백발로 볼 때 고령인 듯했다. 다른 세 명은 중년 혹은 내 또래 정도이며 한 사람은 상당히 살이 쪘다.

나는 누군가와 어떻게든 이야기를 하고 싶었다. 그러나 식당에는 기묘한 긴장감이 감돌았다. 다들 아무 말도 없이 열심히 식사만 하는 풍경은 기이해 보이기까지 했다.

우두커니 선 채 놀란 눈으로 둘러보는 내 어깨에 누군가 손을 얹었다.

"당신 자리는 여기입니다. 다 먹으면 오른손을 들어 표시해 주세요."

처음 보는 젊은 남자가 무표정하게 입구에 가까운 식탁을 가리켰다. 합판 칸막이 왼쪽에 'B98'이라고 매직펜으로 쓴 하얀 종이 번호표가 붙어 있었다. 계속 다른 입소자를 관찰하고 싶었지만 남자가 의자를 빼 주는 바람에 하는 수 없이 앉았다.

하얀 티셔츠 위로 곧게 뻗은 그의 목은 멋지게 그을어 있었다. 다다, 히가시모리, 니시모리처럼 운동선수 종족일 것이다. 그들은 우리를 육체적으로나 정신적으로 나약하고 추하며 근성 없는 자들이라고 경멸하고 있다.

남자의 명찰에는 '오치'라고 히라가나로 적혀 있었다. 오치의 데님 앞치마에는 불결한 기름얼룩이 몇 군데나 튀어 있다.

지정된 자리에 앉자 아키미가 하얀 쟁반을 들고 와 눈앞에 내려놓았다. 그릇이고 접시고 사발이고 모두 매끈매끈한 플라스틱이었다. 젓가락만은 나무인데 거뭇하게 변색되어 불결해 보였다.

앙금이 가라앉은 식은 된장국에는 둥근 밀기울 떡과 시금치가 몇 조각 떠 있었다. 남는 재료를 활용했다고밖에 생각되지 않는 시금치와 당근을 무친 반찬이 조금 담긴 작은 주발. 메인 디시는 정체를 알 수 없는 흰살생선 조림이다. 너무 삶아 흐물흐물해진 브로콜리 두 조각이 곁들여져 있다. 거기에 쌀밥 한 공기. 미지근한 엽차 한 잔. 이게 저녁식사의 전부였다. 쌀밥만 삼가면 다이어트에 멋지게 성공할 법한 메뉴이지만, 정신적으로 무너져 있는 몸에는 아무래도 턱없이 모자란 질과 양이었다.

식사를 마친 사람이 손을 들면 오치나 아키미가 호위병처럼 각자의 방으로 데려간다. 식판 뒷정리는 가니에의 몫이다. 그리고 우리는 방에서 목욕 순서를 기다리게 될 것이다.

나는 동료를 최대한 관찰하기 위해 천천히 먹기로 했다. 밥을 한 덩이 입에 넣고 된장국을 아주 조금만 떠 넣어 목으로 넘겼다. 그러나 허기가 가시지 않아 점차 다른 이들처럼 먹는 속도가 빨라졌다.

남자들이 먼저 식사를 끝내자 오치가 순서대로 방으로 데려갔다. 나는 그들을 한 번이라도 더 보려고 애썼지만 아무리 곁눈질을 해도 쉽지 않았다. 그들 역시 신입인 나에게 흥미를 품은 눈치였지만 오치나 아키미가 내 뒤에 바짝 서서 그들의 시선을 차단했다. 오치와 아키미가 동시에 식당을 비워야 할 때는 주방에서 가니에가 나타나 우리를 지켜보았다.

그러나 요행이라고 할 수 있는 기회가 딱 한 번 있었다.

오치가 식당을 나간 뒤 아키미가 식판을 치우다가 플라스틱 잔을 떨어뜨린 것이다. 요란한 소리가 나고 엽차가 바닥에 쏟아졌다. 아키미가 당황해서 행주를 가지러 주방으로 들어간 잠깐 동안은 감시자가 전혀 없었다.

나는 허리를 펴는 척 왼쪽 칸막이 너머를 들여다보았다. 80센티미터 옆에 여성 입소자가 있었다. 그녀가 종종 한숨을 지으며 국물 마시는 소리를 냈기 때문에 의식하고 있었던 것이다.

들여다보는 나의 시선을 느꼈는지 엽차를 마시던 여자가 고개를 들고 이쪽을 보았다. 우리는 한순간 마주보았다. 연령대는 사십 대 중반이나 그 이상.

나보다 연상인 아름다운 여성이었다. 어디서 본 얼굴이라는 느낌이었지만 누구인지는 알 수 없었다. 긴 머리를 정돈하여 모자 속에 넣은 듯 가녀린 뒷덜미에 귀밑머리가 몇 가닥 늘어져 있다.

"목욕."

여자가 작은 목소리였지만 똑똑히 말했다. '목욕'이라니, 무슨 뜻일까. 물어보려고 했지만 마침 그때 아키미가 행주를 들고 가니에와 함께 주방에서 나오는 바람에 그러지 못했다. 목욕하러 가면 뭐가 있을 거라는 말인가. 중요한 시사다. 나는 가슴이 뛰는 것을 억누르며 고개를 숙였다.

그때 옆자리 여자가 가만히 손을 드는 기척이 났다. '식사 종료' 표시다.

"잠깐만 기다려요. 나도 바쁘니까."

아키미가 거칠게 말하고 가니에에게 행주를 넘겨주는 듯했다. 마침내 아키미가 옆자리 여자를 데려가려고 옆으로 와서 섰다.

나도 당황해서 오른손을 들었다.

"당신도?"

하마터면 대답할 뻔했지만 나는 손을 든 채 잠자코 고개를 숙이고 있었다. 식당에 흐르는 긴장된 분위기 때문에 왠지 말을 하면 안 될 것 같았다.

말을 건넨 것은 아키미의 함정인지 모른다. 한 마디라도 하면 감점을 당해 '형기'가 연장되고 수용자끼리 대화라도 하면 '공모죄'가 될지 모른다.

"당신은 다음번에."

아키미가 옆자리 여자를 데리고 나가자 자리바꿈을 하듯 오치가 돌아왔다. 가니에와 뭐라고 소곤거린다. 아무래도 바닥을 다 닦은 가니에가 나를 방으로 데려가게 된 듯하다. 가니에는 아키미보다 말을 건네기가 수월하므로 이것도 요행이었다.

식당을 나선 나는 급한 걸음으로 계단을 올라갔다.

"잠깐 기다려요. 너무 빠르니까."

살이 통통한 가니에가 숨을 헐떡이며 따라온다.

"미안해요, 화장실이 급해서."

거짓말을 하고 2층 복도까지 단숨에 뛰어 올라갔다. 마침 복도 저쪽 끝에 있는 방으로 아키미가 옆자리 여자를 데려다준 참이었다. 문이 열리고 여자가 들어갔다. 아키미는 내가 보고 있다는 것을 알지 못한다. 나는 눈길을 내리고 안 보는 척했지만 여자의 방을 정확히 확인했다.

"가니에 씨, 한 가지 묻고 싶은데요." 돌아보며 말을 건넸다.

"뭐죠?"

가니에는 식당으로 돌아갈 생각에 마음이 급하다.

"식당에서 말을 하면 안 되는 건가요?"

"실은 여기서도 안 돼요."

"그런 건 일러주지 않으면 알 수 없으니까 가니에 씨만 믿을게 요."

아부를 하자 가니에가 웃으며 어깨를 으쓱해 보였다.

"다들 사회에서는 '작가 선생님'일 텐데."

사회. 여기는 역시 감옥이다.

"목욕 순서도 정해져 있나요?"

"그래요." 가니에가 고개를 끄덕인다. "당신은 신입이니까 맨 나중이에요. 하지만 여자는 몇 명 안 되니까 곧 할 수 있을 거예 요."

"그럼 다행이네."

나는 얼른 방으로 들어가 문을 닫았다. 방 앞을 지나갈 아키미 의 얼굴을 보고 싶지 않았기 때문이다.

"아아, 힘들어." 친척 아주머니에게 거침없이 투덜거리는 아키 미의 목소리가 들린다. "아주머니, 이제 식당에 몇 명이나 남았 죠?"

"두 명인가."

"그 영감과 할멈이겠죠? 빨리 좀 먹으라니까. 먹을 게 거의 남지 않았는데도 마지막 밥 한 알까지 다 처먹으면서 아쉬워한다니까요."

가니에의 대답은 공교롭게도 들리지 않았다. 감시카메라의 존재를 깜빡 잊고 문에 귀를 대고 있던 나는 당황해서 얼른 뒤로 물러났다.

목욕 순서는 좀처럼 오지 않았다. 부를 때를 기다리는 동안 나는 감시카메라를 의식하며 콘센트를 찾는 일에 몰두했다.

오늘 하루로 내 스마트폰의 배터리 잔량은 68퍼센트로 줄어 있었다. 충전을 못 하면 그나마 남은 희망도 사라진다. 이 건물 안에서는 전파가 통하지 않지만 스마트폰을 밖에 가지고 나갈 수 있다면 언젠가는 누군가에게 연락할 수 있을 것이다. 스마트폰은 생명줄이었다.

그러나 방에는 콘센트가 하나도 없었다. 조명은 천장에 딱 하나뿐이고 화장실도 마찬가지였다. 충전을 하려면 밤중에 식당이나 사무실에 숨어들어가 전기를 훔치는 수밖에 없다.

그런데 옆자리 여자가 속삭인 '목욕'은 무슨 의미일까. 목욕탕에 가령 여자들만의 은밀한 장소가 있어서 그곳을 통해 정보를 공유하고 있는지도 모른다. 얼른 가서 확인하고 싶어 마음이 급했다.

"B98번, 목욕입니다."

마침내 안내방송이 나왔다. 이미 8시 반이 넘었다. 다다가 아니라 처음 들어 보는 칼칼한 중년 남성의 목소리였다. 야간조로 근무자가 바뀌었을 것이다.

문을 열자 역시 아키미가 지겨운 표정으로 서 있었다. 아침부터 일했으니 열두 시간을 근무한 셈이다. 불평이 나올 만하다.

"아직도 일하고 있어요? 문윤은 진짜 악덕기업이네."

내가 역정을 내 주었지만 아키미는 하품으로 응할 뿐이었다.

목욕실은 식당 건너편에 있는 좁은 통로에 남탕과 여탕이 마주하고 있다. 남탕은 복도 끝, 즉 매점 건너편에 있고 여탕은 그 앞에 있는데, 그 폭이 남탕의 절반밖에 안 된다. 나머지 절반은 세탁실인 듯했다.

"최대한 빨리 끝내고 나오세요."

아키미의 목소리가 끝나기도 전에 나는 목욕실 미닫이문을 열고 안을 들여다보았다. 3평쯤 되는 면적에 탈의장과 욕실의 비율이 1대2 정도 될까. 화강암 풍으로 마감한 욕실은 예상과 달리 화려했지만 타일이 깔린 자리는 좁고 샤워기도 하나뿐이었다.

탈의장에는 세면대와 지저분한 대형 거울이 있다. 아무래도 여기서 양치질도 하라는 뜻 같다. 선반에는 플라스틱 옷 바구니 하나. 구석에는 구형 이조식二槽式 세탁기가 있었다. 거의 사용하지 않는지 먼지투성이다.

메시지를 숨겨 둘 만한 장소는 어디에도 없어 보였다. 실망한 나는 회색 제복을 벗어 옷 바구니에 넣었다. 거울에 비친 전신을 바라보니 절로 한숨이 나왔다. 그때 거울에 비친 세탁기를 보며 문득 알아차렸다.

"이거다."

나도 모르게 목소리가 나왔다. 세탁기로 뛰어가 뒤쪽의 콘센트를 확인했다. 접지선은 먼지를 쓰고 있지만 전원 플러그에는 먼지가 묻어 있지 않았다.

여자들은 모두 여기서 목욕을 하는 동안 스마트폰이나 휴대폰을 충전하는 모양이다. 그래서 목욕 차례가 좀처럼 돌아오지 않았던 거겠지. 충전을 하려면 최소한 삼십 분은 걸릴 테니까. 내일 목욕하러 올 때는 스마트폰과 충전기를 몰래 가져오자. 그렇게 생각하니 갑자기 기운이 났다.

그밖에 또 무슨 메시지가 있을지 모른다. 여자만 알 수 있는 곳에 유익한 정보가 숨겨져 있지 않을까. 그녀가 신입인 나에게 가르쳐 준 것은 충전할 장소뿐이었을까.

나는 세탁기를 들여다보고 먼지거름망 속을 확인하고 바닥을 손으로 더듬어 보고 뒤쪽도 살펴보았다. 씻는 자리에 놓아둔 비누에 뭔가 새겨져 있지 않을까 하고 손에 들고 찬찬히 살펴보았을 정도였다. 하지만 더 이상은 아무것도 발견하지 못했다. 나는 체념하며 욕조에 들어갔다.

닳고 단 비누로 몸을 씻고 싸구려 샴푸로 머리를 감았다. 아무래도 슬슬 끝내지 않으면 의심을 살 것이다. 목욕을 마치고 수건으로 몸을 닦고 있을 때 채광용 붙박이창이 눈에 띄었다. 낙서 같은 게 적혀 있었다. 그러나 맺힌 김이 흘러내리는 바람에 판독할 수는 없었다. 그녀가 알려주었던 것일지도 모르는데. 내가 알아차리지 못하고 목욕을 하는 동안 사라져 버린 걸까. 내일부터 목욕탕에 들어가면 제일 먼저 붙박이창부터 확인하자.

나는 욕조 테두리에 올라서서 판독할 수 없게 된 글자 같은 것을 손바닥으로 문질러 지웠다. 이곳에 도착한 순간부터 암울한 심정에 숨이 막혔는데 이제야 조금쯤 밝은 빛이 비친 기분이었다.

탈의장에서 거의 몸을 다 닦았을 때 가니에가 예고도 없이 들어와서 깜짝 놀랐다.

"너무 늦네. 청소해야 하니까 빨리 나와 줄래요? 우리도 10시까지는 일을 마치고 싶단 말예요."

가니에가 지친 모습으로 악을 쓰듯이 말했다.

"옷 입을 때까지 조금만 기다려 줘요."

"좋아요."

그렇게 말하면서도 가니에는 청바지 자락을 걷어 올리고 맨발로 욕조로 들어갔다. 대야를 정리하고 온수를 빼기 시작한다. 가니에는 아직 세탁기 콘센트를 의식하지 못하는 모양이다. 나는 충전을 하고 있는 것도 아닌데 가슴이 조마조마했다.

만약 젊은 아키미가 목욕탕 청소 담당이라면 탈의장에서 스마트폰을 쉽게 충전할 수 있다는 것을 금방 알아차렸으리라. 우리는 아슬아슬한 줄타기를 하고 있는 셈이다.

서둘러 회색 제복을 입고 젖은 머리에 수건을 두른 채 밖으로 나가기 전에 가니에를 쳐다보았다. 다시 방까지 따라오려나 싶어서. 하지만 신경질적인 표정으로 목욕탕 청소를 시작한 가니에는 뒤를 돌아보려고 하지도 않는다.

"방으로 돌아갈 건데, 괜찮나요?"

나중에 제멋대로 행동했다고 트집을 잡아 공모죄를 덮어씌우면 곤란하므로 일단 의사를 전달하자 가니에가 귀찮다는 듯이 소리쳤다.

"복도에 감시카메라가 있어요. 뭔 짓을 하면 금방 들통 나니까 곧장 방으로 돌아가세요."

"알겠어요."

복도는 어둑했다. 생선조림의 비릿한 냄새가 아직 희미하게 감돌고 있었다. 갑자기 목이 말라 다시 목욕실로 돌아갔다. 주방에서 찬 물을 얻을 수 있을지 가니에에게 물어볼 요량이었다. 응석이라는 건 알지만 시원한 물이 마시고 싶었다.

가니에는 욕조 테두리에 올라가 한껏 까치발을 하고 채광용 붙박이창에 맺힌 물방울을 걸레로 닦는 중이었다. 사인을 알아챈건가? 한순간 간이 오그라들었다.

하지만 가니에는 돌아온 나를 놀란 얼굴로 쳐다보았다. 그 표정에 악의는 없었다.

"뭐 잊어버렸어요?"

"목이 마른데 찬 물을 마실 수 있는 곳이 있을까 해서요."

"방에 수돗물 나와요."

가니에는 쌀쌀맞게 대답했다. 방에 있는 수돗물이란 화장실 세면대에 달린 작은 수도꼭지를 말하는 것이다. 이 요양소에 있는 한 바닷물 맛과 흙내 나는 미지근한 물밖에 마실 수 없는 운명인 듯하다. 집 냉장고에 넣어 둔 캔 맥주가 그리웠다. 혹은 다다의 사무실에서 마셨던 얼음 띄운 생수가.

좁은 복도 건너편의 남탕은 캄캄하고 아무 소리도 들리지 않았다. 내가 남탕 쪽을 바라보자 복도 쪽에서 낯선 남자가 얼굴을 내밀고 회중전등으로 나를 비추었다. 아직 조명이 켜져 있는데도 회중전등을 비추다니, 하며 낯을 찡그렸다. 다부진 체격에 감색 경비복을 입은 중년 남성은 전혀 개의치 않는 듯한 기색이었다.

"방으로 돌아가세요."

"지금 가는 중이에요."

가니에와 이야기하고 난 참이라 깜빡 잊고 대답을 해 버렸다. 나는 흠칫 놀랐지만 경비는 아무 말도 하지 않았다. 말없이 뒤를 따라올 뿐이다. 나는 세면도구를 들고 계단을 올라갔다. 그러다가 착각한 척하며 2층 복도의 끝을 향해 계속 걸었다. 경비는 내 방이 어디인지 모르는지 몇 발자국 뒤에서 따라왔다.

지나친 방에서 노랫소리가 들렸다. 누군가 영어 노래를 부르고 있었다. 올 마이 러빙, 이라고 들린다. 비틀즈인가? 태평한 사람이다. 노래를 부르는 것은 노파일까 뚱뚱한 여자일까. 식당에서 본 여자들을 떠올려 보았다.

그러나 모험도 여기까지였다. 나는 당황한 척 돌아서서 내 방으로 갔다. 경비는 아무 말도 없이 회중전등을 껐다.

머리가 마를 때까지 나는 가져온 책을 읽었다. 한밤이 되자 바람이 거칠어졌는지 풍력발전 터빈 도는 소리가 들렸다. 우웅──하고 으르렁거리는 소리가 들리고 공기가 희미하게 진동한다. 그때 조명이 꺼졌다.

"여러분, 소등시간입니다. 일찍 주무십시오."

미리 녹음된 안내방송인지 다다의 짐짓 점잔빼는 목소리였다. 스마트폰으로 시각을 확인하니 이제 겨우 오후 10시. 저녁에 밥을 한 그릇 다 먹었는데도 몹시 허기진 것은 정신적 기아와 생명 유지의 본능 때문일까. 식당에서 모두들 식탐하듯 허겁지겁 먹는 모습이 의아했는데 나도 곧 그렇게 되겠지.

하지만 내게는 희망이 있다. 침대에 누워 어둠을 스마트폰 조명으로 비추며 음악을 들었다. 배터리 잔량이 적어서 최대한 사용하지 않으려고 했지만 충전할 수만 있다면 쓸 일은 많다.

내일이나 모레, 제복에 어떻게든 스마트폰을 숨겨서 바닷가로 가 보자. 불행히 전화 통화가 안 되더라도 3주만 견디면 '사회'로 돌아갈 수 있지 않은가. 그렇게 생각하니 기운이 났다.

5

요양소의 첫날 밤, 나는 곤부 꿈을 꾸었다.

꿈이란 기묘한 것이어서 초조하고 당혹스러우면서도 '이것은 꿈이다'라고 한편으로는 납득할 때가 있다.

또한 생각지도 못한 인물이 나타나는 바람에 자신의 뇌 주름에 숨어 있던 뜻밖의 집착에 놀라기도 한다.

그 꿈은 못 견디게 슬펐지만 바로 그런 종류의 꿈이었다. 나는 꿈이란 걸 의식하며 곤부 생각에 울기도 하고 씁쓸하게 웃기도 했다.

어설프게 깨어나면 꿈은 마치 휘발하듯이 이내 희미해지게 마련이다. 그래서 나는 딱딱한 침대에 누운 채로 그 꿈을 세세히 살려내려고 무진 애썼다. 이제 곤부는 꿈에서가 아니면 만날 수 없음을 알고 있었기 때문에.

나는 A45가 있던 절벽 가장자리에 서서 쩔쩔매고 있다. 바로 아래 절벽 턱밑에서 곤부가 웅크리고 앉아 구조를 바라듯이 나를 올려다보며 냐옹냐옹 울고 있었다.

오, 곤부는 죽은 게 아니었다. 나는 기뻤지만 아무리 손을 뻗어도 웅크린 고양이에게 닿지 않는다.

멀리 밑에서는 절벽을 치는 파도소리가 쿠쿵쿠쿵 들려온다. 흡사 북치는 소리 같기도 하다. 더구나 해는 당장이라도 떨어져 금방 어두워질 것처럼 불안감이 차오르고 있다.

나는 곤부의 힘없는 울음소리를 향해, "가만있어, 떨어지면 안 돼" 하고 목청껏 외쳐 보지만 달리 방법이 없어 발만 동동 구르고 있다. 거기까지는 실제처럼 생생했다.

"줄 같은 걸 내려 주면 어떨까."

돌아다보니 가네가사키 유가 어느새 등 뒤에 와서 나에게 말하는 것이었다. 유는 팔짱을 낀 채로 뭔가 생각하고 있다. 집에서 자주 입던 청바지 위에 한텐을 걸친 기묘한 모습이다.

어디 줄 같은 게 없을까. 주위를 두리번거리는데 매점 옆 출입구에서 누군가 이쪽을 향해 걸어온다. 《리터러리》의 담당 편집자 쓰지오카다. 평소 입는 구깃구깃한 검은 재킷에 데미지 데님이라는 내가 싫어하는 옷차림을 하고 있다.

"혹시 줄적인 거 가지고 있어요?"

나는 쓰지오카의 출현을 의아하게 여기지도 않고 물었다. 내가 '줄적인 거'라고 말해 버렸다는 걸 꿈속에서조차 부끄럽게 생각한 탓에 똑똑히 기억하고 있다.

쓰지오카가 의기양양하게 내민 것은 하얀 바탕에 까만 글자로 'CHANEL'이라는 로고가 들어간 폭이 넉넉한 리본이다. CHANEL에서 뭘 사면 까만 상자에 이 하얀 리본을 묶어 준다고 가르쳐 준 사람이 누구였더라? 쓰지오카가 아닌 것은 확실한데도 쓰지오카는 금발로 염색한 자신의 **뻣뻣한** 머리카락을 가리키며 말한다.

"마쓰 씨, 이 리본으로 헤어밴드 만들면 예뻐요."

물론 쓰지오카의 짧게 친 금발머리에는 CHANEL 로고가 들어간 하얀 헤어밴드가 꽂혀 있었다. 나는 그 머리 위의 둥근 곡선을 멍하니 바라보며 왜 저렇게 한가한 소리를 할까, 하고 생각했다. 내심 부아가 치밀었다. 그 부아에는 이번 '소환'과 관련하여 쓰지오카가 전혀 힘이 되어 주지 못한 데 대한 원망도 섞여 있었을 것이다.

나는 쓰지오카에게 하얀 리본을 건네받아 절벽 밑으로 늘어뜨리려고 했다. 하지만 리본은 바람에 팔랑거려 좀처럼 밑으로 늘어지지 않는다. 추로 매달 돌멩이를 찾고 있지만, 리본을 내려 준다고 과연 곤부가 이 절벽을 기어오를 수 있을지 의구심이 들기도 했다. 아무리 생각해도 무리다. 그래도 해 보는 수밖에 없다. 나는 절망에 짓눌리면서도 적당한 돌멩이를 찾고 있다. 이렇게 누구한테 말해 봐야 부질없는, 참으로 어수선한 꿈이었다.

나는 잠시 곤부를 생각하며 훌쩍훌쩍 울었다. 곤부는 틀림없이 죽었다. 주인인 내가 뒷걱정 없이 이 요양소에 있을 수 있도록. 그렇다면 가네가사키 유도 곤부와 마찬가지로 나를 여기에 가둬 두기 위해 죽은 걸까.

이 논리 비약은 내가 이미 정상적 사고를 못하게 되었다는 증거가 틀림없다. 정상적이라는 자신감이 흔들린다.

유는 곤부처럼 히가시나카노의 내 집으로 비집고 들어왔다. 그야말로 고양이 같은 남자였다. 집에 들어오고 싶을 때는 불쌍한 목소리를 내며 애처롭고 사랑스럽게 굴지만 일단 들어오고 나면 어느새 제 자리를 잡고 내가 불러도 가까이 오지 않는다.

홀쭉하고 낭창낭창한 몸. 분홍빛 혀끝으로 날름날름 아이스크림을 핥고, 작고 가지런한 하얀 이로 고기조각을 찢어 먹는 모습. 껄끔껄끔한 혀까지 고양이를 닮았다.

제 발로 내 침대 속으로 들어와 놓고는 "가네가사키(돈이 먼저)"라고 손을 내밀 때는, 농담이 아니라 이 남자가 정말 진심으로 이러나 싶어서 어이가 없었는데.

그래도 1년간 같이 산 것은 그가 고양이처럼 멋대로 굴면서도 기둥서방으로서 당당하게 지내는 모습이 친구들 말대로 처음에는 귀엽게 느껴졌기 때문이다. 하지만 곤부와 달리 유는 인간 남자이므로 점차 서먹해졌다. 데면데면하게 지낼 때 유는 곤부를 두고 나가 버렸다. 나는 유가 집을 떠나 주어서 안도하는 한편으로 갑자기 차였다는 굴욕감에 괴롭기도 했다.

곤부와 유. 줄과 기둥서방기둥서방 '선수'를 뜻하는 은어 '히모'는 직역하면 '줄' 혹은 '끈'이다. 그 연상 때문에 나의 뇌가 유를 꿈에 출현시켰을까. 설마. 이 무슨 논리의 비약인가. 나도 미쳐가는 건지.

그나저나 유는 자살 같은 걸 할 남자가 아닌데. 또 어머니로 가장하고 그런 메일을 보낼 만큼 교활한 타입도 아니고.

그렇다면 누가 메일을 썼을까. 우리 두 사람을 잘 아는 누군가가 틀림없다. 메일 글귀를 떠올리자 쓴웃음이 차갑게 얼어붙었다.

벌써 동이 텄음을 차광 커튼 틈새로 짐작할 수 있었다. 간밤에는 10시에 소등 안내방송이 나왔는데 아침에는 아무런 안내가 없다. 어둑한 방 안에서 손목시계를 보니 오전 8시가 조금 지나 있었다.

침대에서 질질 시간을 끌다가는 조식을 놓칠지 모른다. 나는 당황해서 벌떡 일어났다. 생명 유지에 위기를 느끼는지 뇌가 위장을 채우라고 외치고 있다. 동시에 노크 소리가 들렸다.

"네." 문을 여니 알루미늄 쟁반을 든 아키미가 뿌루퉁한 얼굴로 서 있었다.

회색 운동복 차림으로, 곧 러닝이라도 하러 나가려는지 하얀 운동화를 신고 목에 수건을 둘렀다.

"조식이요."

쟁반으로 거칠게 떠밀리는 듯한 형세라 나도 모르게 "미안해요"라고 사죄하고 만 것이 분했다. 아키미는 아무 말도 없이 돌아섰다.

검소한 조식이었다. 학교급식처럼 비닐봉지에 든 식빵 두 장, 작은 크기의 삶은 계란이 하나. 거기에 너무 삶아 제 색깔을 잃어버린 브로콜리 두 조각. 팩에 든 우유. 작은 소금봉지와 마가린으로 보이는 작고 네모난 은색 포장지가 있었다. 쟁반 위에는 편의점에서 내줄 법한 플라스틱 포크가 놓여 있다.

나는 실망하며 커튼을 젖히고 밖을 내다보았다. 눈앞의 작은 동산 뒤쪽에서 아침 해가 떠오르고 있었다. 이 건물은 산그늘에 있어서 아침 해를 받지 못한다. 오전에는 내내 그늘져 있으리라. 이곳은 일몰 때가 아니면 빛을 받지 못하는 건물인 것이다.

동산 위에 풍력발전 터빈이 도는 광경을 보기 싫어서 커튼을 쳤다. 그러고는 어둑한 방에서 삶은 계란의 껍데기를 벗겼다.

녹아버린 마가린은 느끼했다. 입소자 전원을 동맥경화에 걸리게 하여 죽일 작정일까. 하지만 허기진 나는 플라스틱 포크로 빵에 처덕처덕 발라 전부 먹어 버렸다.

나는 곧 뭐든지 '맛있다'고 입맛을 다시며 볼썽사납게 먹어치우는 사람이 될 것이다. 혹은 어느 책에서 읽은 것처럼 마가린을 얼굴이나 입술에 발라 수분을 보급하게 될지도 모른다. 음식뿐만 아니라 지금까지 지극히 당연하게 사용하던 일용품의 결핍으로 고통 받는 것은 싫었다.

겨우 십 분 만에 다 먹은 나는 할일이 없어 다시 침대에 누웠다. 그러자 이내 난폭한 노크 소리가 들린다.

"식사 끝났어요?"

오치가 얼굴을 들이밀며 물었다.

오치의 얼굴을 비로소 정면으로 보았다. 목이 긴 육상선수 체형이지만 두 눈의 간격이 넓고 코가 커서 우둔해 보였다.

"끝났어요." 퉁명스럽게 대답했다.

"조금 어두우니까 불을 켤게요."

불이 켜졌다. 나는 이불을 머리까지 뒤집어썼다.

오치가 책상 위에 있는 알루미늄 쟁반 쪽으로 똑바로 걸어가는 기척이 났다.

"일어나면 커튼을 걷어 주세요."

그러고는 차광커튼을 힘껏 열었다.

"알았어요."

나는 이불 속에서 둔탁한 소리로 대답했다.

"내일부터는 다 먹은 쟁반을 복도에 내놔 주세요."

오치가 문을 열며 말했다.

"조식은 자유롭게 식당에 가서 먹어도 되나요? 아무 안내방송이 없어서 시간도 모르고 자버리고 말았는데."

내가 이불 밖으로 얼굴을 내밀고 묻자 오치가 초식동물을 연상케 하는 긴 목을 저었다.

"오늘 아침은 방에서 먹게 되었습니다."

"늘 그런가요?"

"매번 다릅니다."

그때그때 다르다는 말인가. 오늘 아침은 이렇게 조식을 배달한 것일 뿐이다. "목욕"이라고 언질을 준 그녀를 만나고 싶었던 나는 내심 낙담했다. 마치 내 속셈을 훤히 들여다보고 있는 것 같지 않은가.

"그럼 점심은 어떻게 하는 거죠?"

"점심은 식당에서 먹습니다. 차례대로 부릅니다."

"그때까지 뭘 하면 되죠?"

"곧 설명이 있을 겁니다."

오치는 눈을 마주치지 않은 채 빠르게 말하고 얼른 나갔다. 플라스틱 포크나 소금을 챙겨두면 좋았을 것을, 하고 생각했지만 이미 지난 일이었다.

화장실에 있는 작은 세면대에서 바닥에 물을 잔뜩 흘리며 세수를 하고 양치질을 했다.

스마트폰을 부팅해서 전화나 메일이 되는지 시험해 보았다. 하지만 공연히 배터리만 소모할 뿐이었다. 혹시나 해서 와이파이 패스워드를 입력해 보았다. BUNRIN, SHICHIFUKUJINHAMA, 7GODSBEACH, TADANOBAKA. 기타 등등. 뭘 입력해 봐도 접속이 되지 않았다. 배터리 잔량이 걱정되어 스마트폰을 끄고 눈을 감았다.

방 스피커가 호출한 것은 한 시간쯤 뒤였다.

"B98번에게 알립니다. 소장실로 와주세요."

다다를 만나는 일은 고통이다. 나는 침대에서 일어나지 않은 채 꾸물거렸다. 그러나 어차피 아키미가 와서 채근할 것이라고 생각하니 일어나지 않을 수 없었다.

나는 느릿느릿 파자마를 벗어던지고 지급받은 회색 옷을 입었다. 모자를 쓰고 방문을 여니 니시모리가 이미 복도에서 기다리고 있었다. 하얀 폴로셔츠에 회색 바지. 볕에 그을린 얼굴이 복도의 어둑함에 녹아들어 눈만 하얗게 떠 있는 듯해서 섬뜩했다.

"안녕하세요. 지금 소장실로 갈 겁니다. 소장이 일상생활에 대하여 설명하고 싶다고 하시니 절 따라와 주세요."

나는 말없이 니시모리를 뒤따라 걸었다. 나 말고 복도를 걷는 사람은 없을까 하고 살짝 곁눈으로 살펴보았지만 2층은 쥐죽은 듯 조용했다. 다들 방에서 무얼 하며 시간을 보낼까.

1층 사무실로 들어서자 대형 벽걸이 텔레비전이 작은 볼륨으로 켜져 있었다.

히가시모리와 아키미와 오치 세 사람이 진지하기 짝이 없는 얼굴로 화면을 응시하고 있다. 텔레비전에서는 와이드쇼 출연자들이 뭔가 분노에 찬 얼굴로 말을 쏟아내는 중이다. 유명인의 불륜 문제가 화제인 듯하다. 바보 같은 풍경이지만 세 사람은 진지한 표정이다.

히가시모리가 고개를 돌려 우리를 알아보고 당황한 모습으로 벌떡 일어섰다.

"잠깐만요."

소장실로 들어가는 것을 제지당한 니시모리가 멈춰 섰다.

"버팅, 버팅" 하고 히가시모리가 소리쳤다.

니시모리가 내 어깨를 잡고 입구로 끌어당기려고 할 때 안쪽 소장실 문이 열렸다. 회색 옷을 입은 남자가 소장 다다와 함께 웃으며 나타났다.

남자는 모자를 쓰지 않고 손에 들고 있었으므로 얼굴을 똑똑히 볼 수 있었다. 내가 아는 사람이다. 사실 상대는 모자를 쓴 내가 누구인지 모르는 눈치인데, 내 얼굴을 보려고 했지만 다다가 가로막았다.

"어허, 보면 안 된다니까."

다다가 웃으며 남자의 옆구리를 쿡 찌른다. 남자도 간지러운

듯 몸을 비틀며 웃었다. 그들의 허물없는 말투와 태도에 욕지기
마저 느꼈다.

"뒤로 돌아."

나는 니시모리에게 방 한쪽으로 끌려갔다. 하지만 어떻게든 몸
을 틀어 남자를 돌아다보았다. 히가시모리가 급히 남자를 데리고
나가려고 했다. 아키미는 리모컨으로 텔레비전 볼륨을 없애고 사
나운 얼굴로 나를 노려보았다.

마침내 지인을 발견한 나는 뛸 듯이 기뻤다. 다만 그가 소장과
웃으며 장난치는 것이 마음에 걸려 견딜 수 없었다. 왜냐하면 그
는 나에게 소환장 같은 것은 내다 버리라고 말해 준 장본인이었
기 때문이다. 시대소설가 나리타 린이치.

'웃기지도 않는다니까. 그런 편지는 그냥 내다 버리세요. 독자
들의 비난 같은 건 출판사 측에서 작가한테 연락할 것도 없이 처
리하면 되는 겁니다.'

나리타는 와병 중이 아니었나? 여기 수감되어 있던 거라면 왜
다다와 태연하게 웃으며 장난치고 있을까. 나도 모르게 말을 걸
고 말았다.

"나리타 씨."

막 나가던 나리타는 움찔한 얼굴로 내 쪽을 돌아다보았다. 분
명 내가 누구인지 알아차린 표정이었지만 얼른 외면한다.

"나리타 씨, 투병 중이 아니었나요?"

나리타가 히가시모리에게 끌려가다시피 사무실을 나갔다.

"말을 하면 안 돼요."

니시모리가 가로막자 나는 발끈했다.

"당신이 무슨 권리로 그런 말을 하는 거죠?"

니시모리에게 대들었다. 처음 대면할 때부터 니시모리가 마음에 들지 않았다. 상대를 무시하는 듯한 태도도, 정보를 공평하게 전하지 않는 것도, 얼굴도 체구도 태도도 다 싫었다. 니시모리는 공정하지 않은 남자였다.

"반항적 태도, 2점 감점." 니시모리가 외쳤다.

마음속에서 '이것으로 감점이 5점 됐어, 조심해'라는 목소리가 들렸지만 나는 분노에 겨워 자제할 수 없었다. 내 팔을 세게 붙잡고 있던 니시모리의 손을 뿌리치려다가 몸싸움이 되었다.

"그쯤 해 두시죠, 선생."

다다가 팔짱을 끼고 내 앞에 섰다.

"그쯤이라니, 뭐가 그쯤이죠?"

"난동은 그만두세요."

"지인을 만났는데 말을 걸면 안 되나요? 그 정도는 괜찮잖아요. 아니면 여기는 감옥입니까? 애초에 감옥도 기소되고 재판하고 형을 확정해야 수감되는 거잖아요? 왜 갑자기 자유를 빼앗는 겁니까. 당신에게 그럴 권리가 있습니까!"

"또 그 얘깁니까. 말귀를 영 못 알아들으시네."

다다가 지겹다는 듯 눈을 부릅떠 보였다. 니시모리와 아키미가 나를 노골적으로 비웃으며 빙글빙글 웃었다. 나는 이 방에 있는

네 명의 남녀에게 살의라고 해도 좋을 만큼 시커먼 감정을 품었다.

"더러운 손 치워!"

나는 니시모리의 손을 뿌리치고 도망치려 했다. 오치와 니시모리가 재빨리 앞을 가로막고 양쪽에서 내 팔을 꽉 붙들었다. 나는 움직이지도 못하고 다다와 대치했다.

"분명히 말하죠, 선생. 여기는 형무소가 아닙니다. 요양소예요. 우리도 간수가 아닙니다. 요양소 사무직원이죠. 조만간 의사도 출근할 텐데 나중에 소개하겠습니다. 그러면 여기가 요양소라는 걸 선생도 이해할 겁니다. 여기는요, 선생들이 앞으로 더 나은 작업을 할 수 있도록 돕는 요양 시설입니다. 왜냐하면 여기 있는 선생들은 편향된 생각을 품고 있으면서도 그걸 아무렇지도 않게 줄줄 흘리고 다니거든요. 이상한 글을 써서 태연히 돈 벌며 살고 있어요. 그런 걸 고쳤으면 하는 겁니다. 시정했으면 합니다. 선생들이 무책임하게 쓰니까 세상이 어지럽다는 걸 모르고들 있어요. 음란, 불륜, 폭력, 차별, 중상, 체제 비판. 이런 것들은 이제 어느 장르에서도 허용되지 않아요. 어제는 말하지 못했지만 선생은 문예지와 대담할 때 정권 비판도 했더군요. 아니라고 해도 증거가 다 있습니다. 그런 건 그만해 주었으면 하는 겁니다. 그래요, 간절하게. 작가 선생들은 정치 같은 데는 끼어들지 말고 마음이 맑아지는 이야기라든지 걸작을 쓰셨으면 합니다. 영화 원작이 될 만한 훌륭한 이야기 말입니다. 선생은 왜 못 쓰는 겁니까. 노벨상까지는 바라지 않으니까 적어도 영화 원작 정도는 되는 책을 써 주세요. 왜 그런 이상한 소설만 쓰는 겁니까. 진짜 이상합니다."

나는 바닥에 침을 뱉었다. 말을 하면 감점 당한다니까 태도로 보여주는 수밖에 없다고 생각했다.

"더러워. 누구 보고 청소하란 거야!"

아키미가 소리쳤다.

"당신이 해. 여기 졸개니까."

나도 모르게 쏘아붙였다.

"이 차별주의자. 영원히 못 나가게 해 주지."

아키미가 일갈했다.

"어이, 좀, 좀." 다다가 쓴웃음을 지었다. "아키미 씨, 말이 심하군."

"심하긴요."

아키미는 몹시 화가 났는지 씩씩거렸다. 나는 다시 침을 뱉어 주려고 입안에 침을 모았다. 무기가 침밖에 없었다.

"선생, 이제 진정합시다."

다다가 말했다. 붙들린 양팔이 조금 느슨해지자 나는 다다한테 침을 뱉었다. 볼에 맞은 침이 주르륵 흘러내렸다. 후련했다.

다다와 어제 했던 논쟁, 아니 말싸움에서 느낀 분함이 되살아났다. 후안무치하고 무지몽매한 인간에게 어떻게 대응해야 하는지 몰라 나는 발을 굴렀다.

"흥분하지 말아요. 미치겠군. 얌전히 굴면 돌아갈 수도 있었을 텐데."

아키미가 당황하며 내민 티슈를 받아 볼을 닦으며 다다가 중얼거렸다. 오치가 빙긋이 웃었지만 니시모리는 무표정했다.

"선생에게는 나중에 지하실을 보여주려고 했는데 지금 보여드리기로 하죠."

공갈이다, 협박이다. 나는 필사적으로 저항하려 했지만 다다와 아키미의 말에 상처 받고, 이래 봐야 소용없다는 절망에 지쳐 감정이 일찌감치 무너지려 하고 있었다.

맥이 풀린 나는 니시모리와 오치에게 양팔을 붙들려 복도로 나갔다. 두 사람은 나를 지하로 향하는 계단으로 끌고 갔다. 지하 1층을 지나 지하 2층까지 남자들에게 양팔을 붙들려 거반 들리다시피 해서 끌려갔다.

지하 2층은 어두웠고 복도에 크림색 강철 출입문이 나란히 있는 게 보였다. 흡사 영안실 같은 곳으로 잘못 흘러든 것 같았다.

니시모리가 주머니에서 열쇠를 꺼내 앞에 있는 크림색 문을 열었다. 내부는 오렌지색으로 빛나는 조명이 하나. 그리고 침대가 있었다. 나는 대소변과 토사물 냄새에 욕지기가 올라왔다.

침대에는 구속복을 입은 인간이 바로 누워 있었다. 나는 구속복이라는 것을 처음 보았다. 양팔을 교차시킨 형태로 묶고 입에는 혀를 깨물지 못하게 하려는지 마우스피스 같은 것을 물려놓았다. 꽁꽁 결박된 가련한 인간이 얼굴을 이쪽으로 향했지만 눈빛은 흐리멍덩했다. 약물로 얌전하게 만들었을 것이다.

"난동을 피우면 이렇게 됩니다."

"끔찍한 짓을 하는군요. 우리는 단지 글을 쓰고 있을 뿐인데."

가까스로 말했지만 그것만 해도 굉장한 양의 용기가 필요했다. 니시모리와 오치에게 양팔을 붙들려 있지 않았다면 주저앉을 뻔했다.

"입 다물어!"

니시모리가 내 명치를 때렸다. 나는 아침에 먹은 빵과 계란이 흐물흐물 녹은 듯한 내용물을 바닥에 토했다.

"아 드러워, 씨팔."

오치가 경멸하듯 소리쳤다.

내가 얻어맞고 토하는 순간 구속복을 입고 침대에 묶인 사람이 놀란 듯 이쪽을 보았다. 방금 전까지 흐리멍덩하던 시선을 던지던 이의 눈에 갑자기 강렬한 의지가 깃든 것처럼 느껴졌다. 나는 고통으로 무릎이 꺾일 뻔하면서도 그와 시선을 맞추며 응시했다. 여성이었다. 갑자기 격한 분노가 차올랐다.

"무릎 꿇지 마. 서 있어."

니시모리가 내 허벅지에 거칠게 무릎을 댔다. 남자의 투박한 무릎 뼈가 내 허벅지를 눌러서 아팠다.

"저 사람은 누굽니까."

나는 지지 않고 물었다.

"누군지 알면 뭐하게. 당신하고 상관없잖아." 니시모리가 대답했다.

"그럼 왜 날 여기로 데려온 겁니까. 저 사람이 고통 받는 걸 보여주려는 겁니까? 그리고 나도 반항하면 저렇게 된다고 가르쳐주려는 겁니까? 그렇다면 때리지 않아도 되잖아요? 왜 때렸죠? 대답해요!"

나는 입안에 남은 토사물과 침을 마구 튀기며 소리쳤다.

"이론가 나오셨네."

오치가 내 토사물을 피해 몸을 틀며 질렸다는 듯이 말했다.

"당신은 이론이란 걸 통 모르겠지만."

오치에게 말하자 침대의 여자가 쿡쿡 웃은 것처럼 느껴졌다.

"입 다물지 않으면 추가 감점됩니다."

니시모리가 위협했지만 전혀 두렵지 않았다. 침대에 묶인 여자가 저기 있고 우리 대화에 귀를 기울이고 있기 때문이다. 내 말에 공명하고 있기 때문이다. 이 요양소에 와서 처음으로 누군가와 뜻이 통하고 있는 것이다.

"뭐가 감점이란 거야. 당신들은 의사도 아니고 판사도 아니면서 멋대로 사람을 재판하고 자유를 빼앗고 있어. 그거야말로 범죄 아냐? 감점 당할 사람은 당신들이잖아."

침대의 여자가 마우스피스 채워진 입을 애써 벌리고 니시무라들을 비웃는 것을 알 수 있었다. 더 말해줘, 더 말해줘. 그렇게 외치고 있는 것처럼 느껴졌다.

"반항적 태도, 추가 2점 감점."

니시모리가 애써 위엄을 유지하려는지 짐짓 낮은 목소리로 말했다.

"당신은 편해서 좋겠네. 그냥 감점만 때리면 되니까. 그래서 몇 점이 되었지?"

"7점이군요." 니시모리가 태연하게 대답했다.

"뭐가 7점이군요야. 남 일이라고 통쾌하지. 이 새디스트 같으니."

"이 여자, 좀 짜증나지 않아요?"

오치가 내 오른팔을 쥔 손에 힘을 주며 오히려 끙끙거렸다. 어깨에서 팔뚝이 떨어져나갈 것 같아 나는 비명을 질렀다.

"아파. 비틀지 마."

오른팔을 뿌리치려 하지만 더 아플 뿐이었다. 관절꺾기 같은 기술을 구사하는지 꼼짝도 할 수 없을 뿐 아니라 어깻죽지가 옥죄어져 숨이 막혔다.

"그만해요."

침대의 여자가 갑자가 격하게 몸부림치기 시작했다. 구속복을 입은 채 침대 위에서 몸을 좌우로 흔들고 있었다. 폭력에 저항하는 것이다. 그녀가 침대에서 떨어지려는 것을 보고 오치가 놀라서 옥죄기를 그만두었다. 나는 당황해서 팔을 빼냈다.

그녀가 나의 분노에 호응해 주고 있다. 분노하라, 분노하라, 분노하라. 내가 고마워하는 눈빛을 보내자 여자가 눈빛으로 응했다.

"이 사람 누구죠? 가르쳐줘요."

다시 한 번 물었지만 니시모리가 무시하며 오치에게 신호를 보냈다.

"이제 됐다. 가자."

나는 마치 더러운 것이나 된 양 두 사람에게 제복의 어깻죽지를 붙들린 채 끌려서 지하 방을 나섰다. 저 여자는 어떻게 될까. 내 토사물 냄새 속에서 누워 있는 수밖에 없는가. 마음에 걸렸다.

나는 니시모리와 오치에게 붙들려 계단을 올라가 여자 목욕탕으로 연행되었다. 안에 들어가자 아키미와 가니에가 새 제복을 들고 대기하고 있었다. 내가 토하는 모습을 감시카메라로 보고 있었을 것이다.

"어우 냄새. 탈의장에서 벗고 직접 빨래한 다음에 갈아입어."

아키미가 감정이 담기지 않은 목소리로 명했다. 나는 가니에와 아키미 앞에서 더러운 제복을 벗고 상의와 바지를 직접 손빨래해야 했다. 목욕탕 타일 위에서 면 옷에 샤워기로 물을 끼얹어 토사물을 씻어냈다. 샤워에서 나오는 물은 냉수였지만 그 물로 머리카락과 얼굴에 묻은 오물도 씻어냈다.

"냉수인데 차갑지 않아요?"

가니에가 말했지만 오늘은 찌는 날씨라 오히려 시원했다. 아키미가 나를 동정하는 친척 아주머니를 비난하듯 노려보았지만 가니에는 조카의 시선에 개의치 않는 모습으로 나의 더러워진 제복을 세탁기에 던져 넣었다. 나는 이참에 다시 세탁기의 전원을 살펴보았다. 오늘 저녁에 충전할 생각이었다. 문득 주위를 보니 아키미가 나를 응시하고 있었다. 얼버무려야겠다는 생각에 물어보았다.

"지하에 있는 사람은 어떤 사람이죠?"

아키미가 검지를 입술 앞에 세웠다.

"말하지 말라니까."

"어차피 대답하지 않을 줄 알았어. 혼잣말이니까 신경 쓰지 마."

아키미가 불쾌한 듯이 입술을 일그러뜨렸다.

"혼잣말도 허용되지 않아."

"에? 혼잣말도 감점되나? 0.5점 정도?"

집요하게 놀리자 아키미가 발끈해서 말하는 소리가 들렸다.

"여기서 절대로 못 나가게 해 줄 테니 각오해."

아무래도 아키미는 내가 자기를 '졸개'라고 경멸했다고 원망하는 듯했다. 나를 '차별주의자'라고 했지만, 나는 차별을 한 것이 아니다. 아키미가 다다나 니시모리 같은 인간이 시키는 대로 행동하니까 경멸한 것이다. 제 생각을 밝히는 사람을 아무런 의문도 없이 핍박하니까 경멸한 것이다. 왜 그걸 모르나. 나는 다시 분노가 솟는 것을 느꼈다. 그 여자처럼 어두운 지하실에서 오물에 범벅이 되어 침대에 묶여 있더라도 이 분노는 커져만 갈 것이다.

"혼잣말 하는 김에 하는 말이지만, 이곳에 나리타 린이치 씨가 있죠? 검객 소설로 유명한 사람 말예요. 그 사람은 언제부터 있었죠?"

"입 다물라고 했을 텐데."

아키미가 소리쳤지만 '감점'이라고 외치지 않는 걸 보면 감점을 결정할 수 있는 사람은 소장 다다와 니시모리뿐인 듯하다. 어쩌면 히가시모리도.

아키미나 오치는 현지에서 채용된 평사원이나 임시직이고, 가니에는 아키미의 친척이라는 이유로 고용된, 잡일 전문의 파트타이머 같은 역할일까. 그리고 야간에는 민간 경비회사 경비원이 순찰을 돈다. 이 요양소 요원과 관리체제를 대강 알 수 있었다. 모든 장소에 카메라가 설치되어 있어서 적은 직원으로도 운영이 가능한 듯하다.

"이봐요, 내가 지하에 토해놓은 것도 청소하고 와요. 밑에 묶여 있는 사람이 불쌍하니까."

"자꾸 떠들면 그걸 핥아먹어야 할 거예요."

아키미에게 한 말인데 세탁기에 세제를 넣고 있던 가니에가 불쑥 낮은 소리로 응수해서 놀랐다.

"점심식사 대신 그걸 핥아먹게 할 수도 있어요. 나는 그런 거 여러 번 봤어요. 다들 거역하지 못하고 울면서 자기가 토한 걸 핥아먹었어요. 당신도 자기가 토한 거 먹고 싶진 않을 테니까 잠시 잠자코 있어요. 실은 우리도 말할 수 없게 되어 있어요."

가니에는 남 생각도 해줄 줄 아는 것 같으니 요양소의 유일한 구원 같은 기분도 들었는데, 성급했던 모양이다. 가니에는 직원이고 아키미가 알바인지도 모른다. 앞으로는 가니에한테도 주의를 기울여야 한다. 요컨대 아무도 믿지 말아야 한다. 그리고 어떻게든 탈출할 방법을 생각해야 한다. 내가 도망에 성공하면 여기 갇힌 사람들을 살려낼 수 있을지도 모른다.

그런 생각을 하고 있을 때 노크도 없이 오치가 얼굴을 내밀었다. 소장이 부른다고만 고하고 사라졌다.

나는 가니에와 아키미의 감시 아래 사무실로 향했다. 수건이 없어서 수영장에서 나온 초등학생처럼 젖은 머리카락에서 물방울이 뚝뚝 떨어져 회색 제복에 얼룩을 만들고 있었다.

내가 소장실로 들어가자 노트북 컴퓨터에 입력하던 다다가 돌아다보았다. 니시모리와 마찬가지로 흰 폴로셔츠에 회색 바지, 변함없이 체육교사 같은 차림이다.

앉으라고 하지 않았지만 나는 멋대로 스프링이 주저앉은 소파에 앉았다.

"선생, 침도 뱉고 토하기도 했으니 목이 마르시겠군요. 일단 물이라도 마실까요?"

얼음을 넣은 물이 당긴다. 나는 고개를 끄덕였지만 아키미가 쟁반에 들고 온 것은 방에서 마실 수 있는 것과 똑같은 짠내 나는 미지근한 물이었다. 그래도 악을 쓰고 토하느라 목이 말라 있던 나는 단숨에 비웠다.

"맛있어요?"

"아뇨, 별로. 얼음 넣은 물이 마시고 싶어요."

"선생이 얼음을 볼 일은 당분간 없겠는데."

다다가 태연하게 말했다.

"당분간이라니, 어느 정도입니까?"

"간단해요. 7일에 감점 수를 곱하면 됩니다."

7주, 49일. 정확히 말하면 하루가 지났으니 48일. 나는 앞으로 48일간이나 이곳에서 지내야 한다는 것이다. 진저리치는 나에게 다다는 말없이 A4 용지 한 장을 내밀었다. '시치후쿠가미하마 요양소 일과표'라고 적혀 있다.

오전6시	기상
오전7시~8시	조식
오전9시~	자습
오후0시~1시	점심식사
오후2시~	학습 및 산책
오후6시~7시	석식
오후7시~	목욕
오후10~	취침

"요양소는 정연한 규율 아래 운영되고 있습니다. 이 일과를 지켜주세요. 식사는 일단 식당에서 순서대로 먹게 되어 있지만 무슨 일이 생기면 각자 방에서 먹습니다. 그때는 직원이 각 방으로 배달해 주니 다 먹은 식기는 복도에 내놓아 주세요. 기본적으로

입소자간 접촉은 금지입니다. 소곤거리는 것도 편지 같은 걸 이용한 통신도 전부 금지. 그러니 소 내에서는 물론이고 밖에서 입소자와 마주쳐도 절대로 말을 걸지 마세요. 밖에서 마주칠 때는 그런 오해를 피하기 위해 3미터는 거리를 둬야 합니다. 우리 직원에게 말을 거는 것도 금지입니다. 알겠습니까? 선생은 아무한테나 말을 걸고 있는 것 같은데 첫날이라 특별히 봐 준 겁니다. 오늘부터는 위반이 됩니다. 위반하면 할수록 입원 기간이 연장된다는 걸 잊지 마세요. 뭐 질문 있습니까?"

다다가 엄숙하게 고했다.

"오늘 조식은 방으로 가져다주더군요. 그러니까 오늘 아침은 뭔가 일이 일어났었다는 거군요. 무슨 일이었죠?"

내 질문에 다다는 아무 말도 없이 시치미를 떼며 코 옆을 긁었다.

"그 정도는 말해 줄 수도 있지 않나요?"

다다는 아무 말이 없다. 나는 문득 누군가 죽은 건 아닌가 생각했다. A45가 자살한 게 아니면 좋겠는데. 그 사람과 다시 이야기하고 싶었다.

"그럼 질문을 바꾸죠. 자습시간이라는 건 뭐죠?"

그거라면 답할 수 있다는 듯이 다다가 말했다.

"말 그대로 자습을 말합니다. 자기 공부를 하는 거죠. 우리 지도 아래 자습시간에는 자유 작문이나 일기, 독후감 같은 걸 씁니다."

"여긴 초등학교로군요. 그럼 책받침과 크레용은 있나요?"

나의 비아냥거림에 다다는 동요하지 않았다.

"글을 쓰면 그때마다 제출합니다. 그것을 통해 당신들의 기호나 사상이나 상상력이 정상을 향해 개선되고 있는지 여부를 판단합니다. 판단에 관해서는 정신과 의사와 내가 담당합니다. 참고로 오늘 소개하려고 했던 의사는 사정이 생겨 오지 못하게 되었습니다. 매주 한 번 내원하므로 다음 주에 소개하죠.

학습이란 특별한 개인강습을 말합니다. 이건 개별적으로 선생의 능력이나 반성 태도를 보고 판단하여 프로그래밍해서 실시합니다. 요컨대 어제 선생과 나의 토론 같은 겁니다. 디베이트라고 해도 좋습니다. 그걸 통해 자습의 방향성을 정합니다."

디베이트라니 어이가 없다. 나는 놀라서 입을 다물고 있었다.

"산책은 말 그대로 산책입니다. 이 근방은 풍경이 좋으니까 자유롭게 산책해도 좋습니다. 어제도 말했지만 조깅이나 러닝 같은 거 좋지 않습니까? 건전한 육체에 건전한 정신이 깃든다는 말도 있으니까."

"사악한 정신도 깃드는 것 같던데요."

다다의 얇은 얼굴 피부에 한순간 붉은 기운이 비친 듯 보였다. 내가 상당히 화나게 만든 모양이다. 다다는 아무 대꾸도 없었지만 대신 이렇게 말했다.

"분명히 알려 드리는데 해안으로 내려가는 길은 없습니다. 절벽 옆은 추락할 위험이 있으니 가까이 가지 마세요. 어제 전한 대로 이 요양소에 들어온 것은 선생이 쓴 글이 건전하지 않다는 독자들의 지적이 있었기 때문입니다. 그 사실을 인식하고 깊이 반성해서 좋은 작품을 쓸 수 있게 되기까지는 여기를 나갈 수 없습니다. 결코 도망 같은 걸 생각하지 마세요. 만약 도망치면 선생 가족이나 친구, 혹은 업무에 관련된 사람들에게 문책이 갈 수 있어요. 아마 선생의 일이 없어지겠지요."

"왜 가족이나 친구나 업무 관계자에게 문책을 내리는 거죠? 내 일은 내가 책임집니다. 그게 당연한 거잖아요?"

소설 내용에 대해서도 연대책임이라는 건가. 가족이라고 해도 시설에 들어가 있는 엄마와 독신 남동생밖에 없는데. 너무 어처구니가 없어 웃고 싶어졌다. 그러나 다다는 몹시 진지하다.

"이런 어려운 교정은 환경부터 바꿔 나가지 않으면 안 됩니다."

"교정이 되던가요?"

이 얼마나 어리석은 말인가. 가족이나 업무 관계자 등에게 동조 압력을 가한다는 것인가? 나는 어이가 없었지만, 나와 거래하던 곳들은 바로 굴복할 듯했다. 아니 이미 굴복하고 있었다. 나는 쓰지오카의 태도를 떠올리며 슬픔을 느꼈다.

"그럼 내가 이제 글쓰기를 그만두겠다고 선언해도 여길 나갈 수 없는 겁니까?"

다다가 코웃음 치는 시늉을 했다.

"선생은 그렇게 말하지만, 절필하겠다고 말하고 실제로 절필한 사람이 어디 있습니까. 쓰는 일을 하던 사람은 다시 쓰는 일을 하게 마련입니다. 소설을 쓰지 않더라도 시나리오를 쓴다거나 만화 스토리를 쓰거나. 하지만 다 마찬가지입니다. 거짓말을 하면 안 되죠. 그만둔다는 보증 같은 거 전혀 없으니까 여기서 교정해 올 바른 작가가 되어 돌아가는 수밖에 없습니다. 게다가 말이죠, 선 생은 잊고 있는 것 같은데, 쓴 것은 남습니다. 거기에 대한 책임 이 있잖아요."

어차피 하나둘 절판되거나 품절되고 있으므로 조만간 사라져 갈 테지만, 문윤은 신중했다.

"그렇다면 분서라도 하면 되지 않나요?"

"선생이 쓴 글은 분서할 만한 가치가 없어요. 어설프게 분서 같 은 걸 하면 후세에 영웅이 되어 버릴 가능성도 있고. 역으로 우 리가 세간에 이런저런 소리를 듣게 됩니다. 그것보다는 선생들이 쓴 과격한 글을 반면교사로 남겨서, 평온한 작품이 많이 생겨나 고 그게 또 팔리고. 그렇게 올바른 방향으로 널리 퍼지는 편이 더 좋겠지요."

지하에서 느낀 강한 분노가 점차 위축되어 갔다. 무엇을 해도 저항할 수 없겠다는 기분이 들어 나는 다다와 계속 이야기하는 것조차 싫증이 나기 시작했다.

"뭐든 원하는 대로 하면 되지 않습니까. 지하에 있는 사람처럼 우리를 꽁꽁 묶어놓고 싶은 거겠죠. 하지만 몸은 묶여도 마음은 자유로우니까."

"당신들이 말하는 자유하고는 다르게 만들어져 있어요, 사회는. 그러니 당신들 쪽에서 적응해야 합니다."

다다도 싫증난 표정으로 툭 쏘듯이 말했다. 그러다가 노트북 컴퓨터를 들여다보며 "어?" 하는 이상한 소리를 냈다.

"선생, 갈팡질팡하는 사이에 감점 7점이 되었네요. 그래서 7주 간 머물게 되나요? 이거 큰일 났네. 단 이틀 만에 7점 감점이라 니, 신기록입니다. 선생은 슈퍼스타예요. 질려버렸네" 하며 등을 펴고 나를 쳐다보았다. "선생한테 말하지 않은 건 없나. 아, 그렇 지. 아마 싫으시겠지만 소 내에서는 제복 착용, 모자는 반드시 써 주세요. 그리고 직원을 너무 놀리지 말아 주세요. 특히 아키미는. 그녀는 소설도 좋아하고 성실하게 일하고 있어요. 작가라는 자들 이 얼마나 심술궂은 사람들인지 몸으로 체험하다 보면 소설을 싫 어하게 될지도 모릅니다. 그래서는 곤란하잖아요?"

"별로요." 나는 고개를 저었다. "상관 안 해요. 나랑 관계 없잖 아요."

가니에를 꼭 빼닮아 하관이 불거진 아키미의 얼굴을 떠올리고 나는 낯을 찡그렸다. 그러자 다다가 어깨를 으쓱해 보였다.

"냉정하시네. 차가운 작가는 독자들이 싫어합니다. 다들 인스 타그램이나 트위터 같은 데서 살갑게 팬 서비스를 하고 있잖아 요."

다다가 하는 말의 의미를 알 수 없어 꽤 의아해하는 표정을 지 었는지도 모른다.

"아키미는 마쓰 씨가 온다고 하자 처음에는 의욕이 상당했어요. 실은 선생 소설을 좋아했던 모양입니다."

아키미가 나의 팬이었다는 말인가? 나는 놀라 다다의 눈을 보았다. 거짓말이 아닐까? 하지만 다다는 이야기 내용 따위 다 망각한 듯이 투박한 손목시계를 들여다보았다.

"자, 이제 방으로 돌아가 작문이라도 해 주세요. 원고지와 연필은 저기 있으니까 챙겨 가시고."

실내 구석을 턱짓으로 가리킨다. 구석에 있는 선반에 낯익은 고쿠요 원고지와 2B연필 몇 자루가 놓여 있었다.

"잠깐만요. 아까 지하로 끌려갔는데, 거기 묶인 사람은 누구죠?"

다다는 이제 나와 이야기하고 싶지 않은 듯하다. 노골적으로 귀찮다는 표정을 지었다.

"이름 같은 건 말할 수 없습니다. 환자분 비밀은 엄수하니까. 하지만 한 가지. 그 사람은 우울증 환자이고 자살충동이 강합니다. 그래서 그렇게 구속해 둔 겁니다."

거짓말. A45가 여기에서는 "입소자가 자살하기를 기다리고 있다"고 말했다. 그녀는 필시 무슨 징벌로 거기 묶여 있는 거겠지. 아마 반항이나 도망을 시도해서. 그러므로 본보기로 반항적인 내가 끌려갔던 것이다.

"오늘은 니시모리가 조금 지나쳤어요. 제가 사과하죠. 그러니 선생도 조금은 얌전해지셔서 잘해 주세요."

다다가 어금니에 뭘 문 듯한 투로 말했다.

"마지막으로 하나만 더 질문해도 될까요?"

다다가 가타부타 말하지 않고 내 쪽으로 고개를 향했다.

"나리타 린이치 씨는 아직 여기 있습니까?"

"아뇨." 씁쓸한 표정을 짓는다. "그는 퇴소했습니다."

그래서 서로 유쾌하게 웃고 있었던 건가.

"나리타 씨는 언제부터 여기 있었던 거죠?"

"이제 됐어요. 끝났어요. 끝."

내쫓긴 나는 이번에는 히가시모리에게 이끌려 방으로 돌아갔다. 방에 들어선 순간 심한 허기를 느꼈다. 그러나 1시가 지나도록 점심식사 호출은 끝내 없었다. 석식까지 기다릴 수밖에 없지만, 아무런 낙이 없는 몸에 허기는 힘겨웠다.

간밤의 식당 풍경이 떠올랐다. 모두가 여유 없이 아구아구 먹던 것은 점심식사를 걸렀거나 양이 부족한 탓이리라. 기아는 누군가를 길들이는 데 딱 좋은 방법이다. 조만간 나도 허기를 못견뎌하게 될까.

혹은 오늘 아침 사건이 무엇인지는 모르지만 그 책임을 모두에게 지우게 했을 가능성도 있다. 연대책임. 흡사 어느 수용소 이야기 같다.

2시가 지나 점심식사를 체념한 나는 문을 열고 복도로 나가 보았다. 오후 2시부터 '산책'이라고 되어 있으므로 허가 없이 나가도 괜찮으리라 생각했다. 주머니에는 스마트폰을 넣어 두었다. 배터리는 줄어들었지만 정원에서 절벽 쪽으로 산책을 나가서 몰래 전화를 걸어볼 작정이었다.

복도에도 계단에도 인기척은 없었지만 카메라를 의식해서 당당하게 걸었다. 계단을 내려가 식당 옆 매점을 들여다보았다. 크래커나 비스킷이라도 사서 밖에서 먹을까 생각했지만 오늘은 햇볕에 누렇게 변색된 흰 천이 선반에 씌워져 있고 가니에 모습도 보이지 않았다.

나는 실망해서 매점 옆 출구를 통해 밖으로 나갔다. 흐릿하게 구름이 낀 오후는 이상하게 무더웠다. 잔디 같은 짧은 풀을 밟고 A45가 숨어 있던 절벽 위로 갔다. 슬쩍 밑을 보니 회색 제복이 조금 보였다. 왼손의 시계도 어제 본 것과 같은 까만 가죽 시계줄이었다. 나는 누군가와 이야기할 수 있다는 사실이 기뻐서 가슴이 뛰었다.

"안녕하세요."

작은 소리로 말을 걸었다.

"어제 그분이군요. 어떻습니까, 이곳 생활은."

A45가 손거울로 나를 확인하고 나서 낮은 소리로 물었다.

"팍팍해요. 금세 감점 7점이 됐어요."

"굉장하네요." A45는 놀라서 말했다. "당신은 이미 요주의 인물이 되었군요. 여기서 말을 하고 있으면 내 위치가 발각될지 모릅니다. 미안하지만 제발 조심해 주세요. 여기서 이야기할 수 있는 것은 오 분간뿐입니다, 오 분. 그 이상 한 자리에 있으면 누군가 반드시 보러 오니까 오 분이 지나면 어디로든 가주세요."

내 쪽에서도 수경에 비친 남자 얼굴의 왼쪽 절반, 눈 아래 부분이 보였다. 나이 든 주름투성이 남자였다.

"알겠어요, 그렇게 하죠."

"그렇게 해 주세요. 피차 목숨이 달린 일이니까."

"오늘 아침, 무슨 일이 있었나요?"

"글쎄요. 아마 누군가 창문으로 도망치려다 실패했을 겁니다. 누구인지는 모르지만 3층에서 꽤 시끄러웠으니까 남자겠죠."

A45는 속삭이듯이 말하므로 목소리는 바닷바람에 지워질 것 같았다. 나는 필사적으로 귀를 세웠다.

"붙잡히면 어떻게 되죠?"

"죽는 일도 있어요."

A45는 태연하게 말했다.

"설마요."

"놈들에게 우리는 죄인이나 마찬가지니까 뭐든 꾸며낼 수 있어요. 병사라든지 사고사라든지 얼마든지 가능하죠. 그러니 우리는 영원히 나갈 수 없을지도 모릅니다. 놈들에게 무슨 짓을 당하면 스스로 죽음을 택하는 게 낫습니다."

A45는 모든 걸 포기한 듯이 담담하게 말했다.

"하지만 오늘 아침 사무실에서 나리타 린이치를 봤어요. 퇴소한다고 웃고 있더군요."

"그 사람은 누구죠?" A45가 씁쓸하게 물었다.

"작가 나리타 린이치라는 사람이에요."

"난 모르지만 그 사람은 아마 밀고를 하고 포상을 받은 게 아닐까요. 그래서 운 좋게 퇴소한 거겠죠."

A45가 야유를 품은 투로 말했다. 아무래도 조금 웃고 있는 듯하다.

"당신은 밀고하지 않나요?"

"무슨 뜻이죠?"

A45는 발끈했다.

"미안해요, 말이 지나쳤군요."

A45는 내 시선을 피하듯이 손거울을 살짝 거두었다.

"그럼 다르게 말하죠. 그러니까, 비겁한 사람이 있는 겁니까?"

내가 다시 묻자 A45는 조금 난감한 듯이 대답했다.

"글쎄요, 모릅니다."

"그럼 지하에 구속복을 입고 있는 사람은 누굽니까?"

"그런 장소가 있습니까?" 하며 시치미를 뗀다.

"네, 봤어요. 여자였어요."

그러자 A45가 호소했다.

"저어, 이제 꺼져 주시겠어요? 부탁합니다."

꺼지다. 그 말에 끌려 나도 모르게 절벽에서 뛰어내리고 싶어졌다. 유일한 대화 상대가 나를 거절하고 있었다.

"미안합니다."

먼 곳을 바라보는 척하고 나서 아무렇지도 않은 듯이 절벽을 물러났다. 시선을 느끼고 돌아보니 매점 옆 출입구에서 가니에가 이쪽을 쳐다보고 있었다. 내가 손을 흔들자 뜨악한 듯 외면해 버린다.

될수록 멀리까지 가서 스마트폰이 터지는지 확인해야 한다. 나는 절벽을 따라 만을 크게 돌았다. 그러나 좁은 길은 요양소로부터 5백 미터쯤 떨어진 곳에서 막혀 있었다. 그 앞쪽은 바다로 떨어지는 벼랑이었다. 오른쪽도 한 단 높은 벼랑. 어느 쪽으로든 갈 곳은 없었다.

나는 요양소 쪽을 돌아보았다. 쌍안경을 사용하면 내가 무엇을 하고 있는지는 쉽게 알 수 있는 거리와 위치였다. 나는 되도록 뒤쪽으로 스마트폰을 꺼냈다. 동생 번호로 전화했지만 전파는 터지지 않았다.

2
장

생
활

◎

◎

✿

1

아직도 무인도나 야간 인구_{일정한 지역에 주소를 두고 늘 거주하는 인구}가 적은 지역에서는 휴대전화가 연결되지 않는다는 걸 알았지만 설마 하니 이바라키 현 안에서 그럴 줄은 몰랐다.

그러나 폐색감보다 공포가 앞서는 것은 내가 아무도 모르게 여기 시치후쿠진하마에 갇혀 있다는 데서 비롯된다. 저들은 고문이든 감금이든 살인이든 뭐든 저지를 수 있다. 누구도 알아차리지 못할 테니까. 강제로 구속복을 입혀 지하실에 방치하는 짓도.

감금된 우리는 저항할 수단을 모두 **빼앗겼다**. 어떤 사람이 수용되어 있는지도 모르고 서로의 이름도 모른다. 알아도 소통이 금지되어 있다.

규칙을 위반할 때마다 벌점이 가산되는 방식을 고안해 낸 사람은 다다일까? 교양은 없지만 이런 방면으로는 머리가 비상하다. 그렇게 하면 모두 위축되어 움쭉달싹도 못하리라는 것을 예상하고 있었겠지.

나는 벌써 7점을 감점 당했다. 하지만 그간의 과정을 보건대 '요양'이 7주로 끝날 리는 없다. 아키미가 말했듯이 사사건건 트집을 잡혀 감점 당하면 평생 못 나갈 수도 있다.

소장실 앞에서 마주친 나리타 린이치의 웃는 얼굴이 떠올랐다. 파티에서 만났을 때처럼 유쾌한 표정을 짓고 있었다. 그는 어떻게 웃으면서 퇴소할 수 있었을까. A45는 '밀고를 하고 포상을 받은 게 아닐까'라고 했다.

그렇다면 누구를 어떤 식으로 밀고했을까. 그에 대한 보상 또는 포상은 무엇일까. 아무런 설명이 없으니 그저 이런저런 짐작을 해 볼 뿐이다.

가령 A45가 절벽 턱밑에 숨어 있다고 밀고하면 그는 무슨 죄로 처벌받게 되며, 나는 몇 점을 얻게 될까. 내가 무죄로 풀려나면 이 요양소의 존재를 고발할 수 있으니까 수용자 모두를 위해서라도 밀고하는 편이 나을지 모른다.

그러나 내가 점수를 얻지 못한 채 A45만 무거운 벌을 받고 끝난다면 아무 의미가 없다. 오히려 원한을 산 내가 A45에게 밀고 당할지도 모른다. 요컨대 공모죄는 밀고의 온상임을 깨달은 나는 더욱 절망적인 기분이 되었다. 배반의 윤회에 가담하는 것은 허망하고 위험하다.

지금으로서는 목욕탕의 반투명 유리창에 그려진 부호나 세탁기 콘센트 따위를 떠올리며 희망을 잃지 말자고 다짐하는 정도가 고작이겠다.

허름한 제복 주머니에 넣은 스마트폰을 꼭 쥐었다. 스마트폰으로 세상과 연결된다고들 하지만 헛소리일 뿐이다. 배터리가 떨어지면 아무것도 할 수 없지 않은가. 주소록에 넣어둔 친구들의 전화번호도 주소도 무용지물이 된다. 그러니 세탁기 콘센트에 목숨을 걸 수밖에.

그런 생각을 하며 100미터는 됨 직한 해식절벽 위에서 해변을 내려다보았다. 뛰어내려 죽고 싶어지는 심정도 조금쯤 이해가 간다.

복록수, 변재천, 호테이. 일곱에서 셋으로 줄어든 바위는 변함없이 외설스러운 모습으로 파도를 뒤집어쓰고 있다. 감금된 나에게 '올바른 섹스를 쓰라'며 비웃는 것처럼.

요양소의 누군가는 나의 이 가련한 모습을 망원경으로 감시하고 있겠지. 나는 굴욕감에 겨워 고함을 질렀지만 파도와 바람소리에 이내 지워져 버렸다.

절벽 가장자리 길을 터벅터벅 걸어 요양소로 향하기 시작했다. 돌아가 봐야 허기진 배를 안고 석식 시간을 기다리는 일 외에 달리 할 일도 없지만.

그때 저쪽에서 한 남자가 걸어오는 것이 보였다. 보통의 키에 몸에는 살집이 적당히 붙었고 등이 약간 구부정한 모습이다. 회색 상하의를 입고 회색 모자를 썼다. 수용자다.

남자는 점점 가까워지고 있었다. 수용자끼리는 3미터 이상 거리를 두어야 하며 마주쳤을 때도 일체 말을 해서는 안 된다고 들었는데. 하지만 절벽 가장자리 길은 좁아서 3미터 거리를 두자면 한쪽은 절벽 밑으로 떨어져야 한다.

나는 요양소를 향해 걷고 있으므로 요양소 측에게는 내 모습이 정면으로 보일 터였다. 당연히 입을 열고 말을 할 순 없지만, 그렇다고 남자를 그냥 지나치기도 아쉬웠다. 일말의 희망이 될 정보를 얻을 수 있을지도 모르는데. 상대방은 나를 보자 절벽 쪽으로 비켜 주었다.

어떻게든 질문하려고 입을 열려는 순간 남자가 큰소리로 주의를 주었다.

"멈추지 마. 쳐다보지도 마. 모자를 깊이 내려쓰고 땅을 내려다보며 말해."

나는 바람에 휘청거리는 척하며 모자를 깊이 내려썼다. 고개는 숙이고 되도록 입술을 움직이지 않은 채로 말을 걸었다.

"나는 마쓰 유메이. 당신은?"

"하타가야." 남자가 절벽 쪽으로 걸으며 얼른 대답했다. 발 디딜 자리를 신중하게 고르고 있다.

"하타가야 이노스케 씨세요?"

놀라서 얼굴을 확인하려고 나도 모르게 눈길을 들었다.

"고개 들지 마."

날카로운 목소리가 들린다.

"죄송해요."

이 순간 우리는 스쳐 지나갔다. 하타가야는 절벽 가장자리를 조심스레 확인하며 막다른 자리를 향해 가 버렸다.

하타가야 이노스케는 체제를 강력하게 비판하던 작가다. 작품 활동보다 정치 활동에 더 힘을 기울인다는 소문이 있었는데, 최근 갑자기 이름이 들리지 않는다 했더니 이런 곳에 수용되어 있었던 것이다. 그도 A급인가? 나는 고개를 숙인 채 다급히 외쳤다.

"어떻게 하면 여길 나갈 수 있죠?"

바람에 지워졌는지 대답은 돌아오지 않았다.

막다른 곳까지 갔다가 돌아올 하타가야를 여기서 기다리고 있을 수는 없다. 나는 요양소를 향해 천천히 걸었다. 그러나 하타가야가 수용되어 있음을 안 것은 수확이었다. 언젠가 내가 여기를 나간다면 하타가야가 갇혀 있다는 사실을 사람들에게 알릴 수 있지 않겠나. 혹은 역으로 그가 나의 상황을 알릴 수도 있겠고.

막다른 자리에 가서 누군가를 만날 수 있다면 매일 산책을 하자고, 나는 생각했다.

방으로 돌아와 미지근한 수돗물을 마셨다. 얻어맞은 명치 부근이 쑤시기 시작한다. 나는 세면대에서 제복을 걷어 올리고 배를 살펴보았다. 위장이 있는 자리에 푸르스름한 멍이 들어 있었다.

만지면 아팠지만 그 내부의 위는 벌써부터 허기로 몸부림치고 있었다. 조식은 이미 토해 버렸고 중식을 걸렀으니 당연한 일이었다.

나는 가방 주머니에 넣어둔 자일리톨 껌을 씹었다. 단맛이 금세 빠지는 게 아쉬웠지만 비닐 덩어리로 느껴질 때까지 껌 하나를 내내 씹고 또 씹었다.

침대에 드러눕자 하타가야 이노스케가 떠올랐다. 인터넷이 된다면 하타가야의 작품이라든지 가족관계 따위를 당장 알아볼 수 있겠지만 지금은 그게 안 된다.

한편으로는 지금껏 인터넷이 있었던 탓에, 보고 나면 금방 잊히는 광범하지만 얄팍한 지식을 얻으며 작업하고 있었음을 깨달았다. 내가 만난 현실의 하타가야 이노스케는 구부정한 어깨에 수염이 덥수룩하고 낭랑한 목소리로 말하는 남자였다.

그렇게 강건해 보이는 남자가 함께 수용되어 있고 그럼에도 탈출하지 못하고 있다면 이대로 인내하며 '모범수'가 되는 길밖에 없는 것일까.

차라리 카뮈의 작품 같은 걸 써볼까 하고 일어나 고쿠요_{100년이 넘는 역사를 지닌 일본의 문구 브랜드} 원고지를 책상에 펴놓았다. 하지만 2B연필의 심이 너무 무뎌서 마음에 들지 않는데다 이 글도 검열을 받을 것이라고 생각하니 도무지 시작할 수가 없었다.

그래도 지루함을 면하려고 머리에 떠오른 제목을 적어보았다. '린가와 요니_{힌두교 용어로 남성기와 여성기를 뜻한다}'. 나도 모르게 떠오른 단어에 웃음이 나왔다. 지워 버리자 생각했지만 지우개가 없다는 것을 알았다. 하는 수 없이 선을 몇 줄 그어서 지웠다. 이 흔적도 검열되겠지 생각하니 진저리가 났다. 나는 글쓰기를 포기하고 침대 위를 뒹굴었다.

마침내 해가 저물고 안내방송이 나왔다.

"B98번, 석식 시간입니다."

식사를 할 수 있게 되었다. 어제 저녁의 매콤달콤 비릿한 생선 조림을 떠올리니 싫어하는 음식인데도 군침이 돌았다.

얼른 모자를 쓰고 밖으로 나갔다. 아키미가 무뚝뚝한 얼굴로 기다리고 있었다. 나는 말없이 그녀를 쳐다보았다.

"준비 됐어? 식당으로 가."

아키미의 말이 거칠어졌다. 못마땅한 눈초리로 내 모자와 제복을 힐끔 쳐다본다. 무슨 트집을 잡을 기세였지만 나는 얼른 식당에 가고 싶어 순종하는 척 고개를 끄덕였다.

아래층으로 내려가니 이번에는 생선껍질 타는 듯한 냄새가 가득했다. 사회에서는 먹고 싶지 않을 음식이라도 여기에서는 성찬임을 나는 일찌감치 체득했다.

"B98은 여기."

식당에서는 벌써 열 명 가까운 수용자가 식사 중이었다. 나는 A45나 하타가야, "목욕"이라고 한 마디 귀띔해 준 여성을 찾으려고 곁눈질을 했지만 뒷모습으로는 알 수 없었다. 다만 내 오른쪽 옆자리는 뚱뚱한 중년 여성이고 왼쪽 옆자리는 수척한 젊은 남자인 듯하다는 정도를 짐작할 수 있었을 뿐이다. 뚱뚱한 중년 여성은 방에서 한가롭게 〈올 마이 러빙〉을 부르던 사람이 아닐까?

아키미가 쟁반을 가져왔다. 기다리고 기다리던 식사다. 여전히 양은 얼마 안 된다. 앙금이 가라앉은 된장국은 이미 식어 있고 두부조각과 미역조각 같은 것이 조금 눈에 띈다. 메인은 고등어구이인 듯하다. 5센티미터 길이로 토막 낸 고등어구이와 삶은 당근 몇 조각. 너무 삶아버린 브로콜리 두 조각이 곁들여져 있었다. 하양, 빨강, 초록 등 컬러만큼은 예뻤다. 또 한 접시는 콩나물과 시금치무침. 그리고 주발에 담긴 쌀밥과 연한 엽차. 밥을 먹기에는 반찬이 부족했다. 아침에 나왔던 작은 소금봉지를 챙겨둘걸 하고 다시 생각했지만, 감시자의 눈을 피해 밥에 끼얹을 수 있을지가 마음에 걸렸다.

천천히 먹자고 생각하면서도 이내 다른 수용자처럼 허겁지겁 먹고 말았다. 먹어야 산다고 생각하니 자연히 진지해지지 않을 수 없었다.

어느 순간부터 왼쪽의 젊은 남자가 다리를 달달 떨기 시작했다. 긴 테이블까지 바르르 떨렸다. 동시에, 아아, 하는 한숨소리가 들렸다. 나도 모르게 쳐다보자 나와 남자 사이를 차단하듯이 지저분한 앞치마를 두른 남자가 가로막으며 나섰다. 난폭한 오치였다.

"이봐, 다 먹었으면 그만 돌아가지."

"시끄러."

젊은 남자가 어깨를 힘껏 올렸는지 오치의 손이 거칠게 뿌리쳐지는 것 같았다.

"너 뭐야."

오치의 말본새는 이내 불량배처럼 변했다. 나에게 그랬던 것처럼 어깨관절을 조이려고 시도한 듯한데 다시 뿌리쳐졌다. 곧 니시모리나 히가시모리가 달려올 줄 알았지만 아무도 오지 않았다.

"이 자식, 지하에 묶여 있고 싶어?"

오싹한 것은 나뿐인가? 남자는 아무것도 모르는 듯했다.

"이거 놔, 새꺄."

의자에 앉은 젊은 남자가 저항하자 오치가 목을 조이거나 이런 저런 기술을 걸려고 했다. 두 사람이 툭탁툭탁 싸우는 것을 보며 나는 왠지 풀어진 기분으로 주위를 둘러보았다.

식당에 있는 수용자들도 마찬가지여서, 다들 소란이 일어나는 쪽을 거리낌 없이 돌아보고 있었다. 한순간이지만 거의 모두와 눈을 맞추었는데, 그곳에는 하타가야나 A45, 예의 여자는 없는 듯했다.

"소장님을 불렀어요."

아키미가 뛰어와 보고했고, 곧 다다가 나타났다. 우리는 눈길을 맞춘 것을 들키지 않으려고 일제히 고개를 숙였다.

"이봐, 뭐 하는 거야."

다다의 목소리. 마침내 쾅, 하고 무엇인가로 세게 때리는 소리가 났다. 옆자리 남자가 의자에서 팔짝 튀어 오르는 것이 시야 가장자리에 들어왔다. 남자는 그대로 바닥에 쓰러졌다. 바닥이 소변 같은 액체로 젖고 내 발꿈치 옆에도 미지근한 액체가 튀었다. 하지만 그가 지하실로 끌려갈 것을 생각하니 불쌍해서 더럽다는 기분도 들지 않았다.

그건 뭐였지? 혹시 전기충격기 아닐까? 공포로 마비된 듯이 앉아 있는데 니시모리와 히가시모리가 들어왔는지 서너 명이 남자를 질질 끌고 어딘가로 데려갔다.

"잠시 시끄러웠습니다. 어서 식사들 하세요."

사람을 무시하는 듯한 말투로 말하고 다다가 나갔다. 아키미와 가니에가 걸레를 들고 다니며 남자가 흘린 소변을 닦아냈다.

옆자리 여자가 식사가 끝났다는 신호로 한손을 쳐든 듯하다. 감시가 풀린 것을 느끼고 다시 슬쩍 둘러보니 그곳에 있는 모두가 손을 들고 있었다. 다들 이 소동에 신물이 났으리라. 나도 손을 들었다.

식당을 나선 것은 내가 제일 나중이었다. 방으로 데려가는 일은 아키미 몫이었다. 나는 목욕을 기대하고 있었으므로 순순히 방으로 들어갔다.

내가 뭘 묻거나 조롱하는 걸 갑자기 그만두어선지 아키미가 의아한 눈초리로 노려보았지만 나는 태연한 표정으로 있었다.

책상 위에 있는 원고지가 조금 흐트러져 있다. 식사하러 내려간 사이 누군가 들어와 원고지를 촬영해서 다다에게 보내는 걸까? 다다는 '린가와 요니' 위에 여러 줄 그어진 선을 보고 무슨 생각을 할까. 역시 마쓰 유메이는 이상한 자라고 생각할까? 아니면 지운 걸 보면 개선되고 있다고 생각할까. 다다의 해석에 불안을 느끼고 있는 내 모습에 흠칫 놀랐다. 여기서 빨리 나가고 싶은 나머지 비정상적인 상황을 대수롭지 않게 여기고 있는지도 모른다. 자신의 변화가 걱정스러웠다.

목욕 차례가 돌아온 것은 그로부터 두 시간 뒤였다. 안내방송이 나오기 전부터 나는 감시카메라를 의식하며 스마트폰과 충전기를 몰래 주머니에 넣어 두었다. 목욕실에 가져갈 수 있는 것은 개인 수건과 갈아입을 속옷뿐이다.

문을 열고 나가자 역시 가니에가 어두운 복도에서 기다리고 있었다. 주머니 부분만 지저분해진 예의 앞치마 차림이다.

"오늘은 좀 시끄러웠네" 하며 말을 건넨다.

대답하면 감점을 당하므로 나는 고개만 끄덕였다.

"댁도 토했지? 괜찮았어? 정말이지 남자들은 왜 그렇게 난폭하게 구는지."

평소의 나였다면 토사물을 치워 주어서 고맙다고 했겠지만, 잠자코 있었다.

"나한텐 얘기해도 괜찮아. 아무한테도 보고하지 않을 테니까."

가니에가 은근하게 말했다. 나도 모르게 말을 할 뻔했지만, 입술을 꾹 다물고 복도를 걸었다. 조카 아키미가 정직원이고 가니에는 파트타임으로 잡일을 하는 줄 알았는데, 아무래도 그 반대라는 것을 오늘 아침 깨달았다. 가니에를 방심하면 안 된다.

"뭐야, 갑자기 말도 안 하고. 누구한테 무슨 소리를 들은 거야? 소장 얘기를 곧이곧대로 들은 건가? 해도 괜찮아, 몇 마디는."

유난히 친근하게 구니 도리어 기분이 언짢았다.

"잠깐만. 먼저 간단히 청소할 테니까."

목욕실 문을 연 가니에는 거침없이 세면장 안으로 들어가 배수구에 걸린 머리카락을 끄집어냈다. 나는 그 틈에 유리창을 올려다보았다. 뭔가 도형 같은 것이 그려져 있었다. 지도일까? 빨리 확인하고 싶어 조바심이 났지만 가니에가 눈치 챌까 두려웠다. 그러나 가니에는 알아채지 못하고 나에게 말했다.

"자, 되도록 빨리 부탁해요. 청소가 기다리고 있으니까."

나는 꾸뻑 고개를 숙이고 가니에가 나가기만 초조하게 기다렸다. 오늘따라 가니에가 유난히 친절하다. 어째서일까.

미닫이문을 닫기 무섭게 세탁기 뒤로 돌아가 콘센트를 본 나는 경악했다. 콘센트에 까맣고 네모난 콘덴서 같은 기기가 끼워져 있는 게 아닌가. 그걸 빼면 경보가 울리지 않을까 두려워 감히 시도할 수조차 없었다.

나는 충전을 포기하고 옷을 입은 채 욕조에 위태롭게 올라서서 고정창 유리를 올려다보았다. 도형처럼 보였던 그것은 뜻밖에 스마일 그림이었다. 쳐진 눈초리에서 물방울이 흘러내려 마치 울고 있는 것처럼 보인다. 쓴웃음을 짓고 온몸의 긴장을 풀었다.

아니, 혹시 가니에가 그려 놓은 것일까. 가니에는 '사회에서는 선생님'들에게 이렇게 복수하는 것인지도 모른다. 그렇다면 이쪽에서도 응수하고 싶었지만 구속복을 입은 여자나 내 뒤꿈치에 튀었던 소변의 미지근한 느낌을 떠올리니 냉정해지지 않을 수 없었다.

목욕을 마칠 즈음, 짐짓 태연한 얼굴로 청소하러 들어온 가니에가 옷을 다 갈아입은 내 얼굴을 살피며 물었다.

"목욕, 어땠어?"

나는 쌩긋 웃으며 손가락으로 OK사인을 해보였다.

"다행이네. 당신, 신입인데도 감점이 벌써 7점이란 거 정말이야? 나 말고 다른 사람하고는 말하지 않는 게 좋을 거야."

알았습니다, 라는 뜻으로 이번에는 V사인을 해보였다. 내가 놀리고 있다고 생각했는지 가니에가 불쾌한 얼굴로 내뱉었다.

"몇 마디는 해도 괜찮다니까 그러네."

방으로 돌아온 나는 책상에 앉아 작문을 하는 척하며 책상 밑에서 슬쩍 스마트폰 전원을 켰다. 상체를 숙여 천장에 있을 감시 카메라를 피하며 '연락처'를 열었다. 스마트폰에 의지하다 보니 전화번호 같은 것을 전혀 기억하지 못한다. 따로 옮겨놓아야 했다.

나는 '린가와 요니'라고 쓴 원고지를 꾸깃꾸깃 뭉쳐서 쓰레기통에 버리면서 원고지 모서리를 조금 찢어냈다. 그 종이쪽에 동생의 휴대전화 번호나 의지해도 좋을 법한 편집자 몇 명의 전화번호를 적어 두었다.

언젠가 기회가 생기면 공중전화든 행인에게 휴대전화를 빌리든 해서 누군가에게 도움을 청해야 한다. 그때 이 메모가 요긴하게 쓰이리라. 전부 암기할 때까지 갖고 있자고 생각했다. 메모를 베개 밑에 넣는 순간 틱, 하고 조명이 꺼졌다.

소등 이후 캄캄한 어둠 속에서는 스마트폰 말고는 낙이 없는데. 모든 걸 빼앗긴 나는 즐거운 상상을 하려고 애썼다.

그러나 머리에 떠오르는 것은 어두운 단상뿐이었다. 지하에서 구속복에 갇힌 채 죽게 되지는 않을까, 절벽에서 떠밀려 죽는 게 아닐까, 식사량이 극단적으로 줄어 굶어 죽으면 어떡하나, 같은.

온갖 부정적 이미지가 잇달아 떠올라 가슴은 불안으로 오그라드는데도 제트기를 타고 있는 것처럼 내내 굉음이 들려서 괴로웠다. 간밤에는 웅웅거리는 터빈 소리더니 오늘밤은 제트기 소리네. 바람이 강해진 탓이겠지. 그 소리를 들으며 불안에 시달리다가 가까스로 선잠에 들었다.

이튿날 아침 침대에서 일어나 조식을 기다리며 원고지 앞에 앉았다. 한 글자도 쓰지 않았지만 원고지 앞에서 연필을 잡으면 왠지 기분이 차분해지는 것이 신기했다.

"B98번, 조식입니다."

아래층으로 내려가려고 준비하는데 문이 열리더니 오치가 조식 쟁반을 들고 들어왔다. 어제에 이어 오늘 아침에도 무슨 사건이 있었던 모양이다.

쟁반을 받아들자 오치가 거친 말투로 말했다.

"다 먹으면 복도에 내놓도록."

이제 경어도 쓰고 싶지 않은 듯했다. 나는 쓴웃음을 짓고 쟁반을 보았다. 어제와 똑같은 구성이었다. 비닐봉지에 든 식빵 두장, 작은 크기의 삶은 계란 하나, 팩에 든 우유, 브로콜리 두 조각, 마가린, 소금. 나는 작은 소금봉지와 마가린 팩, 플라스틱 포크 등을 옮겨놓고 쟁반을 복도에 내놓았다.

오전 중에는 호출도 없고 조용했다. 나는 주소록에서 몇 사람을 더 골라 메모에 남기고 암기하려 애썼다. 결혼하면서 소원해졌던 고교 동창도 골랐다. 그런 일을 하다 보니 스마트폰 배터리가 41퍼센트까지 떨어졌다. 나는 아쉬워하며 스마트폰을 끄고 가방에 넣어 두었다.

조식을 방에서 먹는 날은 점심도 거르는 듯했다. 아무리 기다려도 중식 호출이 없었다. 나는 몹시 낙담해서, 앞으로 조식이 방으로 배달될 때는 빵을 조금 챙겨두어야겠다고 생각했다. 이런 식으로 이곳 생활에 익숙해져 가는 모양이다.

오후에는 바깥이 더울 것 같았지만 곶의 끄트머리 쪽으로 산책하러 나가기로 했다. 혹시나 해서 매점을 들여다보니 여전히 휴업 상태였다. 어제처럼 볕에 바랜 천이 선반에 씌워져 있다.

나는 먼지를 뒤집어 쓴 다케노코노사토나 코아라노마치를 원망스레 바라보았다. 눅눅하다거나 곰팡이가 피었다고 해도 못 견디게 단것이 먹고 싶었다. 시치후쿠진하마 요양소에 온 지 이제 겨우 사흘째인데 벌써 스트레스가 쌓였다.

그런데 처음 도착했을 때는 매점도 있다고 자랑스레 말해놓고 어째서 휴업 상태로 방치해 두는 걸까. 화장지도 매주 한 롤만 지급한다고 하지 않았나. 벌써 절반 이상이나 쓴 나는 몹시 걱정되었다.

배가 고프다. 화장지가 줄어들고 있다. 전화통화가 안 된다. 메일도 라인도 안 된다. 인터넷도 쓸 수 없다. 감시당하고 있다. 동료와 이야기도 못 한다. 밖에 나가고 싶지만 못 나간다. 이렇게 모든 자유를 빼앗긴 것을 알고 나면 사람은 순종적이 되는 걸까. 어제는 명치를 얻어맞고 구속복에 갇힌 여자를 보며 그토록 격분했는데 오늘의 나는 이미 활력을 잃은 상태다.

절벽으로 가보니 역시 A45의 소매가 슬쩍 보였다.

"소매가 보여요" 하고 주의를 주었다.

"당신이군요."

A45가 손거울로 내 얼굴을 확인하는 것을 알 수 있었다.

"미안해요, 방해해서. 잠깐만 얘기하고 바로 물러갈게요."

"괜찮아요, 살아 계시니 반갑군요."

어제는 빈정거리는 투였는데 오늘은 딴판으로 친근하게 말해서 놀랐다.

"무슨 일 있어요?"

"어제 오후에 절벽에서 누가 떨어졌다는 얘기가 들려서 혹시 당신이 아닌지 걱정하고 있었거든요. 여기서 나와 이야기하고 난 뒤 곧 끄트머리 쪽으로 걸어가시는 걸 보았으니까."

그렇다면 혹시 하타가야 이노스케는 아닐까. 나와 헤어진 직후에 투신했는지도 모른다. 눈앞이 조금 어두워졌다. 여기 수용되어 있다는 것을 모처럼 알고 대화도 나누었는데.

"혹시 하타가야 이노스케라는 사람 아닌가요? 절벽 옆에서 마주쳤어요."

"아, 그 사람을 아시는군요. 정말 잘한 거죠."

"잘했다고요?"

"그럼요. 이런 데 갇혀 있는 것보다는 죽는 게 편하니까. 죽기로 결심했다는 것만으로도 하타가야 씨는 훌륭한 겁니다."

"그런가요."

A45가 칭송하니까 나도 마찬가지로 여기게 된다는 것이 신기했다. 침묵이 이어지기에 그만 자리를 뜨려고 하는데 A45가 불러세웠다.

"잠깐만요."

"네?"

나는 절벽 턱밑에 있는 A45 쪽으로 눈을 돌리지 않으려고 하늘을 보거나 풍경을 감상하는 척했다.

"당신은 내가 어떤 규칙을 위반하고 있는지 아십니까?"

"아뇨, 정확히는 몰라요."

하마터면 고개를 저을 뻔했지만 가까스로 자제하고 입으로만 말했다.

"우선 당신과 대화하고 있다는 것. 고의로 감시카메라를 피하고 있다는 겁니다. 그거면 5점은 감점당하죠."

"그렇게나 많이요?"

"그래요. 하지만 내가 죽으면 당신에게 이 장소를 양보하죠. 오후 몇 시간뿐이지만 이 자리라면 누구의 시선도 받지 않고 자유롭게 상념에 빠질 수 있습니다."

"고맙군요."

하지만 계속 살아 주세요, 라고 말하려 했지만 A45가 이제 끝났다는 듯이 손을 흔들어 나도 자리를 떠났다.

시선을 느끼고 돌아다보니 가니에가 또 손차양을 하고 내 쪽을 바라보고 있다. 나는 V사인을 해 보였다.

2

A45 곁에서 물러난 나는 절벽 가장자리 길로 향했다. 하타가야 이노스케가 정말로 절벽에서 뛰어내렸는지 확인해 보고 싶었다. 하지만 이는 표면적인 생각일 뿐, 그걸 확인할 방법이 없다는 사실쯤은 알고 있다. 실은 나도 투신하지 않으리라 장담할 수 없으므로 현장을 봐두자는 자포자기에서 비롯된 생각이었다.

하지만 그 길은 중간에 빨간 로드콘 두 개와 거기에 쳐진 노란

테이프로 통행이 막혀 있었다.

로드콘이 놓여 있는 장소는 오른쪽으로 살짝 휘어져 요양소에서는 보이지 않는다. 색깔이 서로 다른 사암과 역암이 폭 20센티미터쯤 되는 지층으로 층층이 쌓여 있는 오른쪽 벼랑은 높이가 3미터 정도였다. 비교적 완만하여 어렵지 않게 올라갈 수 있을 것같았다.

오르다가 굴러 떨어져도 경사가 완만하므로 바다로 굴러 떨어질 가능성은 희박해 보였다. 벼랑 위에는 관목이 자라고 그 너머에는 이름 모를 나무들이 울창했다. 그곳을 헤치고 들어갈 자신은 없었지만, 거기서라면 뭔가 보일지도 모른다.

다른 입소자, 아니 '수인'들은 오후에 어디에서 뭘 하고 있을까. 오후 일정은 '학습 및 산책'이라고 되어 있는데, A45와 하타가야 이노스케 말고는 밖에서 아무도 만나지 못한 까닭은 무엇일까.

다다는 조깅을 권한다고 했지만, 아무도 조깅을 하지 않고 산책하는 사람도 볼 수 없었다. 다들 좁은 방에서 잭 토랜스스탠리 큐브릭 감독의 영화 〈샤이닝〉에 등장하는 주인공처럼 똑같은 문장만 계속 쓰고 있는 게 아닐까 상상하니 오싹해졌다. 나도 곧 그리 되려나.

나는 사암 부분에 손가락을 박아가며 벼랑을 기어올랐다. 번번이 발이 미끄러졌지만 어떻게든 위에 다다를 수 있었다. 예상대로 관목의 밀도가 높아 도저히 헤치고 들어갈 수 없었다. 양손으로 나뭇가지를 잡고 절벽 끝에 위태롭게 서서 주변을 둘러보았다.

눈앞에 펼쳐진 것은 검푸른 바다뿐. 시치후쿠진하마를 해식절벽이 둥글게 에두르고 있다. 아름다운 절경임에 분명하지만 절벽이 검고 험악해서인지 음울해 보였다. 더구나 바다에는 배 한 척 보이지 않는다. 이곳은 세계의 끝이라고 나는 결론지었다.

벼랑을 내려가려는데 무슨 기척이 느껴졌다. 까치발을 하고 관목 너머를 바라보니 끄트머리 쪽 나무 그늘에 초소처럼 삐죽하게 생긴 건물이 보인다. 연필 끝처럼 뾰족한 사각뿔 형태인데 삼면에 유리창이 있다.

한 남자가 초소를 나와 끄트머리 쪽을 향하고 서 있었다. 상체를 조금 구부린 자세를 보니 오줌이라도 누는 모양이다. 덕분에 들키지 않았다.

남자는 감색 제복을 입고 있었다. 요양소 출입구에서 본 문지기나 야간에 순찰을 도는 경비원 가운데 한 명이리라. 절벽 가장자리 길을 걸을 때는 아무도 없다고 생각했지만 그들은 위에서 '수인'을 감시하고 있었던 것이다. 어제 내가 몰래 스마트폰을 꺼내는 장면, 하타가야 이노스케와 대화를 나누는 장면도 위에서 다 지켜보았는지 모른다. 역시 이곳도 안 되는 건가.

나는 경비원이 돌아서기 전에 절벽을 급히 미끄러져 내려갔다. 그때 소매가 접히며 오른쪽 팔뚝에 찰과상을 입었지만, 암울한 심정 탓인지 그다지 신경 쓰이지도 않았다.

석식 시간이 되자 아래층에서 카레 냄새가 내 방에까지 올라왔다. 카레 냄새는 공복과 향수를 자극해마지 않는다. 엄마가 만들어 주던 포크카레는 얼마나 맛있었는지. 빨간 후쿠진즈케무, 가지, 작두콩, 연근, 오이, 차조기 열매, 표고버섯 등 다양한 채소를 간장과 설탕과 미림으로 절인 비(非)발효형 절임와 염교를 접시 가장자리에 듬뿍 곁들인 엄마의 카레라이스. 마지막으로 먹은 것이 10년도 더 지났던가. 그 생각을 하니 눈물이 나올 뻔했다. 엄마가 카레라이스 조리법을 잊어버린 뒤로도 시간이 많이 흘렀다.

빨리 식당에 가고 싶었지만 내가 부름을 받은 것은 7시가 다 되어서였다. 마지막 그룹이라는 것은 알고 있었으므로 카레가 내 몫까지 남아 있을지 걱정이었다.

아키미가 데리러 왔다. 나의 조바심을 모르는 아키미는 복도에서 내 소매를 잡고 한가롭게 물었다.

"당신도, 식도락가였어?"

말을 하면 감점임을 명심하고 있었으므로 나는 말없이 고개를 저었다.

무슨 트집을 잡아서 석식 제외라는 벌을 줄지 알 수 없다고 생각하니 몸이 떨렸다. 점심을 굶어 공복이었기 때문이다. 겨우 사흘 만에 이렇게까지 순종적이 되다니, 참으로 무서운 게 음식 통제이다.

"거짓말. 작가들은 맛난 것만 먹는다던데. 와인 취향도 까다롭고. 출판사 쪽에서 한턱 쏠 때는 어느 지방 몇 년도 산이 좋다고까지 한다며? 당신도 그러지 않았어?"

무슨 말을 하고 싶은 건지 모르겠다는 뜻으로 나는 고개를 갸 웃거렸다.

"하지만 음식을 두고 불평하는 것처럼 천한 짓도 없지. 안 그래? 배를 곯는 아이들이 수두룩한데."

나는 동의를 표하려고 열심히 고개를 끄덕였다. 세계 어디서나 통하는, 토를 달 수 없는 정론이기 때문이다. 그런 선의의 정론이 전 세계에 만연해 있어서 참으로 숨이 막혔다. 그래서 나는 작가가 되었던 게 아닌가. 그러나 내가 이 수용소에 있듯이 작가들도 궁지에 몰려 있다.

아키미는 계속 열을 올렸다.

"작가 선생들은 불쌍한 아이들을 구하자, 전쟁을 없애서 세계 평화를 이루자, 라는 대단한 말을 하지만 정작 저희들은 온갖 호사를 부리고 있잖아. 맛난 거 먹고 귀한 술 마시고 퍼스트 클래스로 해외여행 다니고. 말과 행동이 일치하질 않아. 안 그래?"

그런 작가가 있는지 모르지만 모두 그런 건 아니다. 나는 다시 고개를 갸웃거렸다. 동의하기 어렵다는 뜻이었는데, 아키미가 복도 중간에 멈춰 섰다.

"왜 그렇다고 인정하지 못하지?"

인정해요, 인정합니다, 라는 뜻으로 나는 크게 고개를 끄덕였다. 이런 대화는 그만두고 어서 식당에나 가자고 재촉하고 싶었다. 그러나 아키미는 이야기를 그만두지 않았다.

"그 왜 장난스런 이름을 쓰는 작가 있지. 고무기 뭐시기라는 사람."

'고무기 엔바쿠'는 소설가는 아니고 수필가이다. 여성지에 음식에 관한 에세이를 쓴다. 이름은 들어서 알고 있었으므로 나는 고개를 끄덕였다.

"고무기 뭐시긴지, 미식가 흉내를 내대. 오늘은 어디어디에 가서 뭘 먹었네 하며. 트위터를 보면 매일 굉장한 걸 먹고 있던데. 긴자의 고급 초밥집에도 가고 미슐랭 스리 스타 레스토랑에도 가고. 돈이 다 어디서 나지? 출판사에서 대주나? 설마 자기 지갑을 여는 건 아닐 테고."

나는 상대해 주기도 귀찮아졌다. 고무기는 물론 고급 요리에 대해서도 쓰지만 평소에는 소스야키소바의 파래 양이라든지 낫토마키를 간장에 찍을 때 낫토를 떨어뜨리지 않는 방법이라든지 하는 소소한 내용을 줄기차게 쓰고 있다.

나는 아키미가 소매를 잡고 있는데도 억지로 계단을 내려가기 시작했다. 빨리 식당에 가서 석식을 먹고 싶었다. 아키미는 소매를 잡아당기며 계속 떠들었다.

"그 작가, 밥맛이야. 얼굴도 제법 반반하고 옷차림도 좋은데 별난 필명으로 튀려고 하지. 고무기가 여기에 들어와야 하는데. 그럼 개밥 같은 거나 먹여서 혼내줘야지."

역시 그런 건가. 나는 그만 얼떨결에 본심을 토해낸 아키미의 악의로 치켜 올라간 눈초리를 쳐다보고 말았다. 아키미가 호전적인 눈빛으로 마주 보았다. 위기를 느낀 나는 상대의 눈길을 회피하며 마침내 식당에 들어섰다.

벽을 향해 앉아서 먹고 있는 사람은 이미 두 명밖에 남아 있지 않았다. 뚱뚱한 여자(올 마이 러빙일까?)가 다 먹었다고 손을 들어 표시하는 참이었다. 또 한 사람은 모자 밖으로 지저분한 흰머리가 삐져나온 노인이었다. 하지만 체격이 건장한 것을 보니 A45는 아닌 듯했다.

"미안, 이것밖에 남지 않아서."

하얀 쟁반에 올라 있는 접시에는 얼마 안 되는 카레가 밥의 절반만을 덮고 있었다. 카레에는 물론 고기가 보이지 않고 얇고 투명한 양파 몇 조각에, 감자와 당근 조각들이 있을 뿐이었다. 냄비 바닥을 긁어낸 증거처럼 절반 이상이 눌어 있었다. 그리고 가련한 장식 같은 후쿠진즈케 몇 조각. 기대하던 염교는 보이지 않았다. 이번에도 앙금이 가라앉은 된장국에는 시금치 같은 푸른 잎이 몇 조각 떠 있었다. 또 다른 접시에는 시든 상추가 두 장, 그리고 역시 브로콜리 두 조각.

울어버리고 싶을 만큼 낙담했지만 물론 아무 말 없이 먹었다. 이것이 아키미의 복수인가 생각하니 너무나 분했다. 최소한 느긋하게는 먹어야겠다고 다짐했었지만, 양도 적은 데가 허기가 져 있었기 때문에 거의 오 분 만에 다 먹고 말았다.

그래도 접시라도 핥을 것처럼 최후의 최후까지 스푼으로 카레를 긁어먹고 있자 옆에서 보던 아키미가 "그렇게 맛있나" 하며 비웃었다.

내가 집요하게 비아냥거렸던 탓인지 아키미는 자꾸 심술을 부렸다. 아키미의 악의를 조심해야겠다고 생각했지만 무엇을 어떻게 조심해야 하는지 알 수 없었고, 맥이 빠진 나는 조금 모자란 인간처럼 남몰래 웃을 뿐이었다.

방으로 돌아갈 때도 아키미가 바짝 붙어서 일방적으로 떠들었다.

"작가들은 지들이 무슨 특권계급이나 되는 줄 알지?"

나는 가만히 고개를 저었다. 다다도 그런 말을 했던 기억이 난다.

그러나 소설가는 대개 특권계급은커녕 인간실격자이다. 허구를 상상하고 부풀려서 글을 쓰다 보면 실생활 쪽으로는 소홀해진다. 실생활이 허구에 흡수되어 점점 메마르고 텅 비게 되므로 주위 사람들도 질려서 떠나 버린다. 고독해진 작가는 더욱 허구로 도피한다. 자기가 만든 허구 속에 완전하게 들어가 사는 것도 나름 행복하겠지만 실생활에서는 폐인이나 다름없다.

나는 가네가사키 유와 동거하던 때를 떠올리며 갑자기 반성하고 싶은 기분이 들었다. 아무리 가네가사키가 어리석고 내 돈을 멋대로 갖다 썼다 해도 나는 결코 그를 나의 세계에 넣으려고 하지는 않았다. 나는 소설이라는 세계를 가지고 있었고 그 세계를 강고하게 만들려고 노력했다. 동거하는 남자가 아니라 허구 속의 남자를 사랑하고 그쪽만 쳐다보았다. 가네가사키에게는 미안한 일이었는지 모른다. 가네가사키 유에게 미안함을 느끼기는 처음이었다. 지금까지는 골칫거리가 사라졌다고 속시원해했는데.

"특권계급이라고 생각하지 않아요."

나도 모르게 중얼거리고 말았는데 아키미는 귀가 밝았다.

"어, 지금, 말했어."

나는 당황해서 눈길을 내리고 열심히 고개를 저었다. 깜빡하고 도발에 넘어가고 말았다.

"지금 말했잖아."

"혼잣말도 안 되나" 하고 고개를 숙인 채 작은 소리로 중얼거렸다.

"지금 뭐라고 그랬어? 너, 날 무시하는 거지. 아냐?"

오늘따라 아키미는 끈끈하고 집요했다. 나는 계속 고개를 저었다. 아니, 아니, 아니. 전혀 무시하지 않습니다.

"작가 선생은 자기가 왜 이런 데 있어야 하느냐고 불만이지. 그래서 오만하단 거야. 자신감이 있으니까 우리가 반성하라고 해도 무슨 소리냐는 얼굴을 하고 있지. 사실은 바보인 주제에."

나는 아키미의 매도를 꾹 참으며 그녀한테서 떨어지고 싶어서 먼저 계단을 올라갔다. 물론 그런다고 떨어져 줄 아키미가 아니었다. 바싹 따라오며 계속 떠든다.

"얼른 반성해."

나는 머리를 깊이 숙였다. 지금까지 보여준 반항적 태도로 보자면 백팔십도 바뀐 변화였다. 얼른 목욕탕에 들어가 채광창의 그림이나 글자를 보고 싶었던 것이다. 스마트폰을 충전할 수 있을지도 확인하고 싶었다. 그러자 내 심중을 읽은 것처럼 방 앞에서 아키미가 말했다.

"오늘은 목욕이 없어. 당신은 월요일 화요일 이틀 연속으로 했잖아. 그럼 하루 거르게 되어 있어."

나는 하는 수 없이 고개를 끄덕였다. 아무리 부당하고 불만이 있어도 잠자코 받아들이는 수밖에 없다. 아니, 이틀이나 목욕할 수 있어서 다행이었다고 생각해야 한다. 아키미가 집요하게 괴롭혀도 감점만 당하지 않으면 된다. 앞으로는 그렇게 생각하기로 하자. 그것은 어떤 의미에서 긍정적 태도이기도 했다.

목욕 없는 저녁은 길고 지루했다. 나는 어둑한 전등 밑에서 가져온 문고본을 찬찬히 읽었다. 이 책을 다 읽으면 더는 읽을 책이 없다. 이곳에는 작가들이 있으니 각자 가져온 책을 바꿔 읽거나 상대방의 작품을 읽을 수 있으면 좋으련만. 다다와 면담할 때 제안해 볼까 생각했지만 허락하지 않겠지. 만에 하나 허락한다고 해도 그걸 빌미로 개인소지품을 검사하는 사태가 벌어지면 곤란하다.

고역은 소등 이후였다. 책을 읽을 수도 없고 스마트폰은 배터리 소모가 두려워 사용할 수 없었다. 어둠 속에 가만히 귀를 세우고 있으면 미쳐버릴 것 같았다.

들려오는 것은 밤새 윙윙 신음하는 터빈 회전음. 빽빽하게 숲을 이룬 나무가 흔들리는 소리, 멀리 파도가 절벽을 치며 뱃속까지 울리는 소리. 종종 어딘가 멀리서 차량 엔진소리가 희미하게 들려오면 울고 싶을 만큼 그리운 기분이 들었다.

"올 마이 러빙, 다아링, 아일 비 투르."

희미하지만 똑똑하게 콧노래가 들린다. 더 멀리 떨어져 있는 방인 줄 알았는데 아니었다. 바로 옆방에서 들려온다. 그 뚱뚱한 여자가 부르는 걸까. 나는 일어나 벽에 귀를 댔다. 역시 옆방이었다. 올 마이 러빙. 나도 함께 노래했다. 톡톡, 하고 벽을 두드리는 소리가 났다. 나도 톡톡 두드려 응답했다. 혼자가 아니다. 개인의 꿈밖에 꾸지 못하는 작가에게는 있을 수 없는 연대. 그것만으로도 조금 행복한 기분이 되었다.

동틀 무렵, 빗소리가 들렸는데 일어나 보니 구름이 끼었지만 비는 오지 않았다. 산책하러 밖으로 나갈 수 있어 안도했다.

더구나 조식 안내방송도 나왔다. 다행히 식당에서 먹는다. 그럼 점심도 나오겠지. 데리러 온 것은 아키미가 아니라 오치였다. 오늘은 운이 좋다.

식당에서는 이미 일고여덟 명의 '수인'이 벽을 향해 앉아 평소처럼 아침을 먹고 있었다. 공복이던 나는 누가 있는지 주위를 둘러볼 여유도 없이 식빵에 마가린을 발라 급하게 먹고, 카레를 만드는 김에 함께 썰었으리라 짐작되는 깍둑썰기한 감자와 당근으로 만든 소테 같은 것을 제대로 씹지도 않고 삼켰다. 다들 정신없이 먹고 있다. 당연하다. 공복이었을 테니까.

일단 허기를 달래고 나자 소테 맛이 싱겁게 느껴져 남은 마가린을 뿌려서 먹었다. 팩에 든 우유는 소중한 영양소이므로 한 방울도 남기지 않고 마셨다. 삶은 계란은 배고플 때를 위해 가지고 돌아갈까 생각했지만 껍질을 증거로 남겨야 한다는 것을 알고 어쩔 수 없이 그 자리에서 먹었다. 하지만 작은 소금봉지는 슬쩍 주머니에 숨기는 데 성공했다.

조식이 끝나고 방으로 돌아갈 때 오치가 작은 메모를 내밀었다.

'마쓰 선생, 오후 산책 전에 작문(작품)을 제출해 주세요. 미완성이라도 괜찮습니다. 다다'라고 적혀 있었다.

'작문(작품)'이라는 말에 속으로 쓴웃음을 짓지 않을 수 없었다. 알았다는 뜻으로 오치에게 고개를 끄덕여 보이고 문을 탁 닫았다.

작문 정도라면 얼마든지 가능하다. 나는 간만에 2B연필을 쥐고 고쿠요 원고지에 글을 적어 나갔다.

〈엄마의 카레라이스〉

엄마는 공립병원 매점에서 일했다. 아버지는 여기저기 병원 매점에 파자마나 잠옷 따위를 납품하는 업자였다. 두 사람은 병원에서 만났고, 나를 임신했음을 알자 결혼했다고 들었다.

하지만 아버지는 여러 병원에 애인을 두고 있었다. 엄마와 같은 매점 점원, 청소부, 간호조무사. 그래서 부부싸움이 그치질 않았다. 내가 초등학교에 들어갈 무렵, 부모의 만성적인 부부싸움은 매우 심각한 양상으로 변하고 있었다.

아버지가 집에서 쉬는 일요일 같은 날이면 당장이라도 싸움이 시작되는 거 아닌가 하는 두려움에 나는 늘 조마조마했다. 아무 말썽 없이 일요일이 끝나면 밤에 피로가 한꺼번에 몰려와 일찌감치 잠자리에 들었다. 한데 그런 날이면 한밤중에 고함소리가 어지럽게 오갈 때도 있어서 나는 겁에 질려 깨어나곤 했다.

싸움은 격렬했다. 나는 아버지의 사나운 주먹으로부터 엄마를 지키려고 필사적이었다. 아버지가 주먹으로 엄마의 뺨을 때려 턱이 빠진 일도 있었다. 그때는 구급차를 불렀다.

또 싸움의 불티가 엉뚱하게 우리에게 튈 수도 있어서 아직 어린 남동생도 내가 지켜야 했다. 격앙한 엄마가 아버지에게 던진 그릇이 벽에 부딪혀 깨지고 그 파편에 동생의 뺨이 찢어진 일도 있었다.

그런 삭막한 생활도 내가 초등학교 6학년 때 막을 내렸다. 두 사람이 마침내 이혼한 것이다.

이혼한 뒤 엄마는 혼자서 나와 동생을 키우느라 고군분투했지만 어딘가 후련한 듯 해방감을 풍기는 것이 어린 마음에도 기뻤다.

엄마를 지켜낸 나 자신이 자랑스럽기도 했다.

엄마는 토요일 저녁이면 어김없이 카레라이스를 만들었다. 그것도 비프나 치킨이 아니라 저렴한 돼지 잡고기를 듬뿍 넣은 포크 카레라이스였다. 빨간 후쿠진즈케를 접시에 듬뿍 곁들이고 여유가 있을 때는 염교도 곁들였다.

나와 동생은 토요일을 손꼽아 기다렸고 집에 카레 냄새가 감돌면 뛸 듯이 좋아했다. 물이 든 컵에 스푼을 넣은 채로 엄마가 접시에 담아 주기를 이제나저제나 기다릴 정도였다.

어느 토요일, 카레를 먹던 동생이 "아버지한테도 이걸 줬으면 좋겠다"고 말한 적이 있다. 나는 아버지가 끔찍이 싫었고, 어렵게 집에서 몰아냈다고 생각하고 있었으므로 동생을 꾸짖으려고 했는데 엄마가 울기 시작해서 크게 놀랐다.

엄마는 눈물을 훔치고 카레라이스를 스푼으로 떠서 한 입 먹었다. 그러더니 동생에게 말했다. "그러게 말이다." 나는 폭력을 휘두르는 아버지로부터 엄마를 구하고 동생을 지키려고 그렇게 애썼는데. 외로움을 알게 된 것은 그때였다.

예상대로 중식 안내방송이 나왔다. 어제부터 오늘 아침까지는 탈출 소동이나 투신 사건도 일어나지 않는 평온한 하루였던 모양이다. 이곳에 오고 나서 나흘째가 되어서야 처음으로 점심을 먹게 된 셈이다.

그래서인지 식당에도 조금 느슨한 분위기가 감돌고 있었다. 벽을 보고 앉아 먹는 '수인'들의 뒷모습에도 긴장감이 없었다.

자리에 앉자 오치가 쟁반을 가져다주었다. 거기에는 우동사발과 너무 삶아 물컹해진 브로콜리 세 조각이 담긴 작은 접시가 놓여 있었다.

나는 갈색 국물 속에 있는 하얀 우동을 들여다보았다. 이미 식어 버렸지만 작은 튀김이 한 장 들어 있고 건조야채로 보이는 파가 변명처럼 떠 있었다. 조미양념은 편의점 우동에 딸려 있음 직한 작은 봉지에 담겨 있었다. 나는 분별없이 감동하고 말았다. 어제 저녁은 카레라이스. 그리고 오늘 점심으로 우동이 나올 줄은 생각도 하지 못했다.

나는 우동 한 가락 한 가락을 아껴먹고 매콤짭짤한 국물을 한 방울도 남기지 않았다. 다른 사람들도 깨끗이 비웠다는 것은, 식기를 치우는 가니에가 사발을 아무렇게나 포개는 것을 보고 짐작할 수 있었다.

방으로 돌아갈 때 오치가 따라와 문 앞에서 말했다.

"작문 했나?"

아직 쓰는 중이었지만 '엄마의 카레라이스'를 내주었다. 오치는 원고지를 힐끔 보고 분량을 거의 채웠음을 무표정하게 확인하더니 그대로 가지고 돌아갔다.

오후 2시에 산책하려고 운동화 끈을 고쳐 매고 있는데 안내방송이 나왔다.

"B98번, 소장님이 사무실로 오랍니다."

호출이 있어도 누군가 데리러 오기를 기다려야 했다. 어차피 감시카메라로 보고 있겠지 생각하며 문 앞에 섰다. 과연 노크 소리가 들렸다.

"마쓰 선생, 소장님이 면담하고 싶답니다."

니시모리였다. 볕에 그을린 검은 얼굴이 흐린 날씨로 더욱 어둑해진 복도에 녹아드는 듯했다. 소장이 부를 때는 대개 니시모리가 데리러 오고 식사나 목욕은 아키미나 오치가 왔다.

나는 말없이 니시모리를 뒤따라 걸었다. 갑자기 얌전해졌네, 라고 생각하는지 니시모리가 뜻밖이라는 표정으로 쳐다보았지만 나는 시치미를 떼고 있었다.

네놈들에게 복도로 끌려 나가 명치를 얻어맞은 원한은 죽을 때까지 잊지 않으마, 하고 속으로 되뇌고 있었다. 마음속 저주가 전해졌는지 니시모리가 불편한 듯 돌아다보았다.

사무실에는 히가시모리가 컴퓨터 모니터를 들여다보고 있을 뿐 아키미는 보이지 않았다. 히가시모리가 나를 힐끗 보고 무시했다.

소장실로 들어가자 다다가 나의 '작문'을 읽는 중이었다. 나를 알아보고 기분 좋게 말했다.

"마쓰 선생, 이 얘기, 좋은데요."

"말을 해도 되나요?" 나는 먼저 확인했다.

"물론이죠. 이곳은 토론하는 자리니까."

무슨 소리를 하는지 알고 지껄이는 걸까. 코웃음 치는 것을 들키지 않으려고 나는 진지한 표정을 만들었다.

"이거, 좋은 얘기군요." 다다가 같은 말을 반복했다. "제발 이런 이야기를 써주세요. 나, 감동했습니다. 이건 마쓰 선생의 경험담이죠?"

"그렇습니다."

"이런 자전적 작품이 좋아요. 독자들의 공감을 부를 겁니다."

"마음에 드셨나요?"

"마음에 드는 정도가 아닙니다. 이런 작품을 쓸 수 있으면서 왜 그렇게 불쾌하고 지나친 이야기를 쓰는 겁니까. 이상하네요. 저열한 독자 니즈에 지나치게 영합하는 거 아닙니까."

"그렇진 않습니다만." 나는 일단 말을 끊고 다다에게 부탁했다. "물 좀 마실 수 있을까요?"

"얼마든지요."

다다는 소장실 문을 열고 나갔다. 니시모리에게 뭐라고 말하고 있다. 얼음을 넣은 물을 마실 수 있을 듯하다. 나는 기분이 좋아졌다.

마침내 다다와 함께 가니에가 쟁반을 들고 왔다. 나를 보고 가볍게 고개를 끄덕였지만, 나는 외면해 버렸다. 사무실에서는 보이지 않던 가니에를 애써 주방까지 찾아가 데려온 이유는 금방 알 수 있었다. 물이 아니라 얼음을 넣은 보리차를 가져온 것이다. 보리차 승격은 하찮은 '작문' 덕분인 듯했다.

"자, 편하게 드세요."

매운 우동 국물을 다 마셔서 목이 타던 나는 다다가 권하기 무섭게 잔에 든 보리차를 다 마셔 버렸다. 페트병 보리차라는 것은 알고 있었지만, 거의 사흘 만에 맛보는 문명의 맛은 달았다. 단숨에 마신 탓인지 다다가 자기 몫도 가리키며 말했다.

"괜찮으시면, 이것도."

나는 고개만 까딱하고 손을 뻗어 그 잔도 단숨에 비웠다. 꾸물거리다가 또 어떻게 바뀔지 알 수 없기 때문이다. 잔 두 개에 남은, 냉장고에서 만든 듯한 모서리가 둥근 얼음도 우득우득 씹었다. 얼음은 질이 떨어지는지 쉽게 깨져 수돗물의 언짢은 맛이 입안에 퍼졌다. 그러나 차가운 물질로 입안을 식히는 것만으로도 환희를 느꼈다. 아니, 결코 과장이 아니다. "얼음은 문명이야"라고 말한 것은 〈모스키토 코스트1986년에 발표된 미국 영화〉에 등장하는 부친이었나?

"목이 마르셨군요, 선생, 우동 때문입니까?"

"맞아요. 그리고 어제 저녁 호출 시간이 너무 늦어 카레 양이 절반밖에 안 남았는데, 그런 일이 없도록 부탁드릴 수 있을까요?"

아키미의 학대에 대해서는 말하지 않았지만 다다의 낯이 흐려졌다.

"이런, 이런, 그런 일이 있었습니까. 여긴 형무소가 아니고, 형무소라도 그런 대우는 없을 겁니다. 앞으로 주의하겠습니다."

"하나만 더요. 어제도 그제도 중식이 나오지 않았는데, 어째서죠?"

나는 기가 살아서 말했다.

"뭐, 입소자의 연대책임이라고 생각해 주십시오."

"무엇에 대한 연대책임이죠?"

"거기에 대해서는 노코멘트 하겠습니다."

"내용을 알아야 연대로 책임을 지든지 말든지 할 것 아닙니까."

"규칙 위반 때문입니다."

다다가 귀찮다는 듯이 말했다. 투신 사건은 A45에게 들은 정보였으므로 나도 더 묻지 못했지만, 입소자가 사건을 일으키면 전원이 굶는 벌을 받게 된다는 것만은 알 수 있었다.

"그런데 선생. 이 다음 이야기를 기다리고 있습니다만."

다다는 나와 대화하기가 귀찮아졌는지 문을 열고 니시모리를 불렀다.

"어이, 선생이 집필실로 돌아가신다."

나는 돌려받은 원고지를 들고 니시모리를 따라 방으로 돌아가면서 웃음을 참았다. 실화가 아니라 전부 허구였다. 말하자면 '작품'이라고 할 수 있었다.

그러나 이런 흔해빠진 이야기를 쓴 적은 한 번도 없다. 나 자신을 속이다 보니 나의 내부에서 뭔가가 변질되는 듯했다.

3

시치후쿠진하마 요양소에 온 지 벌써 열흘이 되었다. 내가 입소할 때는 때마침 불온한 시기였던 모양이다. 나흘차 이후는 탈출 소동도 투신 사건도 일어나지 않았고, 나는 담담하게 지루함과 불안에 주눅 든 날들을 보냈다.

지하실에서 구속복을 입고 침대에 묶여 있던 여자는 탈출 소동을 일으켰기 때문에 그런 신세가 된 걸까. 이 요양소에서 탈출한다는 것은 불가능할까. 잡히면 구속복을 입고 감금되는 걸까. 그녀와 한순간의 눈 맞춤을 통한 연대로 고무되기도 했지만 그 흥분도 오래 전에 사라졌다. 나는 큰 실수 없이 요양 기간을 채우는 편이 낫겠다고 생각하게 되었다.

내 감점은 7점이다. 7주의 요양소 생활은 이제 5주, 즉 한 달 반으로 줄었다. 그 기간에 문제를 일으키지 않고, 다다가 시키는 대로 반성문이나 '작문'을 쓰며 얌전히 지내면 되는 것이다. 나는 다다가 칭찬한 '엄마의 카레라이스'를 계속 써나갔다.

엄마가 과로로 급사한 것은 내가 고교에 들어간 직후인 6월이었다. 남동생은 중학교 2학년. 그 시절 엄마는 병원 매점 일이 5시에 끝나면 일단 집에 돌아와 우리에게 저녁

밥을 차려주고 7시가 지나면 근처에 있는 주점으로 일하러 갔다. 나와 동생의 학비가 더 필요해져서 일을 한 가지 더 늘리지 않을 수 없었던 것이다.

아버지에게 매달 얼마간의 양육비를 받기로 되어 있었지만 실제로 받은 적이 없고, 전부 엄마가 부담하고 있었다. 몸의 피로뿐만 아니라 마음의 피로도 만만치 않았으리라. 엄마는 영업을 끝낸 주점 화장실을 청소하다가 쓰러져 변기에 기댄 자세로 돌아가셨다. 사인은 뇌출혈. 이미 재혼해서 자식도 있다고 풍문으로 들리던 아버지는 장례식에도 나타나지 않았다.

조문객도 별로 없는 간소한 장례식을 마친 뒤, 아직도 따뜻한 엄마의 뼈단지를 앞에 놓고 젊디젊은 외숙모와, 엄마의 사촌이라는 중년 여성이 우리 오누이의 거취에 대해 이야기했다. 나는 두 사람을 한 번도 만나 본 적이 없었다.

외조부모는 이미 타계한 상태였고 엄마의 유일한 형제인 남동생은 사고로 죽었다. 외숙모라는 사람은 죽은 남동생의 후처였다.

그 사람이 "너희 집안은, 이렇게 말해서 미안하지만 죄다 죽었구나"라고 말하며 딱하다는 듯이 우리 집을 둘러보았다. 좁은 방과 빈약한 가재도구에 연민을 느꼈을지도 모르겠다. 무늬가 화려한 손수건으로 눈가를 찍어내는 척했지만 울지는 않았다.

엄마는 마흔다섯에 돌아가셨으니 요절이라고 할 수 있었다. 하지만 엄마의 남동생 다카시 삼촌은 서른여덟 살이었을 때 택시에 치어 죽었다. 첫 부인은 다카시 삼촌이 서른다섯이 되던 해에 이혼하고 아들과 함께 집을 나갔다. 삼촌의 재혼 상대는, 이혼의 원인으로 당시 바람을 피우던 열 살 연하의 파견직 여직원이었다. 그게 바로 이 외숙모였다. 외숙모와 삼촌 사이에는 자식이 없었다.

"너희들, 앞으로 어떡할래?"

외숙모는 겨우 이십 대 후반에 남편을 잃어 버렸지만, 사망 보험금을 받아 졸지에 부자가 되었다.

"나야 피 한 방울 섞이지 않은 사람이고 이번에 재혼하게 되었단다. 그러니 이렇게 만나는 것도 오늘이 마지막일 거야."

나는 동생과 얼굴을 마주보았다. 오누이끼리 살아가는 수밖에 없지만, 학비는 고사하고 집세나 낼 수 있을지 알 수 없었다.

나는 두 여자 앞에서 엄마의 예금통장을 꺼냈다. 50만 엔 정도가 남아 있었다. 그러나 고교 1학년이라도 고작 50만 엔으로는 우리 오누이가 살아갈 수 없음을 알고 있었다.

"나, 고등학교에 안 갈래요."

동생이 작은 소리로 말해서 나도 "학교 그만두고 일할래요"라고 말했다.

"잠깐만."

엄마의 사촌이라는 중년 여자가 손을 들어 말을 막았다. 엄마는 둥근 얼굴에 애교가 있었지만 사촌이란 여자는 갸름하니 길쭉한 얼굴에 심술이 엿보였다.

(계속)

이상하게도 원고지에 글을 쓰면서부터는 마음이 차분해졌다. 자신을 속이고 쓰는 마음에도 없는 글이든, 다다의 요구에 맞춰 쓰는 글이든, 종이에 글자를 써나가다 보면 모든 시름을 잊을 수 있었다.

설사 나라는 작가가 변질된다고 한들 그게 무슨 대수냐, 라는 생각도 들었다. 이 요양소에서 평안을 얻을 수 있다면, 그리고 희망을 가질 수 있다면 뭐든 할 마음이 있었고, 겨우 7주간의 변질 따위는 오랜 작가 인생에 비추면 아무것도 아니지 싶었다.

나는 다다 한 사람만을 위한 전속작가라도 된 기분이었다. 고객이 원하는 대로 고객 취향에 맞는 '작문'을 짜낸다. '작문'은 작품이 아니며, 조만간 자유로워지기 위한 방편에 불과하다. 그렇게 생각했다.

나는 다나카가 부쳐주던 파란 봉투의 내용을 떠올리려고 애썼다.

운전도 못하는 자동차정비소 사장은 어떻게 경영을 궤도에 올릴 수 있었지? 혹은 키오스크 여성은 매출을 늘리려고 무엇을 했지? 이지메를 당하던 여성은 어떻게 급우들에게 복수할 수 있었지?

다나카가 보내준 소설 시안이야말로 다다가 나에게 요구하는 '작품'이었다. 다나카의 파란 봉투에는 대중이 작가에게 요구하는 이야기의 정수가 들어 있었던 셈이다. 처음부터 무시하며 제대로 읽지도 않고 봉투째 내다 버린 것이 몹시 후회되었다.

글을 쓰자고 생각한 뒤로는 거의 밖에도 나가지 않게 되었다. 더우니까, 라는 이유도 있지만 방에서 집필하기 위해서였다. 요양소에 있는 작가를 밖에서 거의 만날 수 없는 이유는 다들 방에서 집필하고 있기 때문이었던 것이다.

나는 초등학교 교실에 있을 법한 작은 책상에 오치나 아키미가 짜증난 표정으로 가져다주는 원고지를 쌓아두고 2B연필과 특별히 하사받은 닳고 단 고무지우개로 글을 썼다. 컴퓨터로 쓸 때보다 '작문' 속도가 느린 것도, 한자를 떠올리는 데 애를 먹는 것도 신선하게 느껴졌다.

원고지 구석을 찢어낸 종이쪽에 옮겨둔 친구들의 연락처도 까맣게 잊어버릴 지경이었다. 이렇게 생활하다 보면 조만간 나갈 수 있을 테니 그런 메모는 필요 없겠다고 생각했다. 식사 준비나 장보기 걱정 없이 그저 쓰기만 하면 되는 상황은 참으로 쾌적하게 느껴지기도 했다.

우리 세대의 작가는 그런 경험이 없지만, 출판사 측에게 소위

'통조림'을 당해서 글을 쓰고 있다고 생각하면 되는 것이다. 사실 통조림을 당하는 건 일류 작가뿐이다. 고급 호텔 객실에 장기 투숙하는 것이므로 호화로운 룸서비스가 있고 호텔 헬스클럽이나 수영장도 이용할 수 있으며 기분전환 삼아 몰래 애인을 불러들여 잠자리도 가질 수 있었다고 들었다.

물론 이곳은 고급 호텔이 아니다. 유일한 낙이라고는 조악한 식사뿐이다. 하지만 눈을 뜨면 조식이, 조식이 끝나면 중식이, 오후에는 석식이 못내 기다려졌다.

나의 개심을 알았는지 식사 순서도 조금 빨라졌다. 심술궂은 아키미나 난폭한 오치가 아니라 말수 적은 히가시모리나 겉으로나마 친절한 가니에가 식당으로 데려가게 되었다.

카레라이스는 그 뒤 메뉴에 오르지 않았지만 나폴리탄 스파게티가 석식으로 나왔을 때는 케첩 냄새가 방에까지 풍겨와 다들 흥분했으리라. 나는 비교적 일찍 호출되었는데, 소시지도 들어가고 파마산 치즈도 조금 뿌려진 스파게티를 맛본 것은 역시 기쁜 사건이었다.

요양소에 온 지 2주가 지났다. 두터운 구름이 하늘을 꽉 채운 무더운 날이었다.

가끔은 산책도 해야겠다 싶어서 밥을 먹고 밖으로 나섰다. 기분 탓인지 가니에가 산책하러 나선 나의 뒷모습을 응시하는 일도 없어진 듯했다.

A45를 만난 지도 오래여서 나는 먼저 뒤쪽 절벽 위로 갔다. 절벽 턱밑에 얼핏 그림자가 움직이는 것 같았다.

"안녕하세요. B98입니다."

바다를 바라보는 척하며 입술을 최대한 움직이지 않으려 애쓰면서 인사했다. 살짝 내밀어진 손거울이 햇빛을 받아 반짝 빛난다. 나라는 것을 확인한 A45는 손거울을 거둔 다음 작은 목소리로 말했다.

"오래간만이군요. 무슨 일이 있었나요?"

"아뇨, 별로. 얌전히 생활해서 빨리 나가자고 생각했을 뿐입니다."

"그거야 다들 생각하지만, 그럼 왜 아무도 도와주러 오지 않는 거죠?"

나는 말문이 막혔다. 듣고 보니 그랬다. '형기'를 마친 사람들은 왜 이 요양소의 실태를 고발해 주지 않을까.

'사회'에 있을 때도 시치후쿠진하마 요양소 소문은 한 번도 들어본 적이 없다. 진짜 요양소라면 몰라도 납치 비슷한 형태로 끌려와서 다짜고짜 자유를 박탈당한 것이다. 인권 침해도 이만저만이 아니지 않은가.

"그러게요. 정말 아무도 와주지 않네요."

"이상하잖아요? '형기'를 마치면 정말 출소할 수 있는 건가요? 뭔가 함정이 있을 것 같은데."

"당신은 앞으로 얼마나 있어야 하나요?"

"나요? 나 같은 건 영원입니다. A급 전범이니까."

"설마 종신형은 아니겠죠."

"아뇨, 그게 실은 나도 B45였어요. 그런데 작문을 거부한 탓에 A급이 된 겁니다. 하지만 A나 B나 마찬가집니다. 우리는 평생 여기 갇힐 겁니다. 그러니 죽는 게 낫다고 생각하게 되죠."

"지나친 생각인 것 같군요."

"이봐요, 당신. 갑자기 온순해졌군요. 회유라도 당한 겁니까?"

A45의 의심이 묻어나는 목소리에 나는 발끈했다.

"회유 같은 거 당한 적 없어요. 얌전해져서 무사히 집에 돌아가라고 말한 건 당신 아닌가요?"

"그야" 하며 A45가 웃은 듯했다. "그때 당신은 화가 잔뜩 나 있었으니까요. 그냥 두면 감점만 당할 것 같아 걱정했던 겁니다."

"걱정해 준 건 고마워요. 하지만 나리타 린이치 씨 같은 사람도 무사히 나갈 수 있었다면 저쪽에서 시키는 대로 따르는 것도 괜찮지 않을까 싶어요."

"아, 당신이 전에 얘기했던 사람 말이군요. 그 사람이 여길 나간 지 꽤 됐죠. 그런데 왜 도와주러 오지 않는 거죠? 틀림없이 배반자예요."

A45가 내뱉듯이 말했다.

"나리타가 밀고자라는 겁니까?"

"밀고도 했을 거고 문윤 측에도 순응했을 겁니다."

"그럴지도 모르죠."

"그럴지도 모르다뇨. 말했잖습니까, 변신이 빠른 자라고. 애초에 당신은 그자가 나간 걸 보고 저치들 말을 믿는 것 같은데, 얄팍한 연극이었을 수도 있습니다. 왜 달리 생각해 보지 않는 겁니까. 가짜 희망을 믿고 당신들은 아무렇지도 않게 잡문을 쓰며 순종하고 있죠. 자, 시간이 다 됐군요. 얼른 저쪽으로 사라져 주세요."

A45는 강한 말투로 쫓아내려고 했다.

"말씀이 너무 심하시네요."

"그럼 당신은 작문을 거부했습니까?"

"아뇨, 쓰고 있어요."

"그럼 눈 딱 감고 자기가 쓰고 싶은 걸 쓰면 될 텐데. 그렇게는 안 되죠? 감점이 무서우니까."

맞는 말이다. 그게 나쁜 일일까. 얼마 전의 나라면 동조했겠지만 지금은 오로지 평온한 일상만을 원한다.

나는 A45의 서슬에 충격을 받고 절벽 가장자리에서 물러섰다. 그대로 절벽을 따라 산책하려고 했지만 그럴 마음도 사라져 버렸다. 순종하는 게 어때서? 라고 응수하지 못한 것이 분했다. 순종이라는 말의 뜻을 알고 있기 때문이다. 추가 공격이라도 하듯이 A45가 계속 말했다.

"B98씨, 아직 거기 있습니까. 나는 정말 죽을 겁니다. 그러니 당신이 이 자리를 쓰세요. 거기 밑에 좁은 길이 숨어 있으니까 여기까지 어렵지 않게 올 수 있습니다. 당신은 어차피 영원히 여기 있게 될 테니까 내 대신 신입에게 이것저것 가르쳐 주세요. 그런데 하타가야 씨 말인데, 역시 투신했어요. 조만간 나도 뛰어내리겠지만 당신도 여기 앉아 있으면 그럴 마음이 생길 겁니다. 일찍 자각할수록 좋아요. 그럼 안녕히."

때마침 하늘을 가리고 있던 구름이 갈라지면서 틈새를 통해 해가 쨍쨍 내리쬐기 시작했다. A45가 정말로 절벽에서 뛰어내렸구나 싶어 가슴이 덜컥 내려앉았다. 나도 모르게 눈길이 아래로 향했다. 그러다가 손거울을 내밀고 상황을 살피던 A45와 눈이 마주쳤다. 나는 그 차갑고 예리한 눈초리에 놀라 울타리에서 얼른 물러섰다.

의욕을 잃고 방으로 가려고 돌아설 때 회색 제복을 꽉 끼게 입은 뚱뚱한 여자가 절벽 가장자리 길을 따라 걷는 모습이 보였다. 저 사람은 틀림없이 올 마이 러빙이다. 뚱뚱한 탓인지 후우후우 어깻숨을 몰아쉬는데 발걸음을 옮기는 일조차 힘겨운 듯했다.

나는 그녀를 쫓아가려고 하다가 그만두기로 했다. 공연한 짓을 해서 감점이라도 당하면 큰일이다. 그보다는 방에서 간단한 '작문'을 하는 게 낫다. 나는 A45가 하는 말을 아직 믿지 않았다.

방으로 돌아오자 곧 히가시모리가 찾아왔다.

"선생, 소장님이 다음 이야기를 쓰셨다면 보여 달라시는데, 괜찮겠습니까?"

"좋아요."

"감사합니다. 그럼 함께 가시죠."

히가시모리는 정중하게 말했다. 내 팔을 붙잡으며 "2점 감점!"
이라고 소리친 니시모리와 달리 히가시모리는 마음이 약한 듯 늘
머뭇거리는 점이 마음에 든다.

나는 책상에 있는 원고지를 들고 방을 나섰다. 다다의 사무실
에 가면 얼음을 넣은 보리차를 마실 수 있지 않을까 하는 치사한
마음도 있었다.

"이거 재밌어요. 대체 어떤 이야기가 되는 겁니까, 선생. 계속
써주세요. 이 엄마의 사촌은 무슨 말을 하는 걸까요. 다음 이야기
가 궁금합니다."

다다가 흡족하게 고쿠요 원고지에서 고개를 들었다.

"네, 쓸게요. 시간 보내는 데 그만이라는 걸 알았으니까. 다만
제목 말인데, 처음에는 에세이로 가자는 생각에 '엄마의 카레라이
스'라고 정해 버렸거든요. 그게 아쉬워요."

나는 내 글에 대하여 이야기하는 것이 좋아서 그만 공연한 말
까지 하고 말았다.

"제목 같은 거야 언제든 바꾸면 되잖아요? 내용과 상관없는 거
니까."

다다가 난폭한 말을 했다.

"뭐, 그건 그렇지만. 우리에게는 제목이 중요해요. 말하자면 작
품의 콘셉트니까."

"하하, 작가들은 까다롭기 마련이죠. 우리 같은 일반인이 훨씬

·더 자유롭지 않습니까?"

"아뇨, 그런 문제가 아닙니다. 역시 제목에 따라 작품의 톤이
달라지거든요."

나는 정색을 하고 있었다. 한낱 '작문'일 뿐인데. 그걸 의식하고
이내 입을 다물자 다다가 진지한 얼굴로 부추겼다.

"그래요, 그렇군요. 과연 선생이시군. 하시는 말씀부터가 다르
군요."

"아뇨, 그런 건."

"작가 선생은 생각이 다르죠. 이거 제가 한 방 맞았군요."

"그렇게 말씀하실 만한 문제는 아니죠."

"아뇨, 고작 제목, 하지만 역시 제목이죠."

나는 부끄러워 고개를 숙였다. 이전의 나라면 다다의 태도에
또 화를 냈을 것이다. 나는 회유되고 있었다.

하지만 다다는 나의 변화를 알아채지 못하는 모습으로, 다 읽
은 원고지를 가지런히 정리하여 나에게 돌려주었다.

"선생, 달콤한 음료라도 한잔 드시겠어요? 냉장고에 코카콜라
제로가 있어요. 아니면 보리차로 할까요?"

내 마음은 유혹에 약했다.

"코카콜라 제로를."

갈라진 목소리로 부탁한 순간 다다가 승리한 듯한 표정을 지었
지만 나는 무시했다.

금욕생활을 겨우 2주 했을 뿐인데 시원하고 달콤한 음료수에

주려 있었다. 하지만 뭐 어떤가. 나는 스스로 수치스러워 할 만한 기력도 잃은 상태였다.

매점에 과자류가 있으므로 초콜릿처럼 단 것을 살 수 있다. 하지만 콜라나 주스, 맥주 따위는 팔지 않는다. 목이 마르면 방에 있는 수도에서 짠물 냄새와 흙내가 나는 미지근한 물을 마시는 수밖에 없다. 날이 더워지면 수돗물도 온수로 변한다는 것을 알고 있었다.

아키미가 진지하기 짝이 없는 얼굴로 코카콜라 로고가 찍힌 콜라 전용 잔 두 개를 가져왔다. 갈색 액체 속에 얼음이 여러 개 떠 있다. 쉭쉭 하고 기포 터지는 소리도 들린다. 콜라다.

"드시죠, 선생."

다다가 권하자마자 나는 빨대의 비닐을 서둘러 벗기고 갈색 액체에 꽂았다. 소리도 내지 않고 달콤한 액체를 빨아들인다. 미세한 기포가 목을 자극하고 인공적 감미가 온몸에 스며들며 퍼진다. 지금까지 살면서 콜라가 이토록 맛있다고 느낀 적은 없었다. 트림을 하자 다다가 웃었다.

"맛있죠? 그렇겠죠, 요양소에서는 금지된 거니까."

나는 고개를 끄덕일 여유도 없이 후딱 마셔 버리고 얼음을 이로 깨물었다. 얼음도 수돗물을 얼린 게 아니어서 달고 맛있다.

"괜찮으시면 이것도 드시겠어요?"

"고맙습니다."

나를 납치하여 감금하고 내 작업을 비방하며 인권을 유린하는 용서할 수 없는 인간에게 나는 '고맙습니다'라고 말하고 말았다. 참담한 마음을 씻어내려는 듯이 나는 다다 몫까지 말 그대로 탐욕스럽게 마셨다.

온몸에 스며든 감미가 이번에는 세포 하나하나에까지 침투하는 듯한 쾌감을 느꼈다. 코카콜라 제로 두 잔으로 나는 영혼을 팔아치웠다.

"선생, '카레라이스'의 누나와 남동생은 앞으로 어떻게 되는 거죠? 고생이 심하겠죠? 하지만 이거, 선생 이야기는 아니죠? 왜냐하면 동생분은 W대 출신이잖아요. 장학금을 받은 적도 없고."

다다가 거침없이 말했다. 내 주변을 조사했을 거라고는 생각했지만, 이렇게 입길에 오르니 동생이 걱정되었다.

"물론 픽션입니다. 엄마도 생존해 있고."

"그렇죠, 선생 어머니가 변기에 기댄 채 돌아가셨다면 너무 비극적이니까요."

다다는 웃으며 말했다. 그가 요구하는 대로 '작문'을 하며 지내려고 마음먹었던 나는 조금 언짢아졌다.

"더 재미있게 써주세요, 선생. 그럼 또 상을 드리죠. 이번에는 하겐다즈로 할까요? 아니면 선생은 술을 하시는 분이니 차가운 맥주라든가."

아차 싶었다. 나리타 린이치도 이렇게 금지된 물건에 낚여서 다다의 졸개가 된 것은 아닐까 하는 생각이 들었다. 그러나 나도 굴복해 가고 있다. 여하튼 여기 시치후쿠진하마를 떠나고 싶어 견딜 수 없었다.

"알겠어요. 써보죠."

얌전하게 대답했다.

"뭐 원하시는 건 없습니까, 선생? 그래요, 자료 같은 게 필요하지 않습니까? 자료나 문헌이라면 준비해 드리겠습니다."

자료나 문헌 좋아하시네. 어차피 무능한 편집자처럼 인터넷 기사를 출력해서 내주는 정도겠지.

"그럼 전자사전을 부탁할 수 있을까요?"

"전자사전?" 뜻밖이었는지 다다가 엉뚱한 목소리로 말했다. "그건 좀 힘들겠군요. 평범한 국어사전이라도 괜찮다면 빌려드리겠습니다."

"그럼 그걸로 하죠. 빌려주세요."

"알겠습니다. 하지만 여러 사람이 사용하는 거니까 여백에 필기 같은 걸 하진 마세요. 발견되면 즉시 감점입니다."

감점이라는 말처럼 무서운 것은 없다. 나는 움찔하며 위축되었다.

"물론이죠, 주의하겠습니다."

내가 직립부동 자세로 약속하자 다다가 사무실을 향해 소리쳤다.

"어이, 마쓰 선생 돌아가신다. 누가 좀 바래다드려. 국어사전도 빌려드리고."

"예!" 하는 아키미의 목소리가 들렸다.

사무실로 가자 아키미가 무표정하게 산세이도 국어사전을 건네주었다. 손때가 타서 닳을 대로 닳은 사전이었다. 요즘 시대에 국어사전이라니, 하고 생각했지만 책 형상이라는 것이 무엇보다 반가워서 나는 묵직한 사전을 가만히 품에 안았다.

방까지 데려다 준 사람은 히가시모리였다. 아키미가 아니어서 안심했다.

"목욕 말인데, 지금까지는 석식 후에 했지만, 청소가 힘들어서 이제부터는 석식 전부터 수시로 하게 되었습니다. 지금 하시겠어요?"

"네, 부탁합니다."

석식 전은 배가 고파 힘든 시간대여서 기분을 달래는 것이 큰일이었다. 목욕을 할 수 있다면 더할 나위가 없겠다. 청소가 힘들다니, 가니에와 아키미가 장시간 근무에 불평을 한 걸까?

나는 국어사전과 돌려받은 원고지를 책상에 놓고 갈아입을 옷 따위를 챙겨서 복도로 나섰다. 지금까지는 석식 전에 목욕한 적이 없어서 상황이 어떤지 알 수 없으므로 스마트폰은 가지고 나오지 않았다.

"30분 후에 데리러 올 테니까 그때까지 목욕을 끝내고 문 건너편에서 대기해 주세요."

히가시모리가 그렇게 말하고 나를 혼자 있게 해 주었다. 문득 보니 세탁기 뒤쪽 콘센트가 비어 있는 게 아닌가. 지난번 목욕 때까지는 콘덴서 같은 것이 꽂혀 있었고, 두려워서 뽑을 수 없었지만 오늘은 아무것도 없었다. 나는 스마트폰을 가져오지 않은 것을 후회했다. 하지만 이것도 함정인지 모른다고 생각하고 오히려 안도했다. 감점을 면할 수 있으니까. 마음이 한없이 위축되어 있었다.

30분 동안 몸을 씻고 머리를 감고 속옷도 빨아야 하므로 시간이 없다. 나는 허겁지겁 몸을 씻고 욕조에 들어갔다. 문득 위를 올려다보니 채광창에 또 스마일 마크가 그려져 있었다. 그린 지 얼마 지나지 않았는지 선이 또렷하다. 하지만 왠지 평범한 스마일 마크와 다른 것 같아서 나는 욕조 테두리에 올라가 자세히 보았다. 눈이 단순한 점이 아니라 '3'처럼 보였다.

더운 김에 곧 지워질 '3'이 무엇을 의미하는지 이해하지 못한 채 나는 목욕을 마쳤다. 누군가 뭔가를 전하려고 한다는 것은 알 수 있었지만, 어떻게든 탈 없이 요양소를 나가고 싶은 나는 무시할 수밖에 없겠다고 생각했다.

정확히 30분 뒤 이번에는 가니에가 데리러 왔다. 가니에는 탈의장과 목욕실을 힐끗 쳐다보았다.

"오, 오늘은 스마일 그림이네."

가니에가 사투리가 살짝 섞인 말투로 말했다. 알고 있었단 말인가. 놀라서 창문을 올려다보았다.

"아, 저거." 작은 소리로 시치미를 뗐다.

"그래, 늘 뭔가가 그려져 있어서 오늘은 또 뭘까 하고 확인하는 게 낙이지. 암호 같은 게 그려져 있으면 그냥 둘 수 없잖아."

가니에가 빠진 이를 드러내며 웃는다. 그 암호를 기대하던 나는 얼른 시선을 피했다.

"그런데 당신, 오늘부터는 석식 전에 목욕하게 되었나?"

가니에는 내 뒤를 걸으며 물었다. 고개를 끄덕이자 가니에가 말했다.

"당신은 감점도 빠르더니 복권도 빠르네."

복권이라니, 나는 전속작가가 되어 콜라를 얻어 마신 떳떳치 못함을 긴 탄식으로 얼버무렸다. 채광창의 암호도 이제 나에게는 의미가 없다. 이렇게 기대를 하나씩 지워가게 되는 걸까.

방으로 돌아오니 쓰레기통이 비워져 있었다. 안에는 쓰다 버린 원고지가 몇 장 버려져 있었을 텐데. 폐기한 원고지도 점검할 모양이다.

나는 문득 걱정이 되어 베개 밑을 더듬어 보았다. 동생과 친구들의 전화번호를 적어둔 메모는 무사히 남아 있었다. 다시 베개 밑에 넣어두려는데 메밀껍질 몇 알이 흩어져 있는 것이 보였다. 베개 솔기가 조금 뜯어져 거기서 새어나온 듯했다.

솔기를 손끝으로 더듬어 벌리고 메모를 그 속에 집어넣었다. 그러자 바스락 하고 뭔가가 손가락 끝에 만져졌다. 아무래도 종잇조각 같았다. 천장에 설치되어 있을 감시카메라에 찍히지 않도록 몸으로 가리며 종잇조각을 슬쩍 빼내어 손 안에 감췄다.

화장실에 들어가 종잇조각을 보았다. 고쿠요 원고지를 4분의 1

로 자른 종잇조각을 더 작게 접어놓았다. 펼치자 앞과 뒤에 작은 글자가 빼곡히 적혀 있었다.

'이것은 유서입니다'라는 글머리에 소름이 돋았다.

4

이것은 유서입니다.

이 종잇조각을 발견하고 읽고 있는 당신은 조금도 놀라지 않을 줄 압니다. 오히려 자신도 유서를 쓰는 처지가 될지 모른다고 미래를 상상하지 않을까 짐작해 봅니다.

'유서'라는 글자를 보고 충격을 받았다면 당신은 여기 온 지 얼마 되지 않아 아직 환상을 품고 있는 사람일 겁니다.

어쨌거나 당신이 나의 다음, 혹은 다다음으로 이 방에 수감된 사람이고, 그들에게 들키지 않고 이걸 읽고 있다면 내가 죽은 최소한의 보람은 찾은 셈입니다.

당신도 뭔가를 쓰는 사람일까요?

어떤 일을 하고 무슨 이유로 여기에 왔는지 알 수 없지만, 이승에서는 절대로 대면할 일이 없는 당신을, 어쨌거나 시치후쿠진하마 요양소에 오신 것을 환영합니다, 라고 먼저 환영의 인사를 드립니다.

나는 이 요양소에서 206일간 지냈습니다. 알고 싶지도 않은 것을 많이 알아야 하는 시간이었습니다. 가령 저들의 성격이나 취향, 지능 그리고 상호관계 따위 말입니다.

미리 말해두지만 저들의 상호관계에 관한 생각은 나의 망상에 지나지 않습니다. 증거가 있는 것은 아닙니다. 그러나 저들의 인간성에 관한 관찰은 거의 틀림이 없다고 장담할 수 있습니다. 그 근거는 나의 작가적 재능이라고 생각해 주십시오.

물론 믿든 안 믿든 상관없습니다만, 적어도 후배에게 남기는 선물로, 그리고 당신이 여전히 품고 있을지 모를 환상을 깨뜨리기 위해서라도 내가 아는 바를 삼가 전해 드리고 저승으로 가고 싶습니다.

당신이 나와 마찬가지로 이승에서 사라지고 싶다면 이 종잇조각을 메밀껍질 베게 속에 다시 숨겨 주십시오. 물론 당신이 몇 마디 덧붙여도 좋습니다.

압수되면 그만이지만, 징벌은 물론 당신이 받게 됩니다. 징벌이 두려워도 부디 버리지는 말아 주십시오. 나라는 존재의 산 증거니까요.

이미 눈치 채셨으리라 봅니다만 이곳은 요양소라는 이름의 감옥입니다. 아니, 감옥이라면 형기를 마치면 출소할 수 있지만, 여기는 다릅니다.

시치후쿠진하마 요양소에 수감된 사람은 다시는 사회로 나갈 수 없습니다.

그것을 명심해 두십시오. 안 그러면 언젠가는 나갈 수 있다는 환상에 휘둘려 진실을 볼 수 없게 됩니다.

당신은 지금 '감점'이라 불리는 기간 연장을 무서워하며 지내고 있지 않습니까? 나도 그랬습니다. 순종하는 태도를 보이고 아무하고도 말을 하지 않고 허기를 참아내고 시키는 대로 보잘 것 없는 잡문을 쓰고 자기 행동을 칭칭 묶어 놓고 시간을 보냈습니다. 노예보다 못한 생활이었습니다.

그러나 분명히 말씀드립니다. 감점 따위 전혀 걱정할 필요가 없다고 말입니다.

당신이 아무리 규칙을 준수하는 착한 학생이 되어도, 어리석은 작문을 계속해도 그들에게 무엇을 해 주어도 기간 연장은 영원히 계속됩니다. 혹은, 그 기간이 줄어들지는 않습니다.

따라서 당신은 다시는 사회에 나갈 수 없습니다.

나가기는커녕 시키는 대로 쓴 당신의 하찮은 '이야기'를 저들은 교정의 증거로 출판사에 넘겨줄 겁니다. 그리고 편집자들과 함께 웃음거리로 삼거나 장차 협박의 수단으로 삼을 겁니다. 즉 그 잡문이 당신이 쓴 걸작으로 내세워지고 대표작이 되고 마는 일도 얼마든지 가능합니다.

참고로 나는 소설가였습니다. 과거형으로 말하는 까닭은 나도 이제 곧 세상을 떠나 소설을 쓰는 일은 없을 터이기 때문입니다.

나는 주로 역사소설을 썼습니다. 작업 속도도 늦고 과작으로 유명하다고 하지만, 양심에 거리끼는 일은 해본 적이 없다고 자부합니다.

　그런 내가 설마 '선주민족_{일본 북부의 소수민족인 아이누족을 가리키는 말}에 대한 차별'이라는 오명을 뒤집어쓰고 소환될 줄은 꿈에도 몰랐습니다. 그것도 독자의 고발이 있었기 때문이라고 해서 큰 충격을 받았습니다.

　고발 내용은 내가 쓴 『순례』라는 장편에서 선주민족에 대한 멸칭이 수십 군데나 쓰인 데다 '그런 열등한 놈들은 싹 쓸어버렸어야 했어'라는 차별적 대사가 있었다는 것입니다.

　나는 소설 작품 속에서 멸칭이나 차별적 언사를 지껄이는 인종 차별적 인간을 그렸던 것일 뿐 나 자신은 차별 의식이 전혀 없으며, 그 인물은 줄거리 전개상 필요했다고 해명했지만 저들에게는 통하지 않았습니다.

　소설 따위는 전혀 읽지 않는 탓에 상상력을 다듬을 일이 없던, 또 상상력을 필요로 하지 않을 정도로 둔감한 자들이 미리 정해진 잣대를 들이대며 작품을 재단하고 있기 때문입니다.

　더구나 도서관에 있는 나의 데이터베이스에는 하필 그 차별적 인물이 등장하는 구절밖에 나오지 않는다고 합니다. 줄거리와 전후 맥락을 무시하고 그 대목만을 끄집어내면 소설은 '차별적인 말'을 나열한 의미 없는 문장이 됩니다. 그리하여 나에게 인종 차별 작가라는 딱지가 붙여진 겁니다. 무섭지 않습니까?

거국적이라고 해도 좋을 악의를 느끼고 당연히 저들에게 저항했지만 받아들여지지 않았습니다.

그들은 작가라는 표현자들, 특히 사회적 상식과 동떨어진 작품을 쓰려고 하는 작가들을 섬멸하려고 합니다. 물론 데이터베이스를 만드는 사람들도 저들에게 동조하고 있습니다. 그들이 노리는 것은 정부 말을 잘 듣는 우민을 대량생산하는 것이겠지요.

경기가 활황이라고 좋아하고 타민족보다 우수하다고 자위하는 동안 시치후쿠진하마에서는 작가들을 섬멸하는 작업이 이루어지고 있는 것입니다. 이런 주장을 하면 '허풍쟁이 피해망상증 환자'라고 비웃음을 살 게 뻔합니다. 그 정도로 이들의 범죄는 은폐되어 있습니다.

나는 어떻게든 여기를 탈출하여 시치후쿠진하마의 비인도성을 폭로하고자 힘겹게 싸워왔지만, 탈출할 가망이 없다는 것을 알게 되었습니다.

나는 48세입니다. 아직도 20년 이상 남은 인생을 이런 곳에서 지내야 한다면, 그리고 우둔한 저들의 얼굴을 보며 살아야 한다면 차라리 죽어 버리는 게 낫다는 결론에 도달했습니다.

나는 내일이나 모레, 기회를 봐서 절벽에서 뛰어내릴 겁니다. 다만 210일이 더 의미가 있는 것 같아 아마도 나흘 뒤 결행하게 될 겁니다.

상상력 풍부한 작가인 당신, 행여 눈물 따위는 홀리지 말아 주세요. 이 종잇조각을 읽고 있는 당신도 조만간 절망하여 같은 생각을 품게 될 테니까요.

마지막으로, 저들의 비밀이나 성격을 밝혀 둡니다.

그러나 앞에서도 썼듯이 이는 나의 개인적 망상이며 근거가 있는 것은 아닙니다. 하지만 나는 나의 뇌 속에만 존재하는 세계에서 저들을 내 마음대로 움직여 보고 싶어요. 그리고 비웃어 주고 싶습니다. 나의 마지막 여흥을 함께해 주십시오.

그럼 시작할까요.

우선, 정신과의사 소마 여사를 조심해야 합니다.

나는 소마를 '시치후쿠진하마의 멩겔레'라고 부릅니다.

요제프 멩겔레는 잘 아시겠지만 아우슈비츠에서 근무한 여의사입니다. 잔혹한 인체 실험을 거듭한 우생사상 신봉자라는 것은 잘 알려져 있지만, 소마가 닮았다고 여겨지는 대목은 그 사상이 아닙니다.

소마는 정신과의사이긴 하지만 원래는 뇌 과학자였다고 하는데, 멩겔레와 닮은 지점은 그녀도 '선별'을 한다는 것입니다. 멩겔레는 유대인을 실은 열차가 아우슈비츠에 도착하면 오페라 아리아를 흥얼거리며 가스실에 보낼 사람과 살려둘 사람을 즉석에서 선별했다고 합니다.

소마는 흥미가 끌리는 수용자를 선별하여 치료하고 싶어 한다는 소문이 있습니다. 그녀가 왜 그러는지, 무엇을 하고 싶어 하는지는 아무도 모릅니다. 아마 치료가 아니라 연구일 겁니다. 왜냐하면 소마의 지론에 따르면 문학은 곧 광기이기 때문입니다.

광기는 흥기가 된다고 생각하는 인간이 있지만, 그런 사람이 과학자라면 어떻게 될까요?

소마에게 선별된 사람은 지하 2층으로 끌려가 평생 햇빛을 볼 수 없게 된다고 합니다. 시치후쿠진하마 요양소는 오랫동안 결핵요양소로 쓰였기 때문에 지하 1층에는 뢴트겐실이나 MRI를 찍는 방이 모여 있고 지하 2층은 사체 안치소나 치료 가망이 없는 환자를 가둬두던 방들이 있다더군요. 지하 2층은 위쪽의 다른 층과는 다른 세계로, 난동을 부리면 지하 2층으로 끌려가 협박을 당한다고 합니다.

붙임성이 좋은 소마는 얼핏 친절해 보여서 어느새 마음을 터놓기가 쉽지만, 선별된 대상자에게는 무슨 짓을 해도 좋다고 믿는 자이므로 그 잔학성은 유례를 찾기 힘들 겁니다. 작가에게는 매력적인 인물이죠.

소장 다다는 이 소마 여사와 견원지간입니다. 다다는 아무런 신념도 지성도 없는 근육질 바보이고, 소마도 그걸 알고 얕보고 있습니다.

한편 다다는 상부의 지시를 수행할 생각밖에 없어서, 소마의 선별이 자기 업무에 방해가 된다고 생각합니다. 그러므로 두 사람은 적대적 관계에 있다고 해도 과언이 아닙니다.

내가 보는 바로는, 다다는 아키미와 은밀한 관계를 가지고 있는 것 같습니다. 전에 다다와 아키미가 눈짓을 나눈 뒤 침구 창고로 사라지는 것을 목격한 적이 있습니다.

연애 경험이 별로 없어 보이는 아키미는 이 관계를 진지하게 받아들이는 모양입니다. 그래서 종종 처자식이 있는 다다를 원망하는 듯한 모습을 보여줍니다. 가령 다다는 주말마다 미토 시에 있는 집으로 돌아가는데, 그때만 되면 아키미가 정서불안을 드러내는 것이 볼만합니다. 엉뚱한 말을 지껄이고 때로는 밀고를 하기도 합니다.

아키미의 백모 가니에는 얼핏 주방에서 일하는 시골 아줌마처럼 보이지만, 실은 숨은 실력자입니다. 그녀야말로 공안경찰이라는 소문도 있습니다.

가니에는 아키미와 다다의 관계를 알고 있고 아키미에게 몇 번 주의도 주었습니다. 하지만 아키미가 받아들이지 않자 다다를 좌천시키려고 애쓰고 있습니다. 가니에도 소마를 싫어하는 것 같습니다.

니시모리는 자기 자신을 몹시 사랑하는 슈퍼 나르시스트

이고 인정을 모르는 사디스트입니다. 그에게 미움을 사면 혹독한 일을 당하게 되니까 조심하는 게 좋을 겁니다. 여자를 몹시 밝혀서 휴일이 되면 근처 성인업소에 갑니다.

전에 요양소에 젊은 여성 작가가 있었는데, 니시모리에게 강간당했다는 소문이 있습니다. 그 뒤로 그녀를 보지 못했습니다. 절벽에서 밀어 버렸는지도 모릅니다.

히가시모리는 소심하고 친절하지만 취향이 최악입니다. 니시모리를 깊이 동경합니다. 잡무를 담당하는 오치가 니시모리의 총애를 받는 것은 아닌가 하는 질투심에 시달리는 것 같습니다. 정작 니시모리는 여자를 좋아하므로 히가시모리의 질투는 헛다리를 짚은 것이지만, 히가시모리는 그것도 알아채지 못할 만큼 둔감한 남자입니다.

오치는 무엇을 위해 이곳에 있는지 알 수 없는 인물로, 일하는 것을 죽도록 싫어하는 거칠고 게으른 자처럼 보이지만, 종종 지성을 느끼게 합니다. 가장 수수께끼가 많은 인물입니다. 나라면 오치를 숨어 있는 작가로 다듬어내고 싶을 정도입니다.

경비원은 종종 교체되므로 뭔가를 시도하는 데는 가장 어울리는 대상인지 모르지만, 현재까지 성공한 사람은 없는 것 같고, 매력적인 인물도 보이지 않습니다.

이것으로 여흥을 마치겠습니다.

그럼 건투를 빕니다.

굿바이(다자이 오사무 스타일로「굿바이」는 다자이 오사무의 미완의 유작. 바람둥이 주인공이 새 삶을 살기로 작정하고 연인들에게 '굿바이'를 고하는 과정을 그린 익살스러운 단편이다).

스고우 시즈카

스고우 시즈카. 서명을 읽은 나는 동생의 말을 떠올리며 경악했다.

'요즘 작가들이 잇달아 자살하고 있다는 거야. 가령 아오토 야스하루가 작년에 갑자기 죽었잖아. 그 뒤 스고우 시즈카라는 작가도 있었고. 그 사람도 죽었어. 그리고 예순이 넘긴 했지만 모리야마 나오키도. 비교적 갑자기 자살하는 사람이 많다는 얘기 못 들었어?'

스고우 시즈카는 '갑자기' 죽은 게 아니라 이곳에 끌려와 210일이 되는 날 절벽에서 투신한 것이었다. 아무리 절망한다고 해도 내게는 아직 그런 용기가 없다. 아니, 아직 절망의 양이 부족한지도 모른다.

스고우의 작품은 한 권도 읽어보지 못했다. 그녀는 국문학자로, 호쿠리쿠 쪽에 있는 단기대학에서 교편을 잡으며 소설을 썼다. 과작이지만 훌륭한 작품이라는 소문을 들었다. 스고우에 관한 나의 정보는 그 정도에 불과했다. '유서'를 읽자 흥미가 솟았지만 이곳에서는 그의 작품을 읽을 수 없다.

나는 바보였는지도 모른다.

저들의 태도가 정중해지자 대우가 좋아졌다고 믿었다. 다다에게 얼음 넣은 콜라를 얻어 마시고 식사도 거르는 일이 없으며 목욕도 식사 전에 할 수 있게 되었다. 재미난 글을 써서 국어사전도 빌릴 수 있었다.

이런 식으로 '착한 학생'처럼 생활하다 보면 언젠가는 이곳을 나갈 수 있다고 기대했던 만큼 스고우의 '유서'는 충격이었다.

그럼 나리타 린이치는 어떻게 나갈 수 있었을까. 나리타가 나갈 수 있었다면 방법이 없지 않겠다 싶었는데, 이게 미련이라는 건가.

혹시 나리타는 공작원일까? A45도 그를 의심했고, 파티에서 '청원서'에 대해 물었을 때 '그냥 내다 버리세요'라고 했던 것을 떠올리니 그럴지도 모른다는 생각이 들었다.

"B98, 볼일을 너무 오래 보네?"

변기에 앉아 생각에 잠겨 있던 나는 불쑥 들려온 아키미의 목소리에 벌떡 일어섰다. 아키미는 노크를 해도 대답이 없자 멋대로 방에 들어온 듯했다.

나는 반사적으로 물 내리는 레버를 눌렀다. 물 쏟아지는 소리에 맞춰 변명했다.

"미안해요, 변비가 있어서."

설사라고 하면 식사를 거르게 할지 모른다. 순간적인 판단이었다.

"괜찮아?"

건성으로 질문한 뒤 목소리가 뚝 끊겼다. 아키미는 방 안을 살펴보고 있는 게 분명하다. 나는 얼른 스고우의 '유서'를 작게 접어 제복 주머니에 넣었다. 들키면 어쩌나 초조해하며 화장실 안을 둘러보았지만 달리 숨길 만한 곳이 없었다.

"지금 나가요."

손 씻는 소리를 요란하게 내고 나서 화장실 문을 열었다. 역시 아키미는 책상 앞에서 원고지를 들여다보고 있었다.

"다음 원고는 어떻게 됐어?"

아키미는 집필 중인 '엄마의 카레라이스' 원고를 가리켰다.

"아직 정하지 않았어요."

"그걸 정하지 않고도 쓸 수 있나?"

"쓸 수 있을 때도 있고 못 쓸 때도 있어요."

"정말?"

아키미는 이번에는 지저분한 국어사전을 집어 들고 마치 뭐라도 끼워져 있지 않은지 찾는 것처럼 페이지를 팔랑팔랑 넘겼다. 얇고 매끄럽고 질긴 종이의 감촉을 상상하며 나는 오로지 주머니 속 종잇조각이 발각되지 않기만 바라고 있었다. 발각될 상황이 닥치면 이 두텁게 접힌 종잇조각을 삼켜버릴 수 있을까? 고쿠요 원고지니까 아마 힘들겠지.

"꼴리는 대로구만, 당신들 하는 일이란 거."

아키미는 비웃는 듯이 내뱉고 사전을 책상 위에 던지듯이 내려놓았다.

"정말 그러네요."

나는 실실 웃으며 대답하고 스고우의 '유서'에 적혀 있던 내용을 떠올리며 아키미의 얼굴을 쳐다보았다.

아키미는 소장 다다와 내연관계에 있다. 스고우는 망상이라고 적어 놓았지만 의외로 사실인지 모른다. 아키미의 하관이 붉거진 젊은 얼굴에는 뜻대로 풀리지 않는다는 초조감과 감미로운 동경 같은 것이 어른거리는 듯하여 안정감이 없어 보인다. 이것은 몰래 하는 연애 때문이 아닐까.

"그래도 다다 씨가 칭찬해 주어서 기뻤어요."

마음먹고 다다라는 이름을 끄집어내자 아키미의 눈가가 한순간 풀어지는 것처럼 보였다.

스고우의 내밀한 즐거움을 내가 잇게 되려나. 그렇게 생각하는 순간 아키미가 나의 망상을 쳐내듯이 노성을 질렀다.

"식사라고! 데리러 왔는데 왜 나오지 않는 거야."

쑥스러운가? 아키미의 반응에 즐거움이 배가된다.

"미안해요."

나의 태도에서 뭔가 변화를 느꼈는지 아키미가 의아해하는 표정이 되었다. 아키미는 의외로 예민하니까 더 재미있게 갖고 놀 수 있을지 모른다. 이전이었으면 무엇을 해도 위험하다고 생각했겠지만, 어차피 못 나갈 거라면 이곳 생활을 즐기는 수밖에 없다.

석식은 정체 모를 생선조림과 곰팡이가 피어 있을 법한 시든

토마토, 언제나처럼 브로콜리 두 조각, 맑은 국물과 된장이 선명하게 층을 이룬 싱거운 된장국이었다. 된장국 건더기는 시금치와 얇은 유부인데, 시금치는 아주 조금뿐이고 유부는 몇 밀리미터 두께로 얇게 저민 것이 몇 장 들어 있었다. 이렇게 인색하니 비용도 상당히 절약할 수 있을 것이다.

생선은 살이 조금 퍽퍽한데 대구와 비슷했고 암모니아 냄새가 났다. 어느 추운 나라의 심해에서 잡힌 생선일 거라는 짐작밖에 할 수 없었지만, 중요한 단백질원이니 눈 딱 감고 입에 넣었다.

급사 역할을 하는 오치가 옆에서 얼쩡거리고 있었다. 스고우는 오치에 대해 '종종 지성을 느끼게 합니다'라고 썼지만, 아무리 관찰해 봐도 전혀 그런 모습은 찾을 수 없었다.

변함없이 닿기만 해도 세균을 옮길 것 같은 불결한 앞치마를 두르고 있고 매일 똑같은 티셔츠와 반바지라는 추레한 차림이다.

지성은 무슨, 하며 곁눈질로 훔쳐보는 나와 오치의 눈이 마주쳤다. 호통을 치려나 했는데 오치가 슬쩍 눈길을 피한다.

식사가 끝났다는 뜻으로 오른손을 들었다. 아무래도 나를 방으로 데려갈 사람은 오치인 듯했다.

"그쪽은 몇 살?"

나는 복도에서 오치에게 말을 걸어 보았다. 어차피 못 나갈 거라면 감점을 당해도 매한가지였다.

"입 다물고 걸어."

거친 말투와 초조감을 감추지 못하는 태도. 여차하면 폭력을 휘두르는 인물임을 알면서도 나는 자못 과감한 행동을 취했다. 스고우의 '유서'가 나를 그리 하도록 부추기고 있었다. 이내 그것이 파멸충동이라는 사실을 알아차렸을 때는 흠칫해서 멈춰 섰다.

스고우의 '유서'는 과연 진짜일까, 하는 의심이 들었던 것이다. 함정이면 어쩌지? 감점만 쌓이지 않을까. 나는 혼란에 빠져 우두커니 서 있었다.

"뭐해, 빨리 걸어."

"미안해요."

"말하지 말라니까. 내가 야단맞는다고."

"미안해요."

"당신 바보야?"

오치는 말만 난폭할 뿐 때리려고 하지는 않았다. 안심한 나는 다시 계단을 올라가다 말고 뒤를 돌아다보았다.

"왜 존댓말을 쓰지 않죠? 나이도 어린 사람이 무례하잖아요?"

오치가 멈춰 서서 불쾌한 듯이 내 얼굴을 쳐다보았다.

"왜 갑자기 말을 걸지? 기분 뭣 같네. 욕구불만인가?"

나는 용감하게 말했다.

"욕구불만이면 어쩔래요?"

"아, 기분 뭣 같네."

같은 말을 반복한 오치는 내 다리를 뒤에서 걸어찼다. 가볍게 찼을 뿐이지만 발끝이 아킬레스를 스쳤다. 나는 아파서 주저앉을 뻔했다.

"아프잖아요!"

화를 내며 항의하자 "빨리 가" 하고 정색을 한다. "카메라에 다 찍힌다고, 바보야. 이러면 나까지 감점 당해."

내가 방에 들어가자 오치는 화가 나 못 견디겠다는 듯이 난폭하게 문을 닫았다.

오치가 멀어진 것을 확인하자 나는 화장실에 들어가 스고우의 '유서'를 주머니에서 꺼내 손안에 감추었다.

그리고 침대를 정돈하는 척하며 베개 속에 다시 넣어두었다. 뜯어진 구멍이 커져서 메밀껍질이 계속 쏟아지고 있다. 이러다 들키는 것은 아닌지 걱정되었다. 어디든 더 나은 자리를 찾아 감춰야 하는데, 이 방에 감출 장소가 있기나 할까.

불이 꺼지기 전까지 '엄마의 카레라이스' 원고를 썼다.

엄마의 사촌은 엄마와 전혀 닮지 않았지만, 우리 오누이는 혈연이라는 것에 주려 있었기 때문에 친척으로서 뭐든 말해 주는 사람이 있다는 사실이 고마웠다.

"너희들, 성급하네. 왜 그렇게 서두르지?"

엄마의 사촌은 경박하게 말했다. 그녀의 이름이 하루미라는 것은 나중에 알았다. 나이는 쉰 살이 될까 말까 했다.

"돈이 없는걸요. 일하는 수밖에 없어요."

나는 울음이 터질 것 같았다.

"들어 봐." 하루미가 타이르는 듯이 우리에게 말했다.

"야간제 고교도 있으니까 일을 하면서라도 고등학교는 졸업해야 해. 나중에 고생한다, 너희들."

외숙모는 하루미의 말이 옳다는 듯이 고개를 끄덕이며 듣고 있었지만, 벌써 관심이 사라졌는지 스마트폰을 힐끔거렸다.

"어떡하면 좋을까요. 예금도 이것밖에 없는데."

나는 다시 통장을 보여주었다.

"같이 생각해 보자. 절대로 포기하면 안 돼. 이런저런 방법이 있을 테니까."

하루미가 친절하게 말해 주어서 우리 오누이는 든든했다. 어른이 그렇게 말해 준 것만으로도 어떻게든 되겠다는 기분이 들어 기뻤다.

외숙모는 노골적으로 지루해했다. 그녀는 손수건의 화려한 무늬를 내려다보는 척하다 슬쩍 손수건을 치우고 예쁘게 네일아트를 한 손톱을 살펴보거나 하품을 참느라 애쓰고 있었다.

"내가 잘 얘기할게요."

하루미가 보다 못해 외숙모를 풀어주었다. 외숙모는 안도한 표정으로 일어섰다.

"그럼 나는 먼저 실례할게. 두 사람 모두 힘내. 뭔가 좋은 일이 있을 테니까."

'좋은 일'은 보험금이 나온다는 말일까, 하고 한순간 떠올렸지만, 그런 생각을 하는 자신이 부끄러워 나는 고개를 숙였다. 숙부 보험금을 조금이라도 좋으니 나눠주었으면 좋겠다. 그런 치사한 마음이 스스로도 싫었다. 하지만 우리들만 손해를 보고 슬픔과 가난을 견뎌야 하는 것은 불합리한 일이라는 생각밖에 들지 않았다.

"너희들, 우리 집으로 와. 같이 살자. 낡은 연립주택이지만 어떻게든 되겠지, 뭐."

나는 놀라서 반사적으로 동생 얼굴을 보았다. 아무리 엄마의 사촌이라지만 하루미와 함께 사는 것은 힘들지 않을까. 거절하려고 했지만 하루미는 고개를 저었다.

"싫은 건 알지만, 먹고산다는 게 그렇게 쉬운 게 아냐. 금방 집세도 못 내게 될 걸. 조금 좁지만 우리 집으로 와. 그래서 독립할 때까지 참고 지내면 되잖아. 너희 기분은 알아. 돈도 걱정일 테고 엄마가 돌아가셔서 무섭고 쓸쓸하지? 나도 혼자 사니까 외로워. 너희 같은 자식이 있었으면 했어. 앞으로는 서로 가족이다 여기고 힘내자."

하루미에게 설득당하는 모습으로 나와 동생은 하루미 집에 신세지기로 결정했다. 아무튼 고교를 졸업할 때까지는 어떻게든 견뎌내고 나중에 취업하면 하루미에게 은혜를 갚자고 생각했다.

그런데 하루미가 엄마의 저금통장을 들고 집을 나가 버렸다.

어느 날 하루미의 집으로 이사하는 일을 상의하려고 찾아가보니 하루미는 가재도구와 함께 어디로 사라지고 없었다. 같이 살자는 제안도 단돈 50여만 엔의 예금이 탐나서 내뱉은 거짓말이었던 것이다.

곧 집세가 밀리기 시작했다. 필사적으로 아르바이트를 했지만 도저히 감당할 수 없었다. 나는 동생에게 말했다.

"지금 아빠 집으로 가자."

"가서 어쩌려고."

화가 난 동생은 질 나쁜 친구들과 어울리며 학교에 가지 않고 있었다. 우리 오누이가 뿔뿔이 흩어질 날도 멀지 않은 것 같았다.

"죽여 버리자."

나는 솔직하게 말했다. 동생이 웃었다.

"진짜? 재밌겠다."

'고등학교에 안 갈래' 하며 울상을 짓던 동생은 이미 없었다. '학교 그만두고 일 할래요'라고 씩씩하게 말하던 나도 사라졌다.

"그놈 때문에 엄마가 죽고 우리도 가난뱅이가 된 거야. 그놈을 죽이는 수밖에 없어."

"예이!" 하며 동생이 엄지와 새끼손가락을 세운 양손을 팔랑팔랑 흔들었다.

(계속)

5

이튿날 아침 조식 안내방송을 기다리는데 누가 거칠게 문을 두드렸다.

오늘은 안내방송도 없이 조식 호출인가, 하며 문으로 다가서는데 갑자기 문이 열리더니 조식 쟁반이 쑥 들어왔다. 당황해서 양손으로 받아들자 아키미가 불쾌한 얼굴을 잠깐 보이고는 아무 말 없이 돌아섰다.

시치쿠후진하마 요양소에 뭔가 사건이 일어났음을 짐작할 수 있었다. 누군가 탈출을 시도하다 잡히거나 절벽에서 투신하거나 살인사건이 일어나거나. 이런 날은 어김없이 중식을 안 준다. 모두가 벌을 받는 것이다.

경험으로 그걸 알고 있던 나는 낙담하며 조식 쟁반을 보았다. 메뉴는 나아진 게 없었다. 팩에 든 우유, 비닐봉지에 담긴 식빵 두 장, 은박지에 싼 마가린 한 개, 어떤 암탉이 이렇게 낳는지 쪼그만 삶은 계란과 작은 소금 봉지, 너무 삶아 색이 칙칙해진 브로콜리 두 조각. 그리고 축 늘어진 브로콜리를 찍어 먹으라는 것인지 조잡한 플라스틱 포크가 하나.

중식이 없을 터이므로 빵 한 장과 마가린 절반을 남겨 비닐봉지에 넣고 책상 밑 공간에 숨겼다. 브로콜리도 하나 남겼다. 계란은 참지 못하고 다 먹어 버렸다.

우유는 냉장고에서 막 꺼냈는지 팩 표면에 물방울이 맺혀 있었다. 차가운 음료는 소장실에서나 마실 수 있는 것이므로 이것도 미지근해지기 전에 다 마셔 버렸다. 이 지역에서 생산되는 듯한 맛없는 우유였지만 차가운 덕분인지 맛나게 느껴졌다.

밖에서 차량 소리가 났다. 나는 쇠파이프와 합판으로 만든 가벼운 책상을 치우고 창문을 열어 상체를 밖으로 내밀었다. 차량은 내 방에서는 보이지 않는 곳에 있는지 현관 파사드밖에 보이지 않았지만, 이윽고 덤불과 나무들 너머로 하얀 차량이 떠나는 모습이 보였다.

이 방에 들어오고 나서 차량을 보는 것은 처음이었다. 높이 자란 잡초와 나무들에 가려 도로가 보이지 않기 때문이다. 지금까지 안 보이던 것이 보였으니 차고가 높은 차량이었으리라. 구급차일까? 뭔가 특수한 차량일까? 환자나 부상자라도 나왔나? 아니면 수용자 사체라도 싣고 간 걸까?

궁리해 봐야 알 길은 없다. 나도 이곳을 나갈 때는 모두에게 점심을 굶게 하고 하얀 차량에 실려 가게 될까.

그밖에 또 뭐가 있는지 보려고 상체를 내밀고 두리번거리던 나는 이상한 기척을 느끼고 고개를 돌렸다. 비스듬히 위쪽에 있는 방에서 한 남자가 이쪽을 보고 있었다. 초로의 남자로, 머리카락이 성긴 것을 알 수 있었다. 방 위치로 보아 내가 도착한 날 나를 내려다보다가 얼른 얼굴을 감춘 남자 같았다. 왼팔에 까만 벨트의 손목시계를 차고 있는 게 보였다. 혹시 A45일까? 나는 대담하게도 손을 흔들어 보았다. 하지만 남자는 나를 내려다보고 있을 뿐 반응이 없었다.

그때 문을 노크하는 소리가 들렸다. 나는 황급히 책상을 제자리에 돌려놓고 조식 쟁반을 들고 일어섰다. 복도에 아키미가 침울한 얼굴로 서 있었다.

"식기 회수" 하고 작은 소리로 말한다.

"오늘은 점심이 없는 거죠?"

그러자 아무 말도 없이 내 가슴을 팔꿈치로 밀어 젖히려고 했다. 나는 반사적으로 그 손을 뿌리치고 말았다. 그러자 아키미는 겁먹은 것처럼 움찔하며 나를 쳐다보았다. 그 눈빛에 지금까지 본 적이 없는 것이 있었다. 두려움이다.

"조심해."

하는 말에도 박력이 없다. 나는 기세가 살았다.

"중식이 나올지 말지 정도는 일러줄 수도 있는 거 아닌가요?"

아키미는 겁을 먹은 듯 고개를 젓더니 조식 쟁반을 들고 황급히 가버렸다. 대체 무슨 일이 일어났을까. 평소와 다른 아키미의 반응이 마음에 걸렸다.

중식이 없으리라는 것을 아는 나는 기분전환 삼아 '엄마의 카레라이스' 원고를 거침없이 써나갔다.

엄마 유품 중에 틀림없이 아버지 연락처가 있을 것이다.

내가 확신한 대로 엄마는 메모장처럼 사용하던 낡은 일기장 여백에 연락처를 적어두었다. 이혼하고 직장을 바꾼 아버지는 도쿄의 주택가에 살고 있었다.

돈이 없다. 한시도 머뭇거릴 수 없게 된 나는 아버지가 사는 집을 찾아갔다. 우리를 버린 아버지도 우리처럼 가난하게 살고 있을 줄 알았는데 아버지 집은 2층 신축 건물이었다. 현관 포치에는 값비싼 승용차도 서 있었다. 이것은 우리에게 위자료를 1엔도 주지 않고 지은 집이다. 나는 아버지에 대한 원한이 사무쳤다.

마침 아버지의 재혼 상대가 승용차를 타고 외출하는 참이었다. 그녀는 내 엄마보다 훨씬 젊고 생활의 여유를 보여주는 세련된 옷차림을 하고 있었다. 반면에 엄마는 투 잡스리 잡을 뛰며 일만 하다 돌아가셨다. 옷차림에 신경 쓸 여유도 없었고 비가 오나 눈이 오나 자전거를 타고 일터로 나갔다. 엄마가 너무 불쌍해서 나는 그 여자까지 증오하게 되었다.

그 여자와 자리바꿈하듯이 초등학교 고학년으로 보이는 여자애가 귀가했다. 연보랏빛 란도셀을 메고 귀여운 레슨 가방을 들고 자기 열쇠로 문을 열고 집 안으로 들어갔다.

나의 배다른 자매일 텐데 여자애는 모친을 닮았는지 예쁘고 행복해 보였다. 정작 아버지에게 버림받은 나는 무서울 만큼 아버지를 닮아서 다분히 못생긴 편이었다. 이런 아이러니라니. 곧 피아노 연습곡 소리가 흘러나왔다.

내가 누릴 수도 있었던 생활이 바로 저기 있는데 나는 모든 걸 잃고 가난의 밑바닥에 있다. 어째서일까. 고교는 자퇴하지 않을 수 없고 조만간 집에서도 쫓겨나면 잠잘 곳도 없이 동생과 함께 방황하게 되리라. 그러나 친부라는 사람은 구원의 손길을 내밀려고 하지 않는다.

아버지는 엄마가 죽은 것도, 전처가 낳은 자식들이 궁지에 몰린 것도 모르고 살아갈 것이다. 아니, 알고 싶어 하지도 않겠지.

그렇게 생각한 순간 증오가 끓어올라 고통스러웠다. 나는 혼절하듯 근처 공원 벤치에 주저앉고 말았다.

밤이 오기 전에 아버지가 귀가했다. 우리와 살 때는 늘 밤늦게 돌아와 엄마와 싸웠는데 지금은 아무것도 모르는 편안한 얼굴로 가족에게 돌아온다. 후안무치한 놈. 나는 아버지를 죽여 버리자고 다짐했다.

이튿날 집에서 식칼을 들고 나와 어두운 곳에 웅크리고 앉아 기다렸다. 어제와 같은 시각에 아버지가 돌아왔다. 내 얼굴을 기억하지는 않을까 궁금해서 눈앞을 지나가 보았지만 무심하게 걸어가 버렸다.

인터폰을 누르는 아버지를 보고 있자니 아버지뿐만 아니라 눈에 거슬리는 이 집까지 태워 버리는 게 낫겠다 싶었다. 아예 가족을 다 없애버려야 기분이 풀릴 것 같았다.

집으로 돌아와 동생에게 말하자 두말없이 찬성했다. 동생이 주유소에서 아르바이트하는 친구를 통해 휘발유를 구해왔다.

다음날은 마침 바람이 강했다. 나와 동생은 편도 10킬로미터가 넘는 길을 휘발유가 든 기름통을 교대로 들고 아버지 집까지 걸어갔다. 도착하자마자 기름통을 현관 앞에 놓고, 휘발유에 적신 걸레에 불을 붙여 승용차 밑과 현관 앞, 뒷문 등 세 군데에 두었다. 휘발유가 폭발하자 단숨에 불길이 올랐다.

"끝내주네." 동생이 말했다.

우리는 얼굴을 마주보며 웃었다. 우리가 망가져 가고 있다는 것은 이미 느끼고 있었다.

원고지 16매. 이 장은 이걸로 끝내자. 나는 다음 내용을 생각하며 간만에 의욕에 충만한 자신을 느꼈다.

최루성 스토리를 기대하던 다다는 이 전개에 틀림없이 불만을 제기할 것이다. 휘발유를 사용한 실제 사건도 있지 않느냐며 화를 낼지 모른다.

하지만 아무리 모범적으로 생활해서 잘 보여도 이곳을 영원히 나갈 수 없는 거라면 다다의 분노 따위는 대수롭지 않았다. 나는 '엄마의 카레라이스'의 '나'와 마찬가지로 자포자기하고 있었다.

어느새 허기가 느껴졌다. 이미 오후 2시가 지나 있었다. 남겨둔 식빵에 마가린을 잔뜩 발라 천천히 먹었다. 브로콜리는 디저트로 먹었다. 얇은 햄을 한 장이라도 먹고 싶었지만 이미 결핍과 최소한의 충족에 익숙해져 있었다.

다 먹고 나서 '작문'을 책상 위에 놔두고 산책하러 나갔다. 내가 방을 비운 사이 '작문'은 누군가의 손을 거쳐 사무실로 옮겨지고 다다나 니시모리가 읽게 될 것이다.

오늘은 대체 무슨 사고가 있었던 걸까. 나는 절벽 턱밑에 있는 A45에게 물어보기로 했다. A45가 모른다고 해도 누군가와 이야기하고 싶었다.

하늘에는 구름이 잔뜩 꼈고 기온은 낮았다. 쌀쌀하게 느껴질 정도인데도 태풍이 몰려올 때처럼 습도가 높았다. 무풍 상태. 드넓은 바다에서 숨 막힐 듯 후텁지근한 바닷물 냄새가 진하게 피어오른다. 뜰로 나왔을 뿐인데 습한 공기에 피부가 끈적끈적해졌다.

나는 눈 아래 펼쳐진 검은 바다를 보았다. 아담한 만에 음란하게 생긴 바위 세 개가 파도에 씻기고 있다. 바다를 바라보는 마음도 메밀껍질베게 속 '유서'를 읽기 전과 읽은 후가 전혀 달랐다.

전에는 갇혔다는 걸 자각하는 한편으로 어느 경치 좋은 명소에 와 있다는 기분도 있었다. 그러나 평생 여기를 나갈 수 없다고 생각하니 볼수록 어둡고 음울한 풍경이었다. 언젠가 인터넷에서 본 〈빠삐용〉이라는 영화가 떠올랐다.

무난히 '형기'를 견디며 하루라도 빨리 이곳에서 나가는 것만을 삶의 버팀목으로 삼아 왔지만 지금은 어두운 분노와 자포자기가 공존하고 있었다. 조만간 분노도 사라지고 체념의 경지에 달하게 될까? 더스틴 호프먼처럼 절벽 위의 땅을 조금 빌려 농사짓기를 낙으로 삼게 될까?

A45는 오늘도 절벽 턱밑에 앉아 있었다. 회색 제복의 소매가 살짝 보인다. 나는 바다를 바라보는 척하며 가까이 갔다.

"안녕하세요."

"아. 당신이군요. 어제는 내가 조금 말이 지나쳤어요. 함부로 말해서 정말 미안합니다."

무슨 좋은 일이라도 있었는지 A45의 말투가 가볍고 경쾌한 듯 했다.

"그건 그렇고, 오늘 아침, 창문에서, 내 방 쪽을 쳐다보지 않았나요?"

"아, 봤습니다. 잠깐 눈길이 마주쳤었죠."

A45는 주저주저 인정했다.

"손을 흔들어서 죄송했어요. 들키면 큰일 나겠죠."

"뭐, 그야 그렇죠. 부주의하게 내려다본 내가 잘못이죠."

"사람을 발견하니 기쁘더라고요. 그런데 무슨 사고가 있었나요? 그건 구급차였죠?"

"전기충격기 공격을 받았던 사람이 히가시모리를 공격했다고 합니다."

"정말이에요?"

그런 일이 있었단 말인가. 나는 깜짝 놀랐다. 니시모리가 당했어야 하는데.

"별일 아닙니다. 귀를 조금 물렸다고 들었어요."

"그래요?"

그 젊은이는 저항한 보람도 없이 금방 제압되었을 것이다. 아키미가 겁먹은 얼굴을 한 이유는 그 때문일까?

"오늘은 목소리가 가라앉았네요?"

손거울이 이쪽으로 틀어졌다. A45가 손거울 너머로 내 안색을 살피는 것을 알 수 있었다.

"아니, 특별히 뭐가 있던 건 아닙니다만." 나는 거짓말을 했다. 스고우 시즈카의 '유서'는 누구에게도 말할 수 없었기 때문이다. "영영 이곳을 나갈 수 없을지 모른다고 생각하니 기분이 가라앉아서요."

"오, 어제는 굉장히 긍정적이던데. 감점을 당했나요?"

A45는 흥미롭다는 듯이 물었다.

"아뇨, 아무 일도 없어요."

"그럼 당신에게 희망의 재료를 하나 전해드리죠. 아까 말이죠, 여기 와 보니 웬일로 요트 한 척이 만에 들어와 있더군요."

"요트?"

그 말에 나는 흥분했다. 이 만에는 어선은커녕 배란 이름이 붙는 것은 전혀 들어오지 않았기 때문이다.

"저어, 절벽을 내려갈 길은 없는 건가요?"

"없지는 않은 것 같습니다. 하지만 너무 가팔라서 죽을 각오로 내려가야 할 겁니다. 게다가 설령 내려갔다고 해도 구해 줄 배가 오지 않으면 방법이 없습니다. 디디고 설 자리도 없으니 만조가 되면 익사해 버릴지 모릅니다. 그 정도로 가파릅니다."

하지만 여기서 늙어 죽기를 기다리느니 익사하는 게 낫지 않을까. 절벽에서 투신할 용기가 없는 나는 내려가는 길을 찾아보자고 생각했다.

"길을 찾다가 여러 명이 떨어져 죽었어요."

다시 의기소침해진다. 나는 화제를 바꾸었다.

"오늘 간만에 중식이 안 나왔는데, 또 무슨 사고가 있었나요?"

"한 사람이 또 투신했습니다."

A45가 냉큼 대답했다.

"누가요?"

어제 올 마이 러빙이 절벽 쪽으로 걸어가는 것을 보았는데, 설마. 서로 벽을 두드려 아는 척을 한 옆방 사람이므로 그게 사실이라면 충격이었다.

"여성 작가예요. 풍채가 좋고 위안부 이야기 같은 걸 쓰던 사람이죠."

"혹시, 조조 반리인가요?"

올 마이 러빙은 조조 반리가 아닐까? 최근 조조에 관한 소문은 듣지 못했다. 시치후쿠진하마에 유폐되어 있었으니 알 길이 없었던 것이다.

"조조 씨는 거물이니까요. 그래서 조금 소동이 벌어진 것 같은데, 내 생각으로는 멋진, 정말로 멋진 최후였어요. 여자답지 않게 장하지 뭡니까."

"하지만, 너무 안됐어요."

"뭐, 당신도 조만간 훌륭한 최후라고 생각하게 될 겁니다. 장담하죠."

서글픈 장담 아닌가.

"그런데 A45씨는 뭐든지 잘 아시네요."

"여기 오래 있으면 귀만 밝아집니다. 이제 저쪽으로 가주시겠어요?"

A45의 말에 나는 절벽에서 물러났다. 그대로 방으로 돌아가기도 좀 그래서 곶의 맨 끝 자리까지 걸어가 보기로 했다. 하타가야, 조조, 우연히도 그들의 마지막 모습을 본 사람이 나였다. 그들은 어떤 심정이었을까.

절벽은 어디나 깎아 세운 듯 가팔라서 밑으로 내려가는 길이 있을지 상체를 내밀고 살펴보기도 무서웠다. 평생 자유를 박탈당하고 사느니 죽는 게 나을 텐데 왜 나는 죽음을 무서워할까. 이런 일을 당하고서도 여전히 희망을 버리지 못할까. 자신이 한심하게 느껴졌다.

잠시 걷다가 습한 공기가 불쾌해서 끝자리까지 가는 건 그만두기로 했다. 목욕 순서가 빨리 오기를 바라며 요양소로 돌아왔다.

2층으로 가는 계단을 올라가려고 하는데 니시모리가 나를 보고 다가왔다.

"B98, 소장님이 부른다."

멋지게 변절한 '작문' 때문이겠지. 그러나 나는 다다의 얼굴을 보는 것도 싫고 말하기도 싫었다. 천천히 고개를 들고 니시모리를 돌아다보았다.

"꼭 지금 가야 하나요?"

"물론이다."

니시모리 얼굴에 노기가 떠올랐다. 그래, 이놈은 걸핏하면 화를 내지. 흠, 스고우 시즈카의 '유서'는 니시모리에 대해 뭐라고 했더라?

'니시모리는 자기 자신을 몹시 사랑하는 슈퍼 나르시스트이고 인정을 모르는 사디스트입니다. 그에게 미움을 사면 혹독한 일을 당하게 되므로 조심하는 게 좋을 겁니다. 여자를 몹시 밝혀서 휴일이 되면 근처 성인업소에 갑니다.

전에 요양소에 젊은 여성 작가가 있었는데, 니시모리에게 강간 당했다는 소문이 있습니다. 그 뒤로 그녀를 보지 못했습니다. 절벽에서 밀어 버렸는지도 모릅니다.'

나는 '유서'의 내용을 떠올리며 니시모리 얼굴을 빤히 쳐다보았다. 성인업소에 드나드는 니시모리란 말이지? 여자를 밝히는 강간마. 더구나 니시모리는 처음부터 나를 눈엣가시로 여기고 있어서 위험했다.

그런데 아무래도 어긋나고 싶은 기분이었던 나는 이렇게 말하고 말았다.

"미안해요, 소변이 급해요."

"알았어. 그럼 내가 보는 데서 싸."

변태. 요주의. 요주의. 나는 금방 취소했다.

"그냥 참고 가죠."

"바보." 니시모리는 희미한 웃음을 지었다. "처음부터 그럴 것이지."

순간 나도 믿을 수 없을 만큼 엄청난 분노가 끓어올라 자제하기가 힘들었다. 이런 경험은 처음이었다. 니시모리에게 명치를 맞았을 때보다 더 증오스러웠다. 나는 압도적인 우위에 서서 상대방을 함부로 괴롭히는 인간을 끔찍이 싫어한다. 니시모리에게 고통을 줄 수만 있다면 뭐든지 하겠다고 생각했다.

'엄마의 카레라이스'의 '나' 역시 아무 일도 없었던 것처럼 귀가하는 아버지 뒷모습을 보고 같은 생각을 했으리라. 내가 쓴 허구와 현실이 나의 내면에서 뒤범벅이 되어간다. 그러므로 '엄마의 카레라이스'의 '나'는 더 과격하고 가혹하게 빚어내야 한다.

사무실에서는 아키미가 혼자 전화 통화를 하고 있었다. 누군가에게 주소를 전하고 있기에 히가시모리 가족에게 병원 주소라도 가르쳐 주나 싶어 귀를 세워 보았지만 니시모리가 "이걸 확" 하며 쿡 찔렀다.

"마쓰 유메이 씨입니다."

소장실 문을 노크하며 니시모리가 고했다.

안에서 문이 열리고 다다가 얼굴을 내밀었다. 내 눈을 보지도 않고 "들어오시죠"라고 빠르게 말한다.

오늘은 아마 코카콜라 제로도 얼음물도 나오지 않을 것이다. 나는 거반 부루퉁한 얼굴로 소장실에 들어갔다. 과연 나의 '작문'이 책상 위에 놓여 있는 게 보였다.

"마쓰 유메이 선생이군요. 처음 뵙습니다."

불쑥 여자 목소리가 들렸다. 소파 가장자리에 선객이 앉아 있었다.

선객은 일어나 나에게 작은 손을 내밀었다.

백의를 입은 체구가 작은 여성이다. 나이는 나와 비슷하려나. 단발머리에 도수 높은 빨간 테 안경을 쓰고 있다. 렌즈 너머의 눈은 이지적이고 따뜻하다. 〈마루코는 아홉 살〉의 친구 '다마짱'을 연상케 하는 여성이었다. 뭐든지 받아 주는 다마짱.

"안녕하세요."

나도 모르게 손을 내밀자 상대는 방글방글 웃으며 내 손을 꼭 잡았다. 작은 손이지만 힘이 있었다.

"소마라고 해요. 매주 한 번 이곳에 오는 정신과 의사입니다. 여기 계신 여러분의 건강과 정신을 관리하고 있죠. 불안한 일이 있으면 뭐든지 상담해 주세요."

이 사람이 '소마 여사'?

이 사람이 '시치후쿠진하마의 멩겔레'?

'광기는 흉기가 된다고 생각하는 인간이 있지만, 그런 사람이 과학자라면 어떻게 될까요?'

스고우가 쓴 '소마 여사'와 인상이 너무 달라서 의아해진 나는 멍한 얼굴로 고개만 까딱 숙여서 인사했다.

"선생의 저서를 몇 권 읽은 적이 있습니다. 만나 뵙게 돼서 영광입니다."

소마는 쑥스러운 듯 얼굴을 붉히며 말하고 있지 않은가. 나는 다시 '유서'의 글귀를 떠올렸다.

'붙임성이 좋은 소마는 얼핏 친절해 보여서 어느새 마음을 터놓기가 쉽지만, 선별된 대상자에게는 무슨 짓을 해도 좋다고 믿는 자이므로 그 잔학성은 유례를 찾기 힘들 겁니다. 작가로서는 매력적인 인물이죠.'

스고우 시즈카가 쓴 내용은 진실일까?

어쩌면 그 '유서' 자체가 악의적으로 조작된 것이라면?

영원히 나갈 수 없다는 말부터가 거짓이라면?

나는 혼란에 빠져 온전한 판단을 내리지 못하고 그저 바보처럼 우두커니 서 있었다.

"자, 앉으시죠."

소마의 말에 나는 스프링이 망가진 소파에 앉았다. 소마의 말투는 상냥하다기보다 자신감이 부족해 보인다고 할까. 고압적이지 않은 만큼 듣는 쪽은 편안하다. 이것도 스고우의 '유서'에 따르면 '친절'이라는 것일까.

"이번에 갑작스런 수감으로 놀라셨으리라 봅니다만, 마쓰 씨는 환경 변화를 이겨내며 잘 지낸다고 들었어요."

그 말투는 어딘지 그리운 것이었다. 가령 초등학생 시절 보건실에 있던 젊은 보건교사나 학교 사무원 언니를 떠올리게 했다. 그녀들은 화장기 없고 머리 염색도 안 하고 공기가 새는 듯이 부드럽게 말하고 아이처럼 천진해 보였다.

"그런가요? 당황하고 있어요."

"아뇨, 잘 순응하고 있다고 봅니다."

순응이라니, 너무 굴욕적인 말 아닌가. 나는 내심 반발심이 끓어올랐다. 소마는 그런 내 표정을 지그시 살피듯이 쳐다보고 있었다.

"선생은 늘 화요일에 오십니다."

다다가 끼어들었다.

"그보다 선생. 작문 고마웠어요. 놀라운 전개로군요."

다다가 책상 위에 펼쳐 놓은 내 원고지를 가리켰다.

"그래요?"

나는 시치미 떼며 고개를 돌려버렸다.

"저도 읽었습니다. 마쓰 선생의 육필 원고라고 생각하니 조금 떨리더군요."

소마가 순진함을 느끼게 하는 목소리로 말했다.

"아직 미완인걸요." 나는 다다를 의식하며 여봐란듯이 싫은 소리를 했다. "내 방에 있던 게 사라져서 어떻게 된 건가 했는데. 이곳에 있네요. 늘 그렇죠."

"선생, 이건 치료잖아요."

다다가 뜻밖이라는 표정으로 말했다.

"마쓰 씨가 쓰는 이야기는 인간 심리를 매우 충실하게 드러냅니다. 애증이 가장 인간의 골치 아픈 감정인데, '엄마의 카레라이스'에 그게 잘 드러나 있다고 봤습니다."

어? 나는 자포자기하고 썼는데 소마는 이 작품을 인정하나? 그렇다면 어떻게 치료하겠다는 걸까.

"정말입니다. 사람 감정은 단순하지 않죠. 나야 문외한이지만, 그게 잘 표현되어 있다고 생각했어요. 특히 이 후처의 모습 말이죠. 진짜 밉살맞죠. 선생은 이렇게 뻔뻔하게 살아가는 인간을 묘사하는 데 아주 뛰어나요."

그럴 의도는 없었다고 말하고 싶었지만, 두 사람은 어느새 '엄마의 카레라이스'를 격하게 칭송하고 있었다. 나는 왠지 기분이 나빠 입을 다물었다.

"치료는 잘 되고 있다고 생각합니다. 앞으로도 이런 식으로 열심히 써주세요. 가장 곤란한 건 글을 쓰지 않는 겁니다. 쓰고 또써서 감정을 풀가동시켜 주세요. 그렇지 않으면 좀처럼 치료가되지 않으니까"라고 다다가 말했다.

문득 불안해져서 물어보았다.

"그런데 다른 입소자들도 작문을 하고 있나요?"

다다가 아무 말도 하지 않고 소마를 쳐다보았다. 소마가 생긋 웃으며 대답했다.

"네, 치료의 일환이니까 모두 쓰고 있어요. 개중에는 중세 이야기나 SF를 쓰는 분도 있고 장르가 다양합니다. 읽는 우리도 정말 재미있어요."

"맞아요. 개중에는 지구가 파멸하는 이야기도 있고" 하며 다다가 고개를 끄덕였다.

우리는 프로 작가인데 왜 이런 작문을 써서 아마추어인 다다와 소마에게 보여줘야 할까. 재능 낭비 아닌가. '작문'은 웃음거리가 되고, 드물게 잘 쓰인 작품은 저희들끼리 낭비할 뿐 발표되지 않는다.

내가 어느새 무뚝뚝한 얼굴을 하고 있는 것을 보았는지 소마가 미소를 지으며 말했다.

"마쓰 씨는 무슨 고민 같은 건 없습니까?"

온통 고민투성이라고 대답하면 신경안정제를 처방하려나?

"아뇨."

부정하자 소마가 뭔가 생각하는 듯이 입술을 오므리고 시선을 돌렸다. 무슨 술책을 꾸미는 것처럼 보여서 나도 눈길을 내렸다.

스고우 시즈카의 '유서'는 절망을 주었지만 한편으로 묘한 안도감도 느끼게 해 주었다.

나는 시치후쿠진하마 요양소 인간들이 무슨 생각으로 이런 짓을 하는지 짐작조차 할 수 없다는 점이 못 견디게 섬뜩했다. 그래서 애써 순종하는 태도를 보이며 이곳을 하루라도 빨리 떠날 수 있도록 노력하자고 생각했다.

하지만 스고우의 '유서'에 있는 그들은 속물 자체였다.

뇌 과학자 소마를 달갑지 않게 여기는 다다는 아키미와 불륜 관계에 있다고 했다. 그리고 다다의 아내에 대한 질투를 숨기지 못하는 아키미. 휴일이면 성인업소에 드나드는 니시모리. 아무리 봐도 시골 아줌마로 보이는 가니에가 숨은 실력자이며, 난폭한 오치는 문학적인 인간 같다는 뜻밖의 결말. 여의사 소마는 무려 '시치후쿠진하마의 멩겔레'란다. 우리 가운데 누구를 실험 재료로 삼을지를 선별한다고.

다다 이하의 스태프들이 욕망에 사로잡힌 속물일 뿐이라는 사실은 나를 안도하게 했다. 그들이 금욕적이고 고매한 스포츠맨이 아니라 자기 내면의 추악한 욕망과 어리석은 생각을 자각하지 못한 채 타인을 공격하고 있는 거라면 내가 저들을 두려워 할 이유가 없다. 그들은 문학이나 예술로 표현되는 욕망이나 카르마를 결코 이해하지 못할 테니까.

나는 이미 다다도 소마도 두렵지 않았다. 오히려 감점을 7점으로 묶어두고 빨리 출소하려고 안달할 때야말로 더 공포에 시달렸다.

그러나 이곳에 평생 있어야 한다면 내가 생각해야 할 것은 단 하나였다. 이곳을 탈출할 기술을 익히는 것.

그렇게 생각하고 창밖을 보니 잔뜩 흐린 음울한 하늘이 보였다. 바다에서는 쿠궁쿠궁 절벽을 때리는 파도소리가 들린다. 태풍이 다가오는지 몹시 무덥고 바람도 없는 날이어서 풍력발전 터빈은 멈춘 모양이다.

만으로 흘러든 요트 한 척 따위는 희망이 아니다. 진정한 희망은 내가 온전한 정신을 유지하는 것이다.

다다가 나의 변화를 느꼈는지 묘한 얼굴을 했다.

"선생, 무슨 일 있었습니까? 어제하고는 조금 분위기가 다르군요."

"그래요? 아무 일도 없었는데. 오늘은 점심을 굶어 속이 비었을 뿐이죠. 그래서 방금 먹고 싶은 것들을 생각하고 있었어요."

다다는 무엇이 먹고 싶었느냐고 묻지는 않고 불쾌한 표정으로 입을 다물었다. 나는 개의치 않고 내처 말했다.

"조금 전부터는 오코노미야키가 먹고 싶어 죽겠어요. 채 썬 양배추와 튀김 부스러기를 듬뿍 넣은 오코노미야키 말예요. 이상하죠, 별로 좋아하지도 않던 건데 오코노미야키가 머리에서 떠나질 않아서 당혹스럽네요."

내가 웃어 보이자 다다는 곤혹스러운 듯이 애써 웃음을 그리며 고개를 저었다.

"선생, 혹시 조증 상태 아닙니까?"

"조증 상태?" 나는 틈을 주지 않고 소마에게 물었다. "소마 선생님, 이거, 구금 노이로제 아닙니까?"

"아닌 것 같습니다. 2주는 노이로제가 되기에는 너무 짧아요.

그보다 다다 씨, 오늘은 중식이 없었습니까?"

소마가 빨간 안경테를 만지며 교묘하게 화제를 바꾸었다.

"아, 예." 다다가 고개를 끄덕였다. "오늘 아침에 소동이 있었잖아요. 인력이 없어서 조리와 호송을 생략한 겁니다."

"늘 그렇게 하나요?"

소마는 입술을 삐쭉거리며 다다를 질책했다.

"예. 요양자가 말썽을 일으키면 반성하라는 의미에서도 그렇게 하고 있죠."

"왜 우리가 말썽에 연대책임을 져야 하는 거죠? 그래서 중식을 안 준다는 건 이상하잖아요."

내가 불만을 말하자 소마가 함께 고개를 끄덕였다.

"동감입니다. 그건 학대예요. 제삼자위원회에 말하겠습니다."

"제삼자위원회라는 게 있나요?"

나는 내심 재미있었다. 어차피 형식적으로 설치된 것이리라. 이 나라는 부패했으니까.

"네, 물론이죠. 학문과 교양 수준이 높은 분들로 구성되어 있어요."

"어떤 분들이죠?"

"나중에 알아보시죠, 선생." 다다가 웃으며 말했다.

소마는 시치미 뗀 얼굴로 메모지에 뭔가 술술 쓰고 있었다.

나도 모르게 소마의 옆얼굴을 응시했다. 매끈하고 흰 피부는 탄력이 있고 원만한 성격을 드러내는 듯이 쳐진 눈은 눈동자가 커서 순진해 보인다. 윗입술 양 가장자리가 살짝 휘어져 올라간 것은 양쪽 덧니가 입을 다무는 걸 방해하기 때문이려나. 상냥하게 웃는 얼굴에서는 아무런 악의도 느낄 수 없다.

하지만 그런 풍모를 가진 소마가 정색을 하거나 생각에 빠지면 악의가 느껴지는 순간이 있는 것은 왜일까. 나는 소마의 커다란 눈동자를 찬찬히 쳐다보았다.

"내 얼굴에 뭐가 묻었나요?"

소마가 내 시선을 느끼고 볼펜을 내려놓으며 얼굴을 살짝 붉혔다.

"죄송해요, 빤히 쳐다봐서. 선생님이 너무 어려 보여서요."

"젊게 보이면 의사로서 신용을 받지 못하는 일이 많아요. 의사로서 경험은 중요하니까."

소마가 동의를 구하듯이 다다의 얼굴을 보았지만 다다는 고개를 숙인 채 그대로 있었다. 차마 동의할 수 없어 말문이 막혔을 것이다.

소마를 처음 보았을 때는 내 또래인가 생각했지만, 늘 공기가 새는 듯 조심스럽고 더듬더듬하는 말투가 귀여워 이십 대 중반이라고 해도 통할 것 같았다.

소마가 겸연쩍게 웃으며 말했다.

"어려 보인다는 말을 종종 듣곤 합니다."

빨간 안경테 너머에서 상냥한 눈동자가 유쾌한 듯 반짝였다.

"의사로서는 손해일까요?"

나는 내심 아무럼 상관없다고 여기며 물었다. 소장실에서 이런 이야기를 계속하는 게 무슨 의미가 있나 하는 생각에 허탈하기만 했다.

"그렇죠, 아까 말했지만 의사는 경험이 곧 능력이라고 볼 수 있으니까 젊은 의사보다는 나이가 있는 의사가 더 중용되죠. 그런데 마쓰 씨, 나, 솔직히 몇 살로 보이나요?"

어려운 질문이었다. 뭐라고 대답해야 좋을까. 자신이 젊어 보이는 것을 자랑하고 싶은 거라면 서른 정도일까? 하지만 그래서야 이 정도 규모의 요양소를 맡기에는 너무 젊지 않나.

이리저리 궁리를 하는데 소마 쪽에서 답을 말했다.

"나, 마흔다섯이에요."

마흔다섯? 그렇다면 이상할 정도로 젊어 보이지 않나.

"앳돼 보이시네요."

우후후. 소마는 초등학생 소녀 같은 표정으로 웃었지만 웃음소리는 갈라졌고 낮았다.

"유치해 보인다는 건가요?"

"설마요. 그럴 리가."

"고마워요. 마쓰 씨하고는 마음이 잘 맞는 것 같아."

소마는 테이블 위에 있던 서류를 집어 들고 들여다보았다. 나에 관한 자료인 모양이다.

"감점이 7점이나 돼요? 뭘 했다고 이렇게 되었을까. 그럼 이곳에 7주나 있어야겠군요."

"마쓰 씨는 이미 2주 이상 소화했습니다."

다다가 끼어들었다.

"그렇군요. 입소일이 6월 29일로 나와 있으니." 소마가 자기 노트를 펴고 뒤에 인쇄된 달력을 살펴보며 말한다. "그렇다면 앞으로 한 달 남짓 남았나요? 이제 곧 나갈 수 있어요. 조금만 더 참고 연찬을 쌓아 주세요."

나는 피가 거꾸로 솟는 심정이었다. 스고우 시즈카의 '유서'를 읽은 지금, 그런 말을 믿을 수는 없었다.

"연찬이라니 뭘 하라는 말이죠?"

반항적인 나의 태도에 놀랐는지 다다가 의자에서 일어섰다.

"선생, 오늘 왜 이러세요."

"반항적인가요?"

"그렇습니다. 콜라에 얼음이라도 넣어 드릴까?"

다다가 냉소했다.

"적당히 하시죠. 어차피 몇 주 지나도 나갈 수 없잖아요. 여기는 형무소나 다를 게 없지 않습니까. 우리는 무기수나 마찬가지 잖아요? 대체 우리 작가가 뭘 했다는 겁니까. 그냥 소설이나 평론을 쓴 게 다잖아요?"

"누가 그런 유언비어를 퍼뜨린 겁니까?"

소마가 걱정스러운 듯이 미간을 찡그리고 다다의 얼굴을 보았다. 다다가 곤혹스러운 표정으로, 나는 아니라는 듯 고개를 저었다.

"누가 말해 주지 않아도 알아요, 그런 건. 갑자기 이런 벽지에 끌려와 수감되었으니까. 수감 이유는 내가 쓴 책에 강간 장면이 있기 때문이라고, 그것도 독자의 고발이 있었기 때문이라는 황당한 말을 하지 않았던가요. 그거 거짓말이잖아요? 그쪽이 멋대로 판정하고 있잖아요? 내가 하는 말을 들어주지 않는다면 일방적인 납치 감금 아닙니까? 그리고 내가 뭐라도 하면 멋대로 감점을 해서 감금 날짜를 연장하고. 나는 아무 짓도 하지 않았는데⋯⋯."

말을 하면 할수록 감정이 격앙되었다. 도저히 자제할 수가 없었다.

"마쓰 씨는 아무것도 하지 않은 게 아닙니다." 소마가 딱하다는 듯이 나를 보았다. "현행 법률에 따라 유해도서라고 인정되면 그 도서에 대한 과세율이 높아질 뿐 아니라 작가의 갱생도 필요하죠. 우리는 그 갱생을 거들고 있을 뿐인데 납치 감금이라니 듣기 거북하군요."

소마가 미간을 찡그리고 씁쓸한 표정을 지었다. 툭하면 발끈하고 덜렁거리는 아홉 살 마루코를 걱정하며 때로는 따끔한 말도 던지는 다마짱을 꼭 닮았다.

"언제 그런 법이 생긴 겁니까. 나는 몰라요, 그런 거."

다다가 차분한 목소리로 대답했다.

"전에 선생에게 이야기했을 겁니다. 1년 반 전에 헤이트스피치법과 함께 통과됐어요."

"당신들, 무슨 소리예요, 멋대로 날조하지 말아요."

"날조 같은 거 안 합니다."

소마가 목소리를 높였다.

"아뇨, 날조 맞아요. 당사자인 내가 모르잖아요."

"선생의 관심이 부족한 거죠. 신문 같은 거 전혀 안 보시잖아요. 우리라고 뭐 좋아서 이런 일을 하고 있는 건 아닙니다. 국가의 사업으로 하고 있는 거니까 우리의 사견 같은 건 끼어들 수가 없어요. 우린 국가공무원이란 말입니다."

"그럼 어떻게 해야 내가 집에 돌아갈 수 있는 겁니까."

"습작에 힘쓴 뒤 풍기문란을 초래할 작품은 쓰지 않겠습니다, 라는 서약서에 사인하면 풀려납니다."

"사인하지 않는다면?"

"갱생할 때까지 함께 노력할 수밖에요."

소마가 사람 좋은 얼굴로 말했다.

"할 수 있습니다. 지금까지 노력해 왔지 않습니까."

다다가 웃으며 말했다. 압도적 우위에 선 자들이 그렇듯이 자신은 그걸 의식조차 하지 않는 고압적인 태도라니.

"작작 좀 하시고 빨리 집으로 돌려보내 주세요."

나도 모르게 소리치자 노크 소리와 동시에 문이 벌컥 열렸다. 내가 흥분해서 소리치는 것을 들었는지 아키미와 니시모리가 서 있었다.

흥분한 나를 보고 겁먹은 얼굴을 하고 있는 아키미에게 나도 모르게 말했다.

"오, 아키미 씨, 당신, 다다 씨랑 불륜 관계라면서?"

아키미는 표가 나게 동요하며 다다 쪽을 쳐다보더니 당황해서 시선을 피했다. 다다는 반사적으로 소마를 힐끔 쳐다보았다. 소마는 분노의 기색마저 드러내며 다다를 노려보았다. 두 사람의 표정을 보고 이번에는 아키미가 소마를 째려보았다.

니시모리가 세 사람을 번갈아 보고 뭔가를 눈치 챈 것처럼 희미한 웃음을 지었다.

"다다 씨는 젊은 여자를 밝히죠. 소마 선생, 당신도 다다 씨와 뭔가 있었나요? 다다 씨, 미토에 있는 부인은 어떻게 할 겁니까."

"잠깐, 잠깐."

다다가 기가 막힌다는 시늉을 하고 질렸다는 표정을 지어 보였지만 눈에는 노기가 흘렀다.

"니시모리 씨는 성인업소에 드나든다고 들었어요. 여러분, 사는 게 아주 즐겁겠군요."

"닥쳐." 니시모리가 소리쳤다.

"구금 노이로제인지도 모르겠군요."

소마의 말에 내가 비웃으며 대답했다.

"아까는 아니라고 하지 않았나요? 돌팔이답게 나오는 대로 말하네."

내 말을 듣던 다다가 푹, 하고 웃는 것이 보였다. 소마는 가만히 고개를 숙인 채 참고 있었다.

"다들 바보 같아. 평생 여기서 나갈 수 없는데 마치 나갈 수 있는 것처럼 굴고 있어. 그런 서툰 연극은 빤히 보여. 다들 달려들어서 나를 엉망으로 만들 생각이겠지. 그렇게는 안 될 거야. 하타가야 이노스케나 조조 반리는 패했지만 난 그렇지 않아."

나는 입을 크게 벌리고 거침없이 웃었다. 미친 것처럼 보였을 거라고 생각했지만 웃음이 그치지 않았다. 곧 남자들에게 잡혀 바닥에 넘어져 꼼짝 못하게 제압당했다. 뭔가가 팔을 찌르는 것을 느꼈다. 점차 정신이 몽롱해졌다. 아마 약물을 주사한 듯했다.

"하타가야 씨나 조조 씨 이야기는 어떻게 알고 있을까요."

아키미 목소리가 메아리처럼 귀에 남았다. 나는 전혀 무섭지 않았다. 나는 이상한 게 아냐. 이것으로 됐어.

3
장

혼
란

1

    속이 메스껍고 으슬으슬 추워서 눈을 떴다. 토하고 싶지만 몸이 움직여지지 않는다. 똑바른 자세로 누워 있다는 건 알 수 있었다. 그러니 이대로 토하면 토사물에 기도가 막혀 죽을지도 모른다. 하지만 달리 방법이 없었다.

    그때 누군가 내 몸을 모로 뉘고 등을 쓸어 주었다. 시치후쿠진하마에서 이렇게 따뜻한 손을 가진 인간을 만난 적이 있었던가. 눈물이 날 만큼 감격했지만, 구토로 흘린 눈물과 섞이고 있으니 상대방은 알 수 없었으리라.

    "괜찮아요?"

    낯선 여자의 목소리였다. 대답을 하고 싶어도 겨우 신음 소리밖에 낼 수 없는 지경이라 고개만 느릿느릿 끄덕였다. 눈을 뜨려고 했지만 그럴 기운이 아직 없었다.

여자는 적신 수건으로 내 입가를 깨끗하게 닦아 주었다. 어느새 토사물도 치웠는지 냄새가 나지 않는다.

나는 아마도 그 지하실에서 구속복을 입고 누워 있는 모양이다. 근데 이 사람은 누굴까. 전에 침대에 묶여 있다가 나와 눈길을 맞추었던 여자인지도 모른다. 구속복을 벗을 수 있게 된 건가. 그렇다면 다행이다. 욕지기가 진정되자 다시 정신이 가물가물해졌다.

침대 옆에서 다다와 누군가가 내 얼굴을 내려다보며 수군거리는 비몽사몽간의 꿈을 꾸었다.

'처음부터 문제아였지만 이런 지경까지 올 줄이야.'

'졸지에 7점이나 감점되었으니까요. 최근 들어 얌전해졌다 싶었는데, 무슨 일이 있었나요?'

'지금 조사 중이야.'

'그나저나 이 여자는 용케 걸리질 않았네요. 의외로 용의주도해요.'

'절벽에서 뛰어내려 주는 게 제일 편하지만, 하는 수 없지. 소마 씨가 원한다면 줘버려.'

'이 여자, 곧 문제가 될 겁니다.'

'알고 있어.'

저 목소리는 A45 아닌가? 절벽 턱밑에 숨어 있던 초로의 남자.

요양소에 대하여 이것저것 잘 알고 가르쳐 주었는데. 그렇다면 그동안 나를 교묘하게 조종해 왔던 것인가?

요트가 들어왔다는 그의 말을 듣고 절벽 아래로 내려가 보려고 생각한 적도 있었다. 아무래도 A45는 나에게 절망과 거기서 벗어날 방법을, 결국은 자살을 부추기고 있었던 모양이다.

나는 눈을 뜨고 남자의 정체를 알아보려 했지만 유감스럽게도 눈꺼풀이 무거워 뜰 수 없었다.

어디를 얻어맞았는지 몸이 욱신거린다. 그들이 주사한 약물은 수면제일까. 온몸의 근육이 마비된 상태로 호흡만 가능한 걸로 봐서 그냥 수면제는 아닌 듯하다. 스고우 시즈카의 '유서'에 나온 내용처럼 소마에게 인체 실험을 당했을지도 모른다. 무서운 기분이 들었지만 그나마 정신은 멀쩡하니 다행이다. 때때로 찾아와 보살펴 주는 누군가가 곁에 있다는 것도 큰 위안이었다.

"오늘은 괜찮은 것 같네요."

그녀는 늘 말을 걸어 주고 얼굴을 수건으로 닦아 주고 입안을 행궈 주었다. 종이기저귀도 갈아 주었다. 그녀가 옆에 있으면 안심한 탓인지 나는, 시치후쿠진하마 요양소에서 만난 사람들이 아무도 등장하지 않는 꿈을 꾸곤 했다. 어린 시절의 즐거웠던 한 때, 가네가사키 유와 동거하며 성적으로 만족했던 추억, 어느 출판사 파티에 참석해 술을 마시며 목격했던 장면, 낯선 아이가 엄마라고 불러서 놀랐는데 '아이는 언제 낳아서 키우신 겁니까?' 하고 지인이 물어서 웃기도 하고 당황하기도 했다. 마치 잃어버린 시간을 아쉬워하듯 온갖 기억들이 뒤섞여 생생하게 되살아났다. 그럴 때면 내가 뭐라고 잠꼬대를 하거나 소리를 지르기도 하는지 예의 그녀가 상냥하게 등을 쓸어 주었다.

한번은 바로 옆에서 여자들이 말하는 소리가 들렸다.

한 사람은 가니에여서 나는 지금 비몽사몽이구나 생각했다. 또 한 사람의 낮은 목소리는 귀에 낯설었다. 두 사람은 목욕이 어떻다는 둥 말하더니 어디론가 사라졌다.

목욕탕에 뭔가가 있다고 식당에서 귀띔해 주었던 여자일까? 결국 세탁기 뒤쪽의 콘센트는 두려움 때문에 사용할 수 없었고, 김 서린 채광창에 그려진 스마일 마크의 수수께끼도 풀지 못했다.

지금 생각하니 모든 게 절망의 심연으로 인도하기 위해 장치된 함정이었던 것 같다. 아닐까? 내가 겪은 일들이 꿈인지 생시인지도 알 수 없으니 이렇게 생각하는 것부터가 망상일까. 나는 죽음으로 향하는 중환자처럼 의식이 깨어났다 사라졌다 하며 며칠을 보냈다. 어쩌면 몇 주였을지도 모른다.

눈을 떴을 때 저들이 모든 기억을 없애 놓았으면 어떡하지? 나는 그것이 두려웠다.

깨어날 때마다 무엇 때문에 이렇게 되었는지를 생각해 내려고 무진 애를 썼다. 수도 없이 분노를 들깨웠다. 하지만 어느 순간부터는 시들해지고 말았다. 분노에도 기력이 필요하다.

그러던 어느 날 몸속으로 빛이 들어왔다. 눈을 뜰 수 있게 된 것이다. 평소와 다른 변화에 당혹스러워하며 나는 눈꺼풀을 닫았다가 반쯤 열기를 되풀이했다. 빛에 익숙해지기까지는 시간이 걸렸다.

지금껏 의식은 있어도 몸을 움직일 수 없다는 속박에 견디다 못해 내게도 근육이 있다는 사실을 까맣게 잊고 있었다. 눈꺼풀을 움직이는 데도 근력이 필요했던 것이다.

나는 아마도 지하실이 아니라 내 방에 누워 있는 모양이다. 천장에 달린 형광등과 익숙한 얼룩이 보인다. 천장 조명에 카메라가 설치되어 있을 거라는 짐작이 맞다면 내가 눈을 뜨는 모습을 누군가 보고 이리로 올 터였다.

빛으로 가늠해 보건대 눈을 뜬 시각은 오전 같았다. 부웅 하는 희미한 터빈소리가 들린다. 유지매미 소리도, 시야가 열리는 순간 명료하게 들려왔다. 청각과 시각은 어디선가 연결되어 있는 듯하다.

눈을 떠서 기뻤다기보다는 내가 여전히 내 방에 있다는 것이 충격이었다. 구출되었을 거라고 기대하진 않았지만 다시 자유를 향한 투쟁을 계속해야 한다고 생각하니 이미 체력을 다 소진한 나는 한숨조차 나오지 않았다.

다음으로 손가락이 움직였다. 가까스로 내 몸이 오랜 잠에서 깨어난 듯했다. 하지만 몸을 움직이려 하자 가슴이 심하게 두근거렸다. 며칠이나 누워 있었던 걸까.

그리 젊지 않은데다 내내 누워만 있었으니 근력이 회복되는 데 오랜 시간이 걸릴 것이다. 더구나 이곳의 빈약한 식사로는 살아

남기도 힘들지 모른다.

　팔을 움직여 보고서야 링거가 연결되어 있음을 알았다. 정맥으로 영양을 보급하는 모양이다. 인체 실험을 당한 나는 소마에게 어떤 데이터를 제공했을지 궁금했다.

　몸을 움직이느라 지쳐 잠이 들었던 나는 몸을 닦아 주는 손길을 느끼고 깨어났다.

　"아, 눈을 떴네."

　그 여자가 기쁘다는 듯 말했다. 모르는 얼굴이었다. 나보다 연상으로 보이는 여자는 흰머리가 섞인 머리카락을 포니테일로 묶고 있었다.

　하얀 상의와 바지를 입고 있어서 의료 관계자라는 것을 알았다. 만약 지하실에 갇혀 있던 여자라면 수용자이므로 회색 제복을 입고 있었으리라. 게다가 어딘지 분위기가 달랐다. 가령 음성이나 손가락 감촉이.

　나는 여자가 지하실의 그녀가 아니라는 데 낙담하고 경계했다.

　"힘들었죠. 물 좀 마셔볼까."

　그렇다, 목이 말라 말을 하기도 힘들다. 내가 고개를 끄덕이자 어디선가 빨대 달린 용기를 꺼내 입 가장자리에 물려주었다. 바닷물 냄새가 나지 않는 시원한 물이었다.

　"맛있어요?"

　고개를 끄덕이자 여자가 기쁘게 웃었다.

　"나는 간호사 미카미예요. 당신은 열흘이나 의식을 잃고 있었어요. 하지만 앞으로는 금방 좋아질 것 같으니까 힘내요."

미카미의 말은 사실이었다. 나는 금세 회복되어 저녁에는 말도 몇 마디 할 수 있었다. 그날부터 꿈과 현실은 명료하게 구분되고, 꿈인지 생시인지 분명치 않은 것은 더 이상 보이지 않았다.

"소마 선생은요?"

이튿날 아침, 내가 묻자 미카미는 난처한 표정을 지었다.

"소마 선생은 한동안 오지 않는대요."

"나는 왜 이렇게 된 거죠?"

"글쎄, 그건 잘 몰라요."

내 방에는 미카미 말고는 아무도 찾아오지 않는다. 정말 이곳은 시치후쿠진하마 요양소이고 다다나 니시모리도 존재하는 걸까? 그들은 어디로 갔을까? 왜 내 방에 오지 않는 거지?

어쩌면 이곳은 진짜 형무소가 아닐까? 건강해져도 못 나가게 될지 모른다. 나는 시치후쿠진하마 요양소의 소소한 자유를 그리워하고 있는 자신을 발견했다.

2

이상하게도 미카미와 대화할 수 있던 것은 각성한 직후뿐이었다. 그 뒤로는 줄곧 갓난아기처럼 침대에 누워 있어야 했다.

물론 내가 갓난아기 시절을 기억할 리 없고 내 손으로 아기를 돌본 경험도 없다. 때문에 아기가 무슨 생각을 하고 어떻게 느끼는지 모르지만, 오로지 주위 기척에 귀를 세우고 세계를 수동적으로 받아들이기만 한다는 점에서는 그와 다를 바 없었다.

갓난아기인 나의 세계를 지배하는 사람은 간호사 미카미였다. 미카미는 내 엄마나 다름없었다. 나는 아무것도 하지 않고 아무 생각도 하지 않은 채 미카미에게 그저 받기만 하는 존재가 되었다. 수분과 영양을 받고 배설물 처리며 욕창 방지를 위해 자세를 바꾸는 일까지 신세지면서 살아남을 수 있었다.

미카미는 방에 들어오면 내 얼굴을 살펴보고는 "배고프지 않아요?"라든지 "물 마실래요?", 혹은 "쉬 할래요?" 하며 제 자식에게 하듯이 물어봐 주었다. 그때마다 나는 고개를 끄덕이거나 외면해서 의사를 표시했다.

차라리 갓난아기처럼 우는 편이 나았을지 모르지만 미카미가 미리 물어봐 주므로 울 만큼 욕구가 커지는 일도 없었다. 아니, 눈물을 흘리며 소리 내어 우는 격한 감정 표현도 가능하다는 것을 이미 잊고 있었는지 모른다.

때문에 미카미가 잠시라도 보이지 않으면 불안했다. 그러면 어디선가 미카미가 나타나 '괜찮아요, 여기 있으니까'라고 고하듯이 묵직한 이불을 탁탁 두드려 주는 것이었다. 그럴 때면 미카미에게서 모성애 비슷한 감정까지 느꼈다. 눈을 맞추며 쌩긋 웃기라도 하면 기뻐서 미소를 짓게 되었다.

나의 왼팔에는 늘 링거 바늘이 꽂혀 있었다. 바늘은 몸부림쳐도 빠지지 않도록 플라스틱 상자 같은 걸로 덮어 팔뚝에 고정시켜 놓았다. 왼쪽 손목은 침대 파이프에 묶어 두었다.

왼손이 뜻대로 움직여지지 않는다는 것을 알았을 때 환자를 침대에 묶어뒀다는 이유로 고발당한 정신병원이 떠올랐다. 하지만 화도 나지 않았다. 다만 침대에 묶여 있었을 환자를 떠올리며, 아아, 나도 마찬가지 신세구나, 하고 생각했을 뿐이다. 언제나 사고는 진전되지 않고 현상만 받아들이고 있었다.

수액 병에서는 일정한 리듬으로 노르스름한 액체가 똑똑 떨어진다. 호흡보다 느리게, 그러나 호흡처럼 끊임없이 내 몸으로 흘러들고 있었다. 나는 약액이 떨어지는 광경을 보는 것이 좋았다. 그 외에는 딱히 움직이는 것도 없었기 때문에 똑똑 떨어지는 액체만이 시간의 흐름을 알려주는 듯했다.

링거에 달린 튜브 중간에는 Y자형 주입구가 있었는데 미카미가 종종 주삿바늘을 꽂고 뭔가를 혼입했다. 영양제뿐만 아니라 정체 모를 약물도 집어넣었겠지. 하지만 나는 궁금해하지도 않고 멍하니 바라만 보았다. 알고 싶은 마음도 없고 여기서 구조되고 싶다는 생각도 들지 않았다. 갓난아기처럼 세계의 모든 것을 받아들이고 있었지만, 아기처럼 외부 세계에 흥미를 품는 일은 결코 없었다.

이곳이 내 방 침대임을 확신한 건 풍력발전기의 터빈이 돌아가는 소리가 끊임없이 들렸기 때문이다. 수용소나 다름없는 요양소였지만 터빈의 희미한 소리와 진동은 익숙한 곳에 있다는 안도감을 주었다. 익숙함과 안도감은 여기서 탈출하고 싶다며 안달하던 날들의 기억을 휘발시켰다. 나는 생각했다. 이대로 됐다고. 지하 2층으로 옮겨지지 않은 것만도 다행이라고.

하지만 종종 비바람뿐만 아니라 거친 파도가 해안을 때리는 꿍음이 들리는 날은 어김없이 마음이 불안해져 잠을 이룰 수 없었다. 계속 깨어 있는 나를 본 미카미는 평소와 다른 색깔의 약물이 든 파우치를 가져다가 링거에 혼입했다. 그 링거를 맞으면 나는 꿈꾸는 일도 없이 기절한 것처럼 잘 수 있었다. 그것은 어떤 의미에서 요행이었다.

아아, 시간이 얼마나 흘렀을까. 알고 싶었지만 알 길이 없었다.

머리 뒤쪽에 있는 창문이 열리는 일도 없었고 주위를 볼 수도 없었고 바깥 공기도 전혀 느낄 수 없었다. 나는 시간을 잊고 살았다.

목소리는 어느 날 갑자기 되살아났다. 미카미가 내 기저귀를 갈고 있을 때였다.

뭔가 언짢은 일이라도 있었는지 그날따라 미카미의 표정이 심각했고 손놀림도 평소와 달리 거칠었다. 미카미가 불안정하면 나도 불안해진다. 미카미가 쯧쯧 하고 혀를 차는 순간 나는 반사적으로 사과했다.

"미안해요."

입이 말라서 목소리가 갈라져 나왔지만 내 목소리는 분명하게 울려 퍼졌다. 미카미가 놀란 얼굴로 손길을 멈추었다.

"당신 지금, 미안해요, 라고 했네?"

나는 소리를 내지 않고 고개를 끄덕였다. 내 목소리를 간만에 듣고 누구보다 놀란 것은 나였다.

미카미는 기저귀 양쪽의 종이테이프를 재빨리 붙이고 걱정스레 나를 쳐다보았다.

"괜찮아요? 기분이 어때요?"

급격한 변화에 놀란 나는 다음 말을 잇지 못했다. 말을 함으로써 뭔가를 되찾은 기분이었다. 그걸 '자아'라고 부를 수 있지 않을까.

별안간 내가 어디서 뭘 하고 있는 거지? 라는 의문이 떠올랐다. 기저귀까지 차고 누워 있다니. 무슨 병에 걸린 걸까. 몹시 당황스러웠다.

"기분이 어떠냐니까. 정말 오래간만에 말을 한 거죠?"

미카미가 팔짱을 끼고 나를 내려다보고 있었다. 땋아 올린 머리가 전보다 후퇴해 있고 이마 위 흰머리도 많아진 듯하다.

"네, 오래간만이네요."

간신히 대답하고 나는 생각을 정리하기 위해 눈을 감았다.

"혼란스럽지는 않아요? 여기가 어딘지 알겠어요?"

혼란? 나는 한 번도 혼란 같은 걸 느낀 적이 없다. 다만 의욕도 없고 생각할 기력도 전혀 없어서, 상대가 하는 대로 맡겨두었을 뿐이다. 그것을 미카미는 혼란이라고 하는 걸까?

나는 질문에 답하지 않고 오히려 되물었다.

"소마 선생은요?"

"오늘은 진료일이 아니에요."

"언제는 진료일이어서 왔나요? 아니잖아요."

생각하는 대로 말이 나왔다. 갑자기 똑똑해진 기분이었다. 다양한 의문이 떠오르는 동시에 견딜 수 없는 심정이 되었다. 그 어떤 의문에도 누구 하나 대답하지 못하리라는 것은 알고 있었다.

"그렇지 않아요. 매주 화요일마다 오세요. 오늘은 학회인지 뭔지 때문에 못 오는지 모르지만."

"학회?"

소마는 학회에 참석해서 뭐라고 떠들까. 이런 수용시설 같은 '요양소'에서 제멋대로 일하는 의사가 무엇을 연구한다는 걸까.

나의 내부에 애초부터 있던 소마에 대한 강렬한 반발이 풍선처럼 부풀어 올랐다. 간호사 미카미에 대한 반발도.

엄마와 아기의 밀월은 이제 끝났다.

"그 사람, 학회에서 뭘 한대요?"

"그 사람?"

시체처럼 누워 아무것도 하지 못하던 내가 말을 쏟아내고 더구나 공격적인 태도를 드러내자 미카미는 크게 놀란 모양이다. 분위기가 조금 차분해지자 나를 비난하듯이 말했다.

"그래보여도 소마 선생은 우수한 뇌 과학자래요. 정신과 의사는 뇌 과학 공부도 필요할 테니까."

"소마 선생이 무얼 연구하든 나하고는 관계없는 일이에요. 뇌 연구 같은 걸 해도 정작 중요한 마음을 모르니까."

나는 위화감을 언어로 표현하려고 천천히 말했다.

"선생한테 무례한 거 아녜요? 왜냐하면,"

미카미가 쓴웃음 지으며 뭐라고 말하려는 것을 내가 가로막았다.

"그보다, 집에 돌려보내 주세요. 이건 부당한 감금이잖아요. 멋대로 약물을 주사해서 정신을 잃게 만들고. 상해 사건이에요."

"감금이니 상해니 듣기 거북하네요." 미카미가 기분이 상했는지 있는 듯 없는 듯 옅은 눈썹을 찡그렸다. "마쓰 씨는 망상이 심해져서 발작과 함께 난동을 부렸어요. 자기가 무엇을 했는지 다 잊었어요?"

"발작 같은 거 아녜요. 정당한 항의였어요."

"항의가 아니라 공격이었어요. 당신은 통합실조증이 의심된다고 들었어요. 망상으로 인해 공격적이 되는 게 특징이래요."

"없는 병 만들지 말아요. 나는 정상이에요. 작가라는 이유만으로 부당한 일을 당하고 있는 겁니다."

나는 초조해져서 소리쳤다. 간만에 소리를 내지르다 보니 제대로 조절하지 못해서 새된 목소리가 튀어나왔다.

"만들긴 뭘 만들어요. 당신은 갱생을 위해 여기 왔는데, 감금되어 평생 못 나간다고 제멋대로 상상하며 떠들었어요. 그래서 모두들 그렇지 않다고 하니까 사납게 저항했잖아요. 자기가 이상하다는 걸 왜 모르는 거죠? 그게 병이 들었다는 증거 아녜요?"

"난 전혀 이상하지 않아요. 모두 달려들어 병을 만들고 있는 거지."

나는 화가 나서 왼팔에 채워진 링거 커버를 억지로 뜯어냈다. 그 바람에 링거 바늘이 혈관에서 뽑혔다. 바늘 끝에서 노란 액체가 떨어져 시트를 노랗게 물들였다.

스스로도 믿기지 않는 힘이 튀어나온 데 놀랐다. 하지만 거기까지였다. 일어나려고 했지만 그럴 수 없었다. 오랫동안 누워만 있어서 근력이 완전히 쇠퇴하고 말았던 것이다. 묶여 있는 왼손으로 침대 파이프를 붙잡고 상체를 일으키려 했지만 미카미가 몸으로 내리눌러 나를 제압했다.

나는 뜻밖에 무거운 미카미의 몸에 눌린 채 외쳤다.

"아무라도 좋으니 불러줘요. 다다는 뭐해요. 아키미와 불륜을 저지르는 다다 말예요. 성인업소에 드나드는 나르시스트 니시모리라도 좋아요. 아무나 불러 나에게 설명하라고 해요. 당신은 관계없는 사람이니까 모르겠지. 다른 사람을 불러요. 미카미, 당신, 어디서 왔어요. 아무것도 모르고 온 주제에 나한테 훈계하지 말아요."

스고우 시즈카의 '유서' 내용이 되살아나 제정신으로 돌아온 기분이 들었다.

"알았어요."

미카미가 차분한 소리로 대답하는 순간 몇 사람이 우르르 방으로 들어오는 기척이 들렸다. 다다도 니시모리도 아니었다. 의료종사자로 보이는 흰 가운을 입은 남자들이었다.

누굴까 의아하게 생각하는 찰나 남자들의 억세고 큰 손아귀가 내 눈과 입을 틀어막았다. 나는 몸부림쳤지만 이미 호흡을 할 수 없었다. 정신이 아득해지는 순간 다시 팔뚝에 주사바늘이 꽂히는 것을 느꼈다. 이윽고 핏기가 빠져나가는 듯이 온몸에서 맥이 풀렸다.

다음으로 눈을 뜬 것은 심한 두통 탓이었다. 그리고 오른쪽 발끝의 통증도 견디기 힘들었다. 여기가 왜 아픈지 모르겠다. 나는 무거운 이불을 마비되지 않은 왼쪽 발로 차올리며 몸부림쳤다. 말이 나오지 않아 아무도 부를 수 없었지만 이불을 차서 떨어뜨리자 누군가 방으로 들어와 내 얼굴을 들여다보았다.

"어디가 아파?"

미카미였다. 미카미는 이미 자상한 엄마가 아니었다. 차가운 눈초리로 버둥거리는 나를 관찰하고 있었다. 나는 링거를 꽂지 않은 쪽 손으로 머리를 가리키며 왼발을 버둥거렸다.

"머리가 아파?"

"응, 아파."

"못 참을 만큼 아파?"

미카미는 냉정함을 풍기는 목소리로 물었다.

"도와줘요, 아파."

"귀찮은 사람이네" 하고 어이없다는 듯이 말한다.

"이봐, 나한테 무슨 짓을 한 거지? 무슨 주사지?"

나는 필사적으로 물었지만 미카미는 굳은 표정으로 대답하지 않았다. 나는 고통에 허덕이며 미카미의 얼굴을 응시했다. 미카미의 미간에는 세로로 두 가닥 주름살이 잡혀 몹시 지쳐 보였다. 미카미는 "잠깐 기다려 봐"라고 말하더니 방을 나갔다.

기다리는 사이에 간헐적으로 엄습하던 두통은 비명을 지를 정도가 되었고 오른발의 저림은 넓적다리 근방까지 올라오고 있었다. 흡사 죽음이 기어 올라오는 것 같았다.

나는 필사적으로 왼발을 버둥거려서 보이지 않는 죽음을 몰아내려고 했다.

"마쓰 씨, 왜 그래요."

덧니 틈새로 공기가 빠지기 때문에 자신이 없는 듯 떠듬떠듬하게 들리는 여자의 목소리. 소마였다. 나는 뇌가 폭발하나 싶을 정도의 격심한 통증과 싸우며 소마의 얼굴을 쳐다보았다. 이런 지경에 처했는데도 왠지 마음은 평온해서, 지금이라면 뭐든 저들이 하라는 대로 얌전히 따를 수 있을 것 같았다. 뿐만 아니라 소마가 와준 데 안도감마저 느끼고 있었다. 누구라도 좋으니 도와주길 바랐다.

통증으로 아무 말도 못하는 나를 대신하여 미카미가 말해 주었지만, 아무렴 상관없다는 투였다.

"머리가 아프대요."

미카미의 보고에 소마는 천천히 고개를 끄덕였다. 그러더니 미카미에게 뭐라고 지시했다. 미카미가 나가자 소마가 속삭였다. 입에서 인스턴트커피 냄새가 났다.

"약물 부작용인 것 같아요. 두통약과 망상을 없애는 약을 드릴 테니까 그걸 복용하고 얌전히 있어요. 당신에게 통합실조증 진단이 나왔어요."

아니야, 절대로 아니야. 나는 통합실조증이 아니다. 게다가 '진단이 나왔어요'라니, 네가 내린 거잖아. 그렇게 말하고 싶은데 목소리가 전혀 나오지 않았다. 나는 어찌 해야 좋을지 알 수 없었다.

마침내 남자 두 명이 다시 들어오더니 둘이 힘을 모아 내 입을 크게 벌렸다. 내가 곤부에게 설사약을 먹일 때처럼 알약을 목구멍 속으로 밀어 넣었다. 삼키지 않으려고 이를 꽉 다물었지만 숨을 쉴 수 없게 되자 약을 삼킬 수밖에 없었다.

"겨우 삼켰네요."

굴욕스러운 기분이 들어 눈물이 났다.

"아, 울고 있네."

소마가 기쁘게 말하고 남자들이 와락 웃자 나는 생전 처음 살의가 치솟는 걸 느꼈다. 그때까지는 누구를 증오한 적은 있어도 살의까지 느낀 적은 없었다. 이곳을 탈출할 수 있다면 무엇보다 먼저 소마부터 죽여 버리겠다고 생각했다.

약을 먹자 깨질 듯한 두통은 사라졌지만 이번에는 맥이 풀리기 시작했다. 몸부림은 고사하고 고개를 끄덕이는 것조차 귀찮아졌다. 온몸에서 힘이 빠져나가는 느낌이다. 이러다가 호흡마저 멈추는 게 아닐까.

전에는 갓난아기처럼 안심하고 주면 주는 대로 받으며 아무 생각 없이 살았지만, 지금은 생각을 하려 해도 전신이 나른해서 견딜 수 없었다. 이대로 약물에 취해 산송장이 되는 건가 싶기도 했다.

나는 마침내 그 알약을 매일 먹게 되었다. 며칠 뒤에는 몇 알이 더 늘었다. 복용량이 늘자 악몽을 꾸는 일이 많아졌다.

절벽에서 떨어져 시치후쿠진하마의 외설스럽게 생긴 바위에 머리를 부딪히거나 아부 그레이브 교도소처럼 움직일 수도 없는 상태에서 사나운 개들의 공격을 받는 등 대체로 이렇다 할 줄거리 없이 무섭기만 한 꿈이었다. 심지어 유령이 나타나기도 했다.

나는 식은땀을 흘리며 스스로의 비명소리에 놀라서 깨어났다. 악몽이 무서워 차마 눈을 감을 수 없었지만, 졸음에 겨워 깜박 잠이 들면 다시 악몽에 시달렸다.

충격적인 사건으로 비탄에 빠지는 꿈, 누군가의 공격을 받아 벌벌 떠는 꿈, 뭔가를 제출해야 하는데 시간이 모자라 안달하는 꿈, 망자가 돌아와 나를 힐책하는 꿈…… 내용은 매번 달랐다. 마치 내 마음 속의 모든 부정적 감정, 삶의 괴로움이 다 튀어나오는 것 같았다.

내가 쓴 소설의 일부가 나타나기도 했다. 궁지에 몰리거나 질책을 당하거나 남을 괴롭히거나 엄청난 시련에 빠지거나. 내가 만들어 낸 주인공들이, 작가인 나를 역으로 괴롭히기 시작했다.

나는 잠을 제대로 이룰 수 없게 되었다. 그렇게 수면부족으로 고통을 받으며 변함없이 찾아오는 두통과 나른함에 점차 약해져 갔다.

"마쓰 씨, 상태는 좀 어떻습니까?"

다시 몇 주가 지났는지 소마가 나타났다. 소마는 단발머리로 변해 있었다. 전보다 훨씬 세련돼 보였다. 무슨 변화가 있었던 걸까. 하지만 나는 소마에게 뭔가 질문하거나 반항할 기개를 이미 상실하고 있었다.

"무서운 꿈을 꿔요."

내 목소리가 가련했는지 소마가 상냥하게 물었다.

"어떤 꿈이죠?"

"이상한 괴물에게 쫓기거나 뱀이 품속에서 기어오르거나 절벽에서 떨어지거나 총에 맞거나."

떠올리기만 해도 끔찍한 기분이 들었다. 소마는 진료차트에 기록하던 볼펜을 멈추었다.

"힘들겠군요."

"그래서 잠을 못 자요."

"알겠어요. 그럼 악몽을 꾸지 않게 해 주는 약을 드리죠."

또 약이 늘었다. 나는 탄식하는 한편으로 안도했다. 악몽을 꾸지 않고 잘 수만 있다면 됐다. 이미 약의 포로가 되어 있었다. 어느 약 하나라도 끊으면 다른 약이 작용하여 내 몸과 마음을 망가뜨린다. 그럼 어느 것을 줄이고 어느 것을 늘려야 할까. 약의 작용은 퍼즐처럼 복잡하게 뒤얽혀서 나로서는 도저히 알 수 없었다.

"당신은 부당한 감금이라고 말했지만 동생분에게 입원동의서를 받았어요. 가족의 동의를 얻었으니 당신에 대한 입원 조치는 정당한 것이 되었습니다. 이제 이상한 말은 하지 말아 주세요."

소마가 내 면전에 종이 한 장을 쓱 내밀었다. 동생 '마쓰시게 신야'의 이름으로 '가족으로서 누이 마쓰시게 간나의 입원에 동의한다'는 내용이 적혀 있었다. 위조한 게 아닐까 의심했지만 몇 번을 봐도 동생의 필체가 분명했다. 곤부를 찾는 전단지에 동생 휴대전화 번호를 적어둔 탓에 동생의 안부를 걱정하고 있었는데, 그의 무사함을 이런 식으로 확인하게 될 줄은 몰랐다.

"나는 원래 문윤의 소환장을 받고 이곳에 불려왔어요. 그런데 지금은 입원한 것으로 된 겁니까?"

"그렇죠. 당신은 연수받다가 병에 걸린 것으로 되어 있어요."

소마는 진료차트로 눈길을 떨어뜨리며 대답했다. 자신이 결정하고 있으면서도 남 일처럼 말하는 것이 소마의 버릇 같았다. 아니, 버릇이 아니다. 책임 회피였다.

"나는 병에 걸린 게 아니에요."

나는 체념하면서도 항의했다.

"다들 그렇게 말하죠. 그것도 이 병의 특징이라고 봅니다. 그러니 자신이 병에 걸렸는지 아닌지 생각하지 말고 뇌를 좀 쉬게 하는 편이 좋겠습니다, 마쓰 씨."

소마는 웃으며 말했다. 나는 절망하여 고개를 떨어뜨렸다. '마쓰 씨' 하며 필명으로 나를 부르던 동생은 이제 도와주러 오지 않을 것이다. 동생은 '마쓰 씨'가 어느새 통합실조증을 앓아 요양소에서 치료를 받으며 편하게 양생하는 모양이라고 생각할 게 틀림없다.

"기분전환 삼아 방을 바꿀까요?"

나의 동의 따위는 아무렴 상관없는지 다시 흰 가운을 입은 남자들이 스트레처를 들고 들어왔다.

나는 얌전히 스트레처에 실려 방을 나갔다. 간만에 복도로 나온 셈이라 바깥 풍경을 기대했지만 눈가리개로 수건이 씌워져 아무것도 볼 수 없었다. 그동안에도 링거에서는 계속 수액이 떨어졌다.

2층 복도의 막다른 곳에 다다르자 문 열리는 소리가 들렸다. 이런 곳에 엘리베이터가 있는 줄은 몰랐다. 식당에서 '목욕탕'이라고 한 마디 일러준 여자의 방이 이 근처일 텐데. 나는 그 사람이 나와서 내 모습을 봐주지 않을까 기대했지만 아무런 소리도 들리지 않았다.

나는 엘리베이터에 실려 내려갔다. 예상대로 스트레처가 도착한 곳은 지하 2층이었다. 그 여자가 묶여 있던 지하 병실이다. 나도 강제로 구속복을 입고 아무한테나 절망의 눈초리를 보내게 될까.

방은 냉방이 잘 되어 서늘했다. 창이 없어 외부 빛은 일체 들어오지 않았다. LED 같은 조명이 천장에서 오렌지색 빛을 발하고 있다. 방 한쪽 구석에는 감시카메라가 있었다.

"나는 여기서 뭘 하면 되는 거죠?"

방에는 침대와 화장실만 있었다. 2층 내 방에 있던 초등학생 책상 같은 작은 파이프 책상과 의자가 그리웠다.

"아무것도 하지 말고 뇌를 쉬게 해 주세요."

소마는 빨간 안경테를 만지며 억양 없는 말투로 말했다. 뇌 연구를 한다는 소마의 뇌는 어떻게 생겼을까. 나는 머리를 짧게 친 소마의 얼굴을 멍하니 바라보았다.

아무것도 하지 않으면 상상밖에 할 일이 없지 않은가. 뇌가 쉬기는커녕 혹사당할 텐데. 물론 뇌를 쉬게 하기 위해(뇌 활동을 멈추기 위해) 나에게는 많은 종류의 약물이 투여되겠지. 인체 실험을 당하듯 다양한 약물이 투여되어 멍하고 무기력한 인간이 되어 가리라. 나는 소마에게 '선별'당한 걸까. 문학은 광기라는 것을 실증하기 위해?

"앞으로는 전부 복약으로 바꿀 겁니다."

소마가 나의 팔에서 서툴게 링거 바늘을 뽑으며 말했다. 앞으로 시험할 약물은 링거에 혼입할 필요가 없는 모양이다.

바늘을 뽑는 소마의 처치가 거칠어서 왼팔 주사자국에 빨간 피가 동글게 맺혔다. 옆에서 대기하던 미카미가 그 위에 작은 반창고를 붙여 주었다.

복약. 한 그릇이나 되는 약을 복용하게 될지도 모르지만 그렇다면 약을 몰래 거부할 수도 있지 않을까.

"분명히 말해 두지만 복용한 척하는 건 불가능해요." 소마가 내 마음을 읽은 것처럼 말했다. "투약 시간은 엄격하게 지키고 간호사들이 약을 삼키는지 확인할 테니까."

또 동물에게 약을 먹이듯 알약을 목구멍 속으로 밀어 넣으려나. 나는 그것을 어떻게 막으면 좋을지 생각했다. 그러려면 근력을 단련해야 한다. 하지만 나는 아직 침대에서 혼자 일어서는 것도 어렵다.

3

지하 병실로 옮겨진 뒤로는 비바람 소리나 터빈 소리 따위가 전혀 들리지 않았다. 들려오는 것은 하루 종일 고오오, 하고 신음하는 에어컨 소리와 멀리서 덜컹 하고 문을 닫는 듯한 소리, 복도를 지나가는 발소리였다.

아무래도 지하에 직원 식당이나 그들이 거주하는 공간이 있는 듯하다는 짐작을 한 까닭은, 가끔 남자들이 뭐라고 말하며 와르르 웃는 소리가 복도에 울려 퍼지기 때문이다.

나는 비바람 소리나 터빈 소리보다 그들의 발소리나 목소리, 문 여닫는 소리가 더 좋았다. 링거를 꽂고 약액이 똑똑 떨어지는 것밖에 볼 게 없던 때는 현실을 전부 받아들이면서도 종종 표현할 길 없는 불안에 시달렸다.

하지만 누군가 근처에서 평소대로 생활하고 있다고 느끼는 것만으로도 마음이 조금은 편해진다는 것이 신기했다. 그 누군가는 매우 사악할 자들일 텐데도.

소마는 '앞으로는 전부 복약으로 바꿀 겁니다'라고 했다. 나는 대량의 약물을 복용하고 산송장이 되리라 두려워하고 있었지만 실제로는 링거를 꽂고 있을 때보다 감각이 더 예민해진 것처럼 느껴졌다.

식사를 제공받기 때문일까. 변함없이 식은 밥과 부족한 반찬밖에 없는 열악한 식단이었지만 입으로 음식을 섭취하는 것만으로도 조금 기운이 났다.

슬슬 몸을 움직일 수 있었기 때문에 기저귀를 차지 않고 방에 있는 작은 세면대에서 세수를 하고 화장실을 쓸 수 있게 된 것도 기뻤다.

따라서 미카미의 방문 횟수는 줄어들었다. 전에는 엄마처럼 하루 종일 곁에서 보살펴 주었지만 지금은 세 끼 식사 시간에만 나타났다.

그때마다 미카미의 손목시계를 훔쳐보며 확인했다. 식사는 아침 8시, 오후 1시, 저녁 7시에 나왔다. 요양소 식사 시간과 조금 다른데, 요양소의 잔반을 이리로 보내는 탓이 아닐까 짐작되었다. 그 정도로 내용이 부실했다.

아침은 식빵과 우유, 냉동식품을 사용한 단백질과 야채 약간. 중식은 국물에 불어서 굵어진 우동에 나루토 어묵이 조금, 아니면 고기를 안 넣은 카레라이스 비슷한 것. 저녁은 찬밥과 빈약한 반찬, 그리고 싱거운 된장국. 이 메뉴가 질리지도 않고 반복되었다.

미카미는 그런 조악한 식사를 담은 쟁반을 가져와서는 내가 먹는 동안 옆에서 지켜보았다. 다 먹자마자 알약이 든 작은 종이컵을 건네주고 복용할 때까지 감시했다. 미카미가 내주는 컵에는 흰색, 노란색, 보라색 등의 알약이 열 알쯤 들어 있었다.

약을 먹자마자 어김없이 졸음이 와서 나는 용변을 마치면 바로 침대에 누웠다. 잠에서 깨어 눈을 뜨고 멍하니 있으면 또 미카미가 쟁반을 들고 온다. 식사를 마치고 약을 복용하고 용변을 보고 잔다.

이런 생활을 반복하다 보니 시간 감각이 사라졌다. 그래서 나는 필사적으로 미카미의 손목시계 바늘을 곁눈질하며 정신을 유지하려고 애썼다.

한편 고민스러운 문제가 있었다. 식욕이 왕성해진 것이다. 갑자기 식사를 하게 된 당초에는 먹는 게 고역이었지만, 이내 잘 먹을 수 있게 되자 고역은커녕 식사가 유일한 낙이 되었다.

요양소의 형편없는 식사도 식욕이 커지자 애타게 기다려졌다. 약기운이 떨어지기 전에 허기로 눈을 뜬 적도 있다. 그럴 때는 지루함을 달래기 위해 먹고 싶은 음식을 상상했다.

언제나 생각나는 건 갓 지은 밥에 우메보시를 얹은 것. 인생 최후의 음식도 그거면 충분하다. 우메보시에서 시작된 연상이 장어 찬합에 이른다. 장어에서 다시 붕장어로 이어진다. 급기야 좋아하는 생선초밥을 이것저것 떠올리니 군침이 줄줄 흘러나왔다.

어떤 때는 단 것이 당겨 미칠 것 같았다. 딸기찹쌀떡, 세븐일레븐의 생슈크림, 가리가리군_{아카기유업에서 제조하는 빙과}. 깃털처럼 얇은 브아시에_{프랑스의 프리미엄 제과점} 초콜릿에 칼로리 만점인 에쉬레 버터샌드. 혹은 과일. 멜론, 망고, 머스켓 포도, 오렌지. 이세탄백화점의 꽃밭 같은 지하 식품매장을 떠올리고 그만한 천국도 없다며 황홀한 망상에 빠지기도 했다.

먹고 자고 먹고 자고 음식 생각만 하고 있었으니 살이 쪘겠지. 나는 종종 뱃살을 쥐어보고는 자신의 추한 모습을 상상하며 우울해했다. 거울이 없어 확인할 길은 없지만 분명 살이 쪘으리라. 돼지처럼 둥글둥글해지고 개처럼 길들여진 나는 사회로 돌아가더라도 아무 일도 하지 않고 하루 종일 멍하니 지내게 될 것이다. 마치 폐인처럼.

어느 날 나는 조식을 가져온 미카미에게 물었다.

"나, 뚱뚱해졌죠?"

미카미는 나를 제대로 쳐다보지도 않은 채 조식 쟁반을 옆에 내려놓고 전동침대 등받이를 세워 내 상체를 수직에 가까운 각도로 일으키며 대답했다.

"전보다 찌긴 했지만 뚱뚱한 정도는 아니야."

나는 고개를 틀어 쟁반 위의 조식을 보았다. 비닐봉지에 든 식빵 두 장과 마가린. 납작해진 냉동 고로케. 방울토마토 두 개.

건네주는 잔의 온수로 입안을 헹궜다.

"거울을 보여줄 수 없나요? 보고 싶어요."

"금지야."

미카미는 매정하게 대답했다. 왜 거울을 금지하는지 의아했다. 너무나 변해 버린 모습에 충격을 받을까 봐? 그래도 확인하고 싶었다.

"왜 금지죠? 적어도 세면대에 거울을 달아줄 수는 있잖아요?"

"됐으니까 빨리 먹어."

나는 얌전히 식빵을 집어 들며 가끔은 마멀레이드나 잼을 먹고 싶다고 생각했다.

그때, 아침에 빵이나 마가린을 챙겨두었다가 점심에 먹었던 기억이 떠올랐다. 시치후쿠진하마 요양소에서 있었던, 거의 최근의 일인데도 가물가물하다. 필시 음식에 대한 수그러들 줄 모르는 욕망이 기억마저 되살린 것이 틀림없다.

"딸기 잼 같은 것도 먹고 싶네."

미카미는 또 내 말을 무시했다.

"삶은 계란도 먹고 싶고."

삶은 계란에 딸려 나온 소금도 절반쯤은 봉지에 남겨서 챙겨두었었지. 그 소금이 아직도 남아 있을지.

병실에 갇히고 얼마나 시간이 지났을까. 지금이 몇 월인지 오늘이 며칠인지도 알 수 없다. 시간 상실은 자기 상실이기도 하다. 나는 곧 내가 누구인지도 알 수 없게 되지 않을까.

"삶은 계란 정도는 곧 나올 거야."

미카미가 초조한 듯 다리를 달달 떨면서 말했다.

"내일 먹고 싶어요. 그렇게 말해줘요."

"알았어, 알았어."

미카미는 귀찮다는 듯이 대답하고 나에게 빨리 먹으라고 손짓으로 재촉했다.

"삶은 계란, 누구한테 부탁해 줄래요?"

그 질문을 꺼낸 순간 '가니에'라는 이름이 떠올라 숨을 삼켰다. 이제야 기억이 났다. 가니에가 주방을 담당하고 그 조카가 아키미였다. 소장이 다다이고 정신과의사가 소마. 그리고 직원 니시모리와 히가시모리와 오치. 종종 복도에서 들려오던 남자들 웃음소리나 발소리는 니시모리 들일까? 아니면 흰 가운을 입은 낯선 남자들일까?

"소장이나 소마 선생에게 말해두지."

미카미는 적당히 얼버무리고 내가 마가린을 바른 식빵을 다 먹을 때까지 끈기 있게 기다렸다.

"삶은 계란, 분명히 전해줘요. 부탁해요."

"집요하네. 다 먹었으면 얼른 약 먹어."

나는 순순히 알약이 든 종이컵에 입을 댔다. 미카미가 물이 든 잔을 얼른 내밀었다. 그때 마침 보라색 알약이 입에서 흘러나와 침대와 내 몸 사이에 떨어졌다. 나는 짐짓 자연스럽게 이불 속으로 툭 털어 넣었다.

"입 벌려 봐."

나는 약을 전부 삼켰다는 증거로 입을 크게 벌리고 혀도 움직여 입안을 보여주었다. 미카미는 안심했는지 쟁반을 들고 방을 나갔다.

방에는 감시카메라가 있다. 나는 자는 척 누워서 이불 속에 손을 감추고 알약을 침대 매트 밑에 끼워 넣었다. 보라색 알약을 먹지 않으면 어떤 변화가 나타날지 기대했는데, 아무래도 수면제는 아닌 모양이다. 잠을 잘 잤기 때문이다. 그러나 기억할 수 없을 정도로 많은 꿈을 꾸어서인지 깨어났을 때는 상당히 지쳐 있었다. 보라색 알약을 먹지 않아 뇌가 조금은 활동하기 시작한 듯하다. 좋은 징조였다.

중식 후의 복약은 어물쩍 속일 수 없다. 하지만 저녁에는 알약 몇 정을 교묘하게 입가로 흘릴 수 있었다. 미카미는 저녁이면 피로가 쌓이는지 주의가 산만할 때가 많아서 그때를 노렸다.

그날 밤이었다. 평소처럼 잠이 들었는데 비교적 일찍 눈이 떠졌다. 밖이 보이지 않는 지하실에서는 밤낮을 구별하기 어렵지만, 야간에는 감시카메라로 감시할 수 있는 정도로만 조명을 어둡게 하므로 야간이라는 걸 알 수 있었다.

그런데 방 안의 조명이 꺼져 있어서 캄캄했다. 보통은 깊이 잠들기 때문에 심야에 조명을 완전히 꺼버린다는 걸 알지 못했던 듯하다. 아니면 혹시 사고가 나서 오늘만 그런 걸까.

나는 한동안 경험한 적이 없던 완벽한 암흑을 틈타 매트리스 밑에 끼워둔 알약을 손가락으로 더듬어 찾았다. 그러고는 침대의 금속 부분에 대고 한손으로 갈아내는 작업에 열중했다. 고운 가루로 만들어 버리면 증거가 남지 않을 테니까.

세 번째 알약이 묘하게 딱딱해서 힘들었지만 그럭저럭 전부 가루로 만들 수 있었다. 나는 가루가 시트 위에 남지 않도록 열심히 털어서 밑으로 떨어뜨렸다. 미카미가 바닥에 떨어진 몇 알 분의 가루를 알아채지 않을까 불안했지만, 어두운 탓에 가루가 얼마나 떨어져 있는지 알 수 없었다. 내일 아침에 확인해 보는 수밖에 없겠다.

그때 딸칵 하고 문손잡이가 돌아가는 소리가 났다. 야간 순찰인가? 나는 동작을 멈추고 두근거림을 억누르며 귀를 기울였다.

어둠 속에서 문이 가만히 열리는지 희미하게 움직이는 공기가 느껴졌다. 회중전등 불빛도 없었다. 분명히 누군가 이 병실로 몰래 숨어들고 있었다.

결국 살해당하는 순간이 다가온 것인가. 여러 명의 작가가 이

렇게 살해되어 은밀하게 요양소에서 실려나간 것은 아닐까. 마침
내 내 차례가 왔다. 목소리도 나오지 않았다. 바짝 얼어 있는데
들어온 자가 침대 옆에 서는 기척이 났다.

미카미라면 좋을 텐데, 하고 생각했지만 그는 미카미가 아니었
다. 왜냐하면 미카미에게서는 절대로 나지 않는 어떤 냄새가 났
기 때문이다. 희미한 바다 내음을 품은 바깥 냄새와 술 냄새였다.

남자라고 느낀 순간 생각했다. 저항도 못하는 나에게 무슨 짓
을 하려는 걸까. 답은 알고 있었다. 남자의 손이 이불 속으로 들
어와 나의 제복을 더듬기 시작할 때 나도 모르게 소리를 질렀다.

"누구야?"

남자는 말이 없었지만 움찔 놀란 듯 손길이 멈추었다. 하지만
그것도 잠깐이었다. 다시 더듬으려고 한다. 강간할 작정일까. 내
가 아무것도 모르고 숙면에 빠졌을 때도 이런 짓을 당했을까.

'전에 요양소에 젊은 여성 작가가 있었는데, 니시모리가 강간했
다는 소문이 있습니다. 그 뒤로 그녀를 보지 못했습니다. 절벽에
서 밀어 버렸는지도 모릅니다.'

스고우 시즈카의 '유서' 한 구절을 떠올리며 나는 격하게 저항
했다.

"하지 마, 니시모리?"

"쉿."

남자의 손이 내 입을 막았다. 남자도 감시카메라에 찍히고 싶
지 않을 테고 음성이 녹음되는 것도 바라지 않을 것이다. 나는 입

을 막은 손을 밀어내려고 필사적으로 버둥거렸다. 억센 손의 주인이 누구인지 알 것 같았다. 남자는 체념한 듯 손을 거두었다.

"당신 누구야."

물론 남자는 대답하지 않았다. 바깥 공기와 술기운 덩어리가 재빨리 침대 옆에서 멀어져 가는 기척이 났다. 들키기 전에 도망칠 작정인 모양이다.

"잠깐만." 남자가 한순간 당황한 듯 멈춰서는 것을 알 수 있었다. "당신 오치지? 알아, 그 정도는. 더 크게 소리칠까? 그럼 소동이 벌어지겠지. 아무리 여기라도 환자를 강간했다면 문제가 되겠지?"

"강간 같은 거 안 해."

낮은 목소리로 속삭이듯 말했다.

"내 몸을 더듬었잖아."

"당신이 산송장이 된 게 아닌가 생각했어. 약에 절었잖아."

"그래서, 만지러 왔다?"

"아니라니까."

오치는 취했는지 혀가 제대로 돌아가지 않았다. 나에게 뭔가 하고 싶은 말이라도 있는 걸까? 나는 다시 스고우 시즈카의 '유서'를 떠올렸다.

'오치는 무엇을 위해 이곳에 있는지 알 수 없는 인물로, 일하는 것을 죽도록 싫어하는 거칠고 게으른 자처럼 보이지만, 종종 지성을 느끼게 합니다. 가장 수수께끼가 많은 인물입니다.'

"여기 몰래 숨어들 수 있다면 내일도 와. 단 술은 마시지 말고."

오치는 아무 대답도 없이 들어올 때처럼 은밀하게 나갔다.

나는 잠시 잠을 이루지 못하고 이런저런 생각을 하다가, 사용하지 않던 뇌를 혹사한 탓인지 마침내 피로가 몰려와 혼절하듯 잠들었다.

이튿날 아침 미카미가 조식을 가져왔을 때 나는 뭔가 변화가 없는지 궁금해서 주의 깊게 쳐다보았다. LED 조명과 상야등밤새도록 켜 놓는 등을 꺼서 암흑으로 만든 것이 모종의 음모인지도 모른다고 생각했다. 그 정도는 능히 해치울 자들이었다.

"왜 그래? 사람을 빤히 쳐다보고."

미카미에게 밤중에 오치가 병실에 들어왔다고 말하면 어떤 얼굴을 할까. 보고 싶은 마음도 있었지만 참았다.

"아무것도 아녜요."

조식은 식빵과 삶은 계란이었다. 삶은 계란의 껍질은 이미 벗겨져 있었다. 시든 브로콜리가 두 조각. 그리고 변함없이 이 지역에서 나는 싱겁고 맛없는 팩우유.

"당신이 요청해서 삶은 계란이 나왔어."

미카미는 내가 반가워하지 않자 마뜩찮은 표정으로 말했다.

"우연이겠죠?"

"소마 선생이 힘써 준 거야."

미카미가 새침하게 말했다. 삶은 계란 정도로 '힘써주었다'고하다니, 한심한 이야기였다.

"고맙군요. 선생은 내가 통합실조증이라고 말했지만, 대체 언제나 돼야 낫죠? 그런 건 일러주지 않나요?"

"여기서 잠시 요양한다는 말밖에 듣지 못했는데."

미카미는 남의 일처럼 말했다.

사고능력을 회복한 나는 문득 불안해졌다. 평생 여기 있게 된다면 어떻게 해야 좋을까.

당연한 일이지만 입원비는 가족이 부담할 것이다. 내 경우는 동생이 부담한다. 동생은 입원동의서에 사인까지 했으니 나의 발병을 의심하지 않을 것이다.

설사 동생이 수상히 여겨 문의한다고 해도 다다나 소마는 병상을 제대로 알리기는커녕 내가 입원한 장소도 가르쳐주지 않을 것이다. 동생은 평생 아무것도 모르고 나의 입원비를 계속 부담하게 될 것이다.

처음에 문윤은 '청원서'를 보내 심의회 출석을 요구한다. 그때 출석을 거부한 자, 혹은 '청원서'를 무시한 자에게는 '소환장'을 보낸다. 소환장의 안내대로 C역에 도착하면 시치후쿠진하마 요양소로 연행된다.

요양소에서는 자유를 빼앗기고 작가의 존엄도 침해받고 수치스러운 전향을 강요당한다. '갱생'에 굴복하지 않되 과감하게 반항하지 못하는 자에게는 은밀하게 이런저런 방법을 동원하여 미치게 유도한다. 나약한 인간은 절벽에서 몸을 던지고 싶어질 게 뻔하다. 자살을 택하는 것은 문윤이 원하는 바이다. 그것은 나약한 작가가 스스로 택한 거니까.

하지만 반항적인 자나 순순히 죄를 인정하지 않는 자, 다루기 힘든 자에게는 다음 단계가 준비되어 있다. 즉 강제입원이다. 강제입원을 당하면 자유도 전혀 없고 자살도 할 수 없다. 평생 약물에 취해 침대에 묶여 있으므로 도망 같은 것은 꿈도 꿀 수 없다. 가족의 경제적 부담도 크다. 자살한 스고우 시즈카는 그런 의미에서는 행복한 사람이었는지 모른다.

나는 마침내 시치후쿠진하마 요양소의 시스템을 파악할 수 있었다. 전에 니시모리와 오치에게 양팔을 붙잡혀 지하로 끌려온 적이 있다. 구속복을 입고 누워 있던 여자의 모습을 경고의 의미로 보여준 것이다. 다음에는 너도 이렇게 된다고.

그래서 거울 따위는 필요가 없다는 거겠지. 거울은 말하자면 자신을 객관적으로 보고 싶은 충동을 실현시켜 주는 물건이니까. 그것은 사회성으로 통한다. 이 병실에서 평생을 보낼 인간에게 사회성은 필요 없다.

"내 동생이 입원동의서에 사인했다고 하는데, 동생에게서 연락은 없나요?"

소용없는 질문이라는 걸 알면서도 나는 미카미에게 물어보았다.

"응?" 내 식사 시간이 늘어지자 미카미는 자꾸 손목시계를 들여다보며 초조해하고 있었다. "글쎄, 난 그런 건 몰라."

"누구한테 물어보면 알 수 있죠?"

"소마 선생 아닐까?" 하고 건성으로 대답한다.

"하지만 소마 선생은 늘 이곳에 없잖아요?"

"학회가 있으니까."

"그럼 동생을 만나고 싶으니 연락해도 됩니까?"

"안 돼."

미카미가 다 먹지도 않은 조식 쟁반을 집어 들며 말했다. 아직 삶은 계란을 입에도 대지 못했는데. 나는 손을 뻗어 집으려고 했지만 어설프게 서두르는 바람에 계란이 미끄러져 바닥에 떨어졌다.

"뭐지, 이 가루는?"

계란을 주워든 미카미가 의아해하는 표정을 지었지만 나는 그걸 빼앗아 가루를 털어내고 입에 넣었다. 소금이고 뭐고 없었지만 목이 메어도 억지로 먹었다.

"세상에, 그거 더럽잖아."

미카미는 바닥에 흩어진 가루도 잊었는지 나를 보며 노골적으로 언짢은 표정을 지었다.

"어서 약 먹어."

조식 후의 약은 전부 삼키지 않을 수 없었다. 목구멍 속에 교묘하게 감출 수 있으면 좋을 텐데, 그러려면 훈련이 필요하겠다. 나는 유감스러워하며 오전에는 잠으로 보냈다.

중식은 남은 밥을 묵은 기름으로 볶은 듯한 볶음밥이었다. 밥이외의 재료는 나루토 어묵을 잘게 썬 것과 파 조금. 쉰내가 나서 기분은 나빴지만 전부 먹었다.

평소라면 상한 것 아니냐며 미카미에게 불평했을 텐데, 나는 아무 말도 하지 않았다. 약과 함께 토해 버리면 된다고 생각했던 것이다.

미카미는 아무것도 눈치 채지 못하고 나에게 약을 전부 삼키게 한 뒤에 방을 나갔다. 미카미가 방을 나가자 나는 감시카메라를 의식해서 토하는 시늉을 하며 화장실로 향했다. 식중독이라면 뭐라고 하지 못한다. 전부 토해 버리니 후련했지만 오후에는 컨디션이 나쁜 척하며 누워서 보냈다.

석식은 찬 돈가스와 시든 양배추 조금, 그릇 바닥이 다 보이도록 묽은 쑥갓된장국이었다. 그리고 질척한 밥.

아무리 봐도 잔반이라고밖에 여길 수 없는 식사였다. 그것도 나날이 심해졌다. 텔레비전에서 본 적이 있는 형무소 식사가 훨씬 나을 것 같았다. 내가 쇠약해지기를 노리는 것이 분명했다.

"점심은 다 토했다고?"

감시카메라를 점검했는지 미카미가 실망한 투로 물었다.

"왠지 속이 거북해서."

"밥이 쉰 거 아냐? 그럴 때는 말을 해야지."

"몰랐어요. 배가 고파 허겁지겁 먹은걸요."

"요즘 들어 사람이 저렴해졌어." 미카미가 어이없다는 듯이 웃었다.

웃어넘겼지만 중식을 토한 탓에 허기가 져서 죽을 것 같았다. 하는 수 없이 이 사람 저 사람 그릇에서 긁어모아 물로 씻은 듯한 밥을 급히 입안에 쓸어 넣었다. 돈가스는 거의 튀김옷밖에 없고 알맹이와 튀김옷 사이에 1센티미터 정도의 공간이 있었지만, 튀김옷도 칼로리라 생각하고 먹었다.

약을 삼킬 때는 미카미가 또 한순간 눈길을 돌린 틈에 몇 알을 입 밖으로 흘리고 재빨리 이불 속에 넣었다. 미카미가 나간 뒤 슬쩍 들여다보니 보라색과 흰색의 타원형 알약이었다. 그 약이 무엇인지는 알 수 없지만 미카미의 눈을 속여서 기쁜 것은 분명했다. 짓이기면 가루가 되므로 화장실 변기에 흘려버렸다.

지금으로서는 미카미를 방심케 하는 것밖에 방법이 없었다. 그리고 또 한 가지. 오치의 본심이 무엇인지 알아내는 것이다.

결국 수면제는 삼켜 버렸는지 나는 곧 잠이 들고 말았다. 시간이 얼마나 지났을까. 누군가 어깨를 툭툭 쳐서 깨어났다. 주위는 칠흑 같은 어둠으로 아무것도 보이지 않았다.

오치가 침대 옆에 와 있는 것 같은데, 말하기도 어려울 정도로 졸렸다.

"미안, 졸려서."

나는 그 말만 하고 다시 기절하듯 잠들었다. 오치가 나에게 무슨 짓을 했는지는 알 수 없었다. 내일 밤에도 찾아와 줄지 어떨지 알 수 없었다. 모든 게 알 수 없었다.

4

요즘 미카미의 기분이 왠지 좋지 않다. 내가 말을 걸어도 어딘지 건성으로 듣고 제대로 대답도 하지 않는 일이 많다. 오늘 아침에도 노크 없이 거칠게 문을 열었다. 감시카메라의 사각지대로 짐작되는 위치에 서서 옷을 갈아입으려던 나는 참지 못하고 불평을 했다.

"문을 열 때는 노크 정도는 해 주세요. 나는 입원 환자지 수인이 아니니까."

미카미는 무뚝뚝한 표정을 감추지 않았다.

"아주 기세 좋게 떠들 수 있게 되었네. 뭐 좋은 일이라도 있었어?"

내심 움찔했다. 알약을 흘리거나 숨겨서 조금씩 투약을 줄이다 보니 뇌 활동이 활발해졌다는 것은 나도 실감하고 있었다.

"무슨 좋은 일이 있겠어요." 나도 뚱한 표정으로 말했다. "배가 고파 죽겠는걸요. 좀 더 맛있는 걸 배불리 먹고 싶어요. 여기는 식사가 너무 형편없어요. 날 죽일 셈이에요?"

"오, 그럼 고통스러운 것도 알게 되었겠네. 전에는 아무것도 못 하고 내내 누워만 있었는데."

권력을 가진 자 특유의 기분 나쁜 말투였다. 그렇다면 한번 고통을 맛보게 해줄까, 라는 듯한 위협이 슬쩍 비친 것 같았다. 전에는 엄마 같았던 미카미가 심술궂게 변했다.

"배고픔은 고통이에요."

"그렇지. 그러니 얼른 먹어."

미카미는 자신이 가져온 조식 쟁반을 가리켰다.

변함없이 비닐봉지에 든 식빵 두 장과 마가린. 팩에 든 우유. 하얀 플라스틱 접시에는 훤히 비쳐 보일 것처럼 얇은 햄이 한 장, 그리고 시든 상추 몇 장이 놓여 있었다.

전에는 제공했던 플라스틱 포크도 경비 절약을 위해서인지 보이지 않았다. 그래서 마가린은 직접 빵에 문질러야 했다. 나는 마가린 포장지까지 먹어치울 기세로 깨끗이 핥아먹었다.

"당신은 편한 생활을 하고 있는 것 같아."

미카미는 침대 옆 테이블에 조식 쟁반을 거칠게 내려놓았다.

"편해요? 이게 어디가 편하다는 거죠? 감시당하며 갇혀 있는데. 거기다 형편없는 식사까지."

나는 시비조로 말했다.

"하지만 매일 뒹굴며 지내고 있잖아."

미카미가 살짝의 흐트러진 머리카락을 손으로 누르며 희미한 웃음을 지었다.

"그래서 말인데, 미카미 씨한테 부탁이 있어요."

"뭔데?"

미카미가 경계하는지 미간을 찡그렸다.

"지루해서 텔레비전을 보고 싶은데 안 될까요? 안 된다면 라디

오라도 좋아요. 그것도 안 된다면 뭐든 좋으니 책을 읽을 수 없을까요? 그것도 안 된다면 종이랑 연필을 주세요. 내가 알아서 뭐든 쓸게요."

"전부 안 될걸."

"왜죠? 무엇 때문에?" 나는 정색하고 말했다. "입원한 거라면 지루함을 달래기 위해 뭔가 해도 되잖아요?"

"당신은 치료 중이잖아. 자극이 되는 것은 금지야."

미카미는 빨리 식사를 하라고 몸짓으로 재촉했다. 나는 팩우유의 작은 구멍에 빨대를 꽂으며 작은 소리로 투덜거렸다.

"텔레비가 무슨 자극이 된다고. 그냥 지루해서 보겠다는 거잖아요."

그러면서 눈치 채지 못하게 미카미의 손목시계를 훔쳐보았다. 오전 8시 30분이 지나 있었다. 오늘은 미카미의 방문이 조금 늦었네.

"알았어. 소마 선생한테 물어보지."

미카미는 어김없이 그렇게 말한다. 하지만 정말 물어본 적은 한 번도 없을 게 뻔했다. 지하로 옮긴 뒤로 소마는 진찰하러 온 적도 없었다.

"소마 선생은 또 학회인가요?"

"아마도."

"어디서 학회가 열리고 있을까요."

"글쎄, 몰라." 쌀쌀맞게 대답한다.

"그런데 다다 소장은 잘 있나요?"

지하에 수용되고 나서 다다도 본 적이 없었다.

"왜 그런 게 궁금하지?"

미카미는 내키지 않는 듯 대답했다.

"이 방은 너무 격리되어 있으니까 얼굴을 아는 사람이 어떻게 지내는지 알고 싶을 뿐이에요."

미카미가 의아한 듯이 내 얼굴을 보았다.

"당신, 왠지 상당히 건강해졌네."

"그래요?" 하며 시치미를 뗐다.

"잠만 자고 있으면 허기지지도 않을 테고 다른 사람이 어떻게 지내든 관심도 없을 텐데."

내가 약을 삼키지 않으려 애쓰고 있다는 걸 눈치 챘을까. 조금 긴장했지만 한편으로 될 대로 되라는 심정도 있었다. 이런 생활을 계속한다면 폐인이 될 게 확실하다는 공포가 더 강했다.

"미카미 씨, 지금이 몇 월이죠? 밖이 보이지 않으니 궁금해요."

"9월."

미카미가 선선히 대답해서 놀랐다. 하지만 이번에는 미카미가 거짓말한 게 아닐까 생각했다. 시치후쿠진하마 요양소에 오고 나서는 의심만 많아지고, 일상적인 대화 따위는 잊어버린 것 같았다.

"벌써 9월인가. 여기 온 지도 세 달이 되었네. 9월 며칠이죠?"

미카미가 거기에는 대답하지 않고 "어서 먹어. 식기를 가져가야 하니까"라고 초조하게 말한다.

"미카미 씨는 가족이 없나요? 내내 여기 있던데, 아무도 만나지 않으면 괴롭지 않아요?"

잠깐 침묵이 드리운 듯했지만 미카미가 나에게 빵 봉지를 디밀었다.

"됐으니까 어서 먹어."

하는 수 없이 빵에 마가린을 문질러 바르고 순식간에 먹어치웠다. 햄과 상추는 남은 빵 한 장에 얹고 메인디시처럼 야금야금 아껴 먹었다.

그런 나를 미카미는 동정하듯 바라보고 있었다. 문득 나를 빈약한 식사로 괴롭히기 위해 식욕 증진제를 주었을지도 모른다고 생각했다. 거식증 환자에게는 스테로이드가 처방된다고 들은 적이 있다. 나한테도 그렇게 하지 않았을까? 요즘 식욕이 늘어서 조금 이상했다.

"자, 약 먹어."

종이컵에 든 수십 알의 알약. 미카미가 감시하므로 나는 조금씩 입안에 넣었다. 물로 삼키는 척하며 한 알을 어금니와 볼 사이에 감출 수 있었다. 이 방법으로는 특정한 알약을 선택해서 숨기기가 힘들다.

입안을 보여주었는데도 미카미는 좀처럼 방을 나가지 않고 왠지 미적거리고 있었다. 나는 입안에서 침에 녹기 시작한 약의 쓴맛을 참으며 말했다.

"먹고 나니 화장실에 가고 싶네요."

미카미가 의심스러운 눈초리로 나를 돌아보며 방을 나갔다. 발소리가 들리지 않는 걸 보니 밖에서 방 안 기척에 귀를 기울이고 있는 모양이다. 나는 화장실에 들어서자 먼저 약을 뱉었다. 하얀 알약이었다.

변기 물에 흘려버리고 침대로 돌아와 이불을 덮었다. 입안에 남은 약은 수면제가 아니었는지 마침내 의식을 잃듯이 식후의 깊은 잠에 빠져들었다. 대체 언제쯤이면 온전하게 깨어 있는 상태에서 오치와 대화할 수 있을까. 나는 그런 걱정을 하며 잠이 들었다.

점심때 깨어났지만 중식이 나오지 않았다. 아무리 기다려도 미카미가 중식을 가져다주지 않자 나는 낙담했다. 그래서 다시 잠을 청했으나 이번에는 좀처럼 잠이 오지 않았다. 이렇게 되니 수면제가 아쉬웠다.

침대에서 아무것도 할 일이 없는 것은 고문에 가깝다. 얼마 전에는 이런저런 음식을 상상하며 군침을 흘렸지만, 기아에 가까운 상태인 지금은 고통밖에 없었다.

문득 성적인 망상이 떠올랐다. 예상보다 빨리 죽음이 다가오고 있는지 모른다고 생각했다. 생물로서의 죽음이 바로 앞에 있을 때 인간은 생명을 환하게 빛나게 하니까.

나는 오치의 억센 손가락이 내 온몸을 더듬는 장면을 상상했다. 그러나 오치의 목적이 무엇인지가 마음에 걸려 집중할 수 없었다.

중식을 거른 탓인지 석식이 조금 빨리 나왔다. 나는 안도하며 복잡한 심정으로 미카미를 맞았다. 늘 굶주린 나는 식사를 가져오는 미카미가 구세주처럼 느껴졌다. 그것이 싫었다.

"배고프지?"

미카미는 들어오자 친절하게 말했다. 아침에 보여준 태도와 너무 달라 나도 모르게 미카미의 얼굴을 보았다. 내 침대의 등받이를 세우는 미카미의 손놀림도 부드러웠다.

"오늘은 왜 중식이 안 나왔죠?"

"잘 모르겠는데."

미카미는 얼버무렸다.

"배고파 죽을 뻔했어요."

"그래서 수면제가 있는 거야."

"왜 그렇게 날 재우려고 하죠?"

"생각할 필요가 없기 때문이겠지. 그래야 더 빨리 낫고."

"영영 깨어나지 못하는 사람도 있지 않나요?"

내가 비꼬자 미카미는 가만히 웃었다.

"설마."

"글쎄, 정말 없을까요?"

나의 비꼬는 말을 미소로 흘려버리고 미카미가 쟁반을 내밀었다.

"석식이야."

오늘의 저녁 반찬은 생선조림이었다. 작게 토막 낸 생선이 갈색 국물에 잠겨 있고 까만 껍질이 젖혀져 있다. 묽은 된장국과 누가 먹다 남은 밥그릇에서 긁어모은 듯한 밥은 평소와 다름없이 소량이었다. 공복이던 나는 얼른 젓가락을 들었다.

된장국이 차갑고 싱거웠다. 생선조림의 살점을 떼어 입에 넣었다. 무슨 생선인지 알 수 없고 조리도 서툴러 비린내가 났다. 맛없는 밥은 공기에 절반도 차지 않아 금방 먹고 말았다.

"오늘은 밥이 부족하지? 이건 내가 주는 선물."

내 눈을 의심했다. 미카미가 주머니에서 슬쩍 꺼내 보인 것은 칼로리메이트였다. 그리운 노란 포장. 내가 놀라서 멍하니 쳐다보자 미카미가 이불 속에 칼로리메이트를 밀어 넣었다.

"가끔은 이런 낙도 있어야 몸이 버티지."

맞는 말이다. 고마워 눈물이 날 것 같았지만, 한편에서는 갑자기 친절해진 미카미가 무슨 짓을 꾸미는 것은 아닌지 불안했다. 그냥 먹어도 괜찮을까. 독이든 사과여서 이걸 먹으면 더 혹독한 상황이 기다리고 있는 게 아닐까.

"의심하는군. 걱정하지 않아도 돼."

미카미가 감시카메라를 의식하는지 입술을 거의 놀리지 않고 빠르게 말했다.

"정말 괜찮나요?"

"이불 속에서 먹어."

"네."

"그럼 약을 먹읍시다."

약을 건네준다. 작고 노란 알약이 수상했다. 나는 노란 알약을 제일 먼저 입에 넣으면서 혀로 재빨리 어금니와 볼 사이에 집어넣었다. 물로 약을 삼킨 뒤 미카미에게 입안을 보여주었다.

"그럼 잘 자."

미카미가 나가자 또 화장실에서 알약을 뱉었다. 의도한 대로 노란 알약이었다. 조금 녹았으니 졸릴지도 모른다.

그날 밤. 평소처럼 졸리기 시작했지만 본격적인 잠은 오지 않았다. 그 대신 공복감에 힘겨웠다. 나는 이불 속에서 칼로리메이트를 부적처럼 꼭 쥐고 있었다.

아까 포장지를 확인해 보니 메이플 맛이었다. 메이플 맛. 얼마나 매혹적인 말인가. 나는 마침내 포장을 뜯고 하나를 우적우적 씹어 먹었다. 달게만 느껴질 뿐 맛을 알 수 없었다. 세 개 모두 먹고 싶었지만 간신히 참고 매트리스와 침대 사이에 감추어 두었다.

한잠도 못 이루고 기다리자 마침내 조명이 꺼지고 방 안이 캄캄해졌다. 과연 오치가 찾아올까? 나는 가만히 기다리지 못하고 침대에서 상체를 일으켰다.

마침내 문이 열리는 기척이 들렸다. 누군가 천천히 다가온다. 오치라는 것은 알지만 무슨 짓을 할지 모른다는 생각에 몸이 마비되는 기분이었다. 실제로 상대방 손이 희미하게 떨리고 있었다.

"마쓰, 일어나 있나?"

오치가 침대 옆으로 다가와 속삭이는 목소리로 물었다. 집음 마이크도 담지 못할 것처럼 작은 목소리였다. 나도 마찬가지로 속삭였다.

"일어나 있어요."

오늘밤은 오치에게서 술 냄새가 나지 않았다. 대신 석식으로 나온 생선조림 냄새가 났다. 식당에서 배식을 하다가 옷에 냄새가 배었을 것이다.

"용케 살아 있네."

어둠 속에서 말없이 고개를 끄덕였다.

"무슨 달콤한 냄새가 나는데. 뭐지?"

오치가 의아한 듯이 물었다. 미카미에게 칼로리메이트를 받았다고 고할까 생각했지만 오치도 믿을 수 있을지 알 수 없으므로 못 들은 척했다. 오치는 잠시 냄새를 맡고 있는 듯했지만 아무 말이 없었다.

"야밤에는 캄캄해지는군요. 몰랐어요."

"맞아. 오전 1시 반부터 3시까지 에너지 절약을 위해 완전히 소등하지. 복도의 감시카메라는 야간용이니까 조심해야 하지만 각방에 있는 것은 그렇게 고성능이 아니야."

"그럼 이 방도 괜찮나요?"

나는 어둠을 헤치듯이 방 한쪽 구석에 있을 감시카메라 쪽을 손으로 가리켰다.

"괜찮을 거야. 놈들은 당신을 그 정도로 위험하다고 여기진 않아."

"근데 당신은 뭘 하던 사람이죠?"

나는 소리죽여 물었다.

"나는 오치 히로토라는 작가야."

들어본 적이 있는 이름 같았지만 두뇌가 약해진 탓인지 얼른 기억해 낼 수 없었다.

"어떤 소설을 쓰고 있죠?"

"미스터리 작가야. 원전에 반대하는 소설을 발표하자마자 호출을 받았는데, 무시해 버리니까 이곳에 수감하더군."

"언제부터 있었죠?"

"1년 전인가."

"그런데 작가인 당신이 왜 여기서 일을 하고 있죠?"

"전향했으니까."

오치가 너무 간단히 말해서 나는 놀랐다.

"전향?"

나도 모르게 목소리가 커지자 오치가 내 입을 틀어막았다.

"조용히. 나랑 이야기하다 들키면 구속복을 입게 돼."

구속복을 입고 꼼짝도 못하던 여자를 떠올리며 나는 침묵했다. 그 사람은 어떻게 되었을까. 같은 지하 병실에 있으면서도 그럴

만한 목소리나 외치는 소리도 들은 적이 없었다.

"당신은 나랑 이야기해도 처벌을 받지 않나요?"

"몰래 마쓰를 강간하러 왔다고 하면 웃으며 봐주니까. 오히려 잘했다고 칭찬할지도 모르지. 여기는 그렇게 비열한 곳이야. 수용된 사람은 철저하게 굴욕을 당하지. 당신이 강간당하지 않을 수 있었던 것은 니시모리 들이 당신 같은 중년 여자한테는 눈길도 주지 않기 때문이야."

그래서 오치는 처음에 내 몸을 더듬었던 건가. 내가 반항해서 사태가 알려지면 강간하러 갔던 거라고 변명할 작정으로.

"불쾌한 이야기네요."

흥, 하고 오치가 코웃음 쳤다.

"그럼, 당신이 전향할 때 상황을 얘기해 줄래요?"

"좋아. 강습이 끝나고 전향하기로 결심한 사람은 문윤에 맹세문을 써내게 되어 있지. 그리고 평생 문윤의 방침에 맞는 작품을 쓰며 살거나 작가 노릇을 때려치우고 이곳에서 일하거나 둘 중에 하나를 택하는 거야. 글 쓰는 일에 염증이 나서 여기서 일하는 쪽을 선택하는 사람도 있어. 전자를 선택하면 평생 감시당하며 사는 거고."

"자살하거나 미쳐 버린 사람은요?"

"분노나 절망 때문에 자살하는 사람은 많아. 실은 그게 다다가 원하는 거야. 미쳐버린 사례는 별로 못 들어봤어. 오히려 무슨 약점이 잡힌 자나 작가라는 직업에 미련이 없는 놈은 쉽게 전향하지."

"그게 당신?"

"나뿐만이 아니야. 그리고 나는 조금 달라."

"어떻게 다르죠?"

"겉으로만 전향한 거니까. 이곳을 조사하려고."

"속편하게 써먹을 수 있는 말이네요."

나는 회의적이었다.

"사실이야. 난 당신을 구할 생각이야. 믿는 게 좋을 거야."

"어떻게 구해 준다는 거죠?"

"바깥사람들과 연락하고 있어. 그 사람들이 기회가 되면 차량을 보내기로 되어 있어. 그때 당신을 밖으로 빼내는 거지."

반가운 말이지만 두렵기도 했다. 실패해서 평생 구속복을 입어야 한다면 어쩌나. 다시 몸이 떨리기 시작했다.

"구조해 주길 바라나?"

"물론이죠." 하지만 무섭다는 말을 꾹 삼켜 버렸다.

"전향한 사람이 또 있나요?"

"있지. 미카미 씨도 그런 사람이고."

미카미는 작가였단 말인가. 나는 놀라서 소리를 지를 뻔했지만 황급히 내 손으로 입을 막았다.

"미카미 씨는 기메타 아리에야."

충격으로 말도 나오지 않았다. 기메타 아리에는 강렬한 섹스 장면을 묘사하는 포르노 작가로, 나는 그를 은밀히 동경하며 재능을 질투하고 있었다. 그 작가가 저 피곤에 쩔은 미카미였단 말인가. 더구나 그런 재능이 있는데 쉽게 전향했단 말인가.

"믿을 수 없어요. 기메타 아리에가 전향을 하다니."

"미카미 씨에게는 어린 딸이 있어. 그 딸을 인질로 잡힌 상황이 되자 눈물을 머금고 전향했지. 요컨대 약점을 잡힌 거야. 지금 딸은 시설에 들어가 있어. 그 시설이 어디로 옮겨졌다고 해서 마음고생을 하고 있지."

미카미가 침울했던 이유를 이제야 알았다. 오늘 저녁 표정이 밝았던 것은 뭔가 소식을 들었기 때문인지 모른다.

가족이 없는 독신인 나는 곤부 말고는 약점이 없다. 엄마는 치매로 딸도 알아보지 못하고 동생도 독신이므로 어떻게든 혼자 살아갈 수 있을 것이다. 즉 나 같은 작가가 가장 완고하고 애를 먹이는 것이다.

"스고우 시즈카라는 작가는 어떻게 된 거죠? 자살했나요?"

"절벽에서 뛰어내렸어. 거기서 뛰어내리면 사체가 걸레가 돼버리지. 회수하자면 고생이 막심하니까 현지 경찰이 싫어한다고 들었어. 하지만 다다는 소마가 싫어한다니까 좋은 거고."

"어째서죠?"

"소마는 뇌를 노리고 있으니까."

"나는 스고우 시즈카가 쓴 '유서'를 읽고 자포자기했어요. 여기서 순종하는 척하며 지내봐야 소용없구나 하고. 그 '유서'는 진짜일까요?"

"글쎄, 문윤은 이런저런 장난을 치니까."

그럼 오치 자신은 '장난'이 아닌가? 나는 어둠 속에서 말하는 오치의 얼굴을 보려고 했다. 하지만 상야등조차 꺼진 어둠 속이라 얼굴의 위치조차 알 수 없었다.

"모두 거짓말만 하는데 당신을 믿어도 좋을지."

"분명히 말하지만 나를 의지하는 것 말고 당신이 여길 나갈 가능성은 전혀 없어. 지금이야 당신도 저항하겠지만 조만간 나약해질 거야. 여기서 주는 약을 전부 먹게 될 테니까. 아무것도 생각하지 않고 아무것도 바라지 않고 정신적으로 죽어가는 거지. 그러다가 정말로 죽을지도 모르지만, 아무도 신경 쓰지 않아. 소마만 기뻐하겠지. 소마가 흥미를 품고 있는 동안은 절벽에서 떠밀리거나 하지 않거든. 그런 사례를 보면 우리가 전향을 표명한 게 현명한 선택이었다는 걸 알게 될 거야"

"지금이라도 전향할 수 있을까요?"

"지하병동에 옮겨지면 이미 안 돼."

"전에 내가 만났던 여자는?"

"죽었어."

"어떤 사람이었죠?"

"이름은 나도 몰라. 당신은 다다에게 침을 뱉었잖아. 그것만으로도 끝장난 거야. 하지만 나는 당신 같은 작가가 살아남아서 진실을 써야 한다고 생각해. 그래서 돕는 거고."

"생각해 볼게요."

"생각할 힘도 없으면서 무슨 소리야."

맞는 말이었다. 나는 오치 이야기가 믿기지 않았다. 악몽 속에 있는 것처럼 한없이 피폐해져서 침상에 기댔다. "또 올게. 어떻게 할지 결정해 둬" 하고 속삭인 오치가 방을 나가는 기척이 났다.

4
장

전
향

1

오치의 제안은 함정일까? 아니면 최초이자 최후의 탈출 기회일까.

속지 마, 속지 마, 달콤한 이야기에 넘어가지 마. 신중함이라기보다 의심으로 가득 찬 내가 스스로에게 속삭였다. 그러나 한편에서는 이런 상황이 계속될 바에야 차라리 속아서 죽어 버리는 편이 낫지 않을까 하는 자포자기에 가까운 마음도 고개를 들었다. 뭐가 나올지 알 수 없는 도박을 해야 하는 순간이 닥쳤다. 오늘밤에라도 대답을 해 줘야 한다.

지저분한 앞치마를 두른 오치가 냉혹한 태도를 보이거나 가차없이 나의 관절을 꺾던 순간들이 떠올랐다. 아무래도 그놈은 믿을 수 없다는 생각이 든다. 하지만 오치의 제안이 극적인 전개, 아니 극적인 희망을 준 것은 사실이었다.

나는 갈팡질팡하며 한잠도 이루지 못하고 침대에서 번민했다. 하지만 이렇게 고민하는 것조차 그동안 멈춰 있던 뇌에는 강렬한 자극이었던 듯하다. 무거운 이불에 푹 뒤집어씌워져 도망치지도 못하고 간신히 숨만 헐떡이는 상태였는데 갑자기 터널이 뚫린 듯한 기분이었다. 터널 저편에 희미한 빛이 보이고 바깥세상의 냄새나 소리가 피웅피웅 날아드는 게 아닌가. 역시 오치를 믿기로 하자. 아니, 믿어야만 한다고 생각했다.

미래의 희망이 생겨나면 사람은 아무래도 과거를 반추하게 되는 모양이다. 경험칙이 곧 다가올 미래에 대비해 마음의 준비를 시키는 걸까?

그날 밤 무의식적으로 봉인해 두었던 것으로 보이는 온갖 기억이 끊임없이 솟아나고 서로 뒤얽혀 나를 혼란에 빠뜨렸다. 그건 정말로 있었던 일일까? 아니면 뇌가 만들어 낸 환영일까, 내가 쓰는 소설처럼?

과연 어느 쪽인지 명확하지 않은 채 예전에 보았을 경치나 그때 느꼈을 감정이 머리를 스치며 사라지고, 사라졌다가는 다시 스쳐서 나를 피폐하게 만들었다.

동이 튼 듯하다. 복도를 지나가는 복수의 발소리와 함께 젊은 남자의 새된 웃음소리가 한순간 귀에 들렸다. 이런 벽지 요양소에서 '수인'을 상대로 일하며 뭐가 그리 재미있다고 웃을 수 있는 것일까. 부아가 치밀기보다 겨우 문짝 하나로 차단되어 있는데도 세계가 이토록 다르다는 사실이 기이하게 느껴졌다.

문 밖에는 자유가 있다. 나는 자유를 박탈당하고 옥에 갇혀 있는데. 지금까지 당연시했던 것들을 당연한 것으로 생각할 수 없게 되었다.

문득 이와 비슷한 감정을 느낀 적이 있다는 생각이 들었다. 그래, 과거를 반추하기 시작한 것이다.

당시 나는 앞으로 계속될 우울한 작업이나 우리 집안을 뒤덮은 암운을 생각하며 몹시 다운된 상태였다. 하지만 문 하나 너머 바깥에는 속없이 즐거워하는 웃음소리와 희망이 있는 것 같았다. 나는 당장이라도 '여기서 내보내 줘'라고 외치고 싶은 기분이었다.

아버지가 죽었다는 소식을 누가 전해 주었는지는 지금도 알지 못한다. 전화를 받은 사람은 엄마였는데, 내가 "누가 전화한 거야? 누가 가르쳐 준 거야?"라고 물어도 명확하게 대답하지 않았다. "업무 관계로 아는 사람 같아"라고 모호하게 대답하며 넘겼던 걸로 기억한다.

엄마는 전업주부였다. 굳이 표현하자면 '깨어 있는 부류'라고 할까, 생협 활동에 거의 자원봉사를 하듯 열성적으로 참여했다. 유기농 채소나 방목하는 닭이 낳은 유정란에 집착하고 공정무역이니 윤리경영이니 하는 단어를 유행하기 전부터 말하곤 했다.

그런 엄마도 7년 전에 치매 진단을 받고 나서는 시설에서 생활하고 있다. 지금은 내 얼굴도 알아보지 못하므로 이 전화 건을 기억하고 있을 리 없다.

아버지가 타계한 것은 내가 대학 2학년 때였으니 20년도 더 지난 일이다. 아버지는 신문 기자였는데, 사회부에서 편집부로 옮겨진 것을 원망하며 신문사를 그만두고 논픽션 작가가 되었다(기자 시절에 취재한 것을 소재로 책을 몇 권 썼지만 지금은 전부 절판되었다).

아버지는 요요기에 원룸을 빌려 작업실로 삼고, 그곳에서 숙식하며 일하거나 취재하러 간다고 몇 주씩이나 집에 들어오지 않는 일도 잦았다. 요즘처럼 휴대전화로 자주 연락하는 시절도 아니어서 나는 가족들이 아버지를 전혀 신경 쓰지 않고 있는 줄 알았다. 하지만 그건 오해였다.

작업실에 쓰러져 있던 아버지는 사후 1주일 이상 지나서야 발견되었다. 사인은 심근경색이며 사건성은 없다고 했다.

아버지가 타계하고 얼마 지나지 않았지만 방을 비워 줘야 하므로 빨리 청소하지 않으면 시간에 맞추지 못한다는 엄마의 말에 아버지의 원룸을 정리하는 일을 거들게 되었다. 당시는 사고가 일어난 집을 치워주는 특수청소부 같은 업자도 없어서 뒤처리는 가족들 몫이었다.

나는 마지못해 작업실로 향했다. 그 방은 생각보다 잘 정돈되어 있고 청결했지만, 아버지가 쓰러져 있던 자리는 카펫에 반달 모양의 검은 얼룩이 남아 있어 마음이 편치 않았다. 나는 얼룩을 보지 않으려고 애쓰며 아버지 서가에 있는 책을 종이박스에 옮겨 담는 일을 했다.

엄마는 책상 주변을 정리했는데, 종종 메모지나 편지 같은 것이 나오면 일손을 멈추고 살펴보았다. 그때마다 미간을 찡그리며 "아!"라든지 "뭐야 이건" 하며 신경질적으로 반응했다. 엄마는 나에게 뭔가 묻고 싶었던 것 같다. 하지만 나는 엄마의 초조한 모습이 싫어서 될수록 그쪽은 보지 않으려 애쓰고 있었다.

마침내 엄마는 아버지의 노트북 컴퓨터를 부팅하고 패스워드를 입력하는 단계에서 막히자 나에게 말했다.

"신야라면 패스워드를 알까?"

당시 남동생은 고교생이었다.

"아버지 패스워드를 걔가 어떻게 알아."

"일단 전화해 봐. 지금쯤 집에 와 있을 테니까."

아버지 작업실에 있는 팩스 겸용 전화기로 집에 전화를 하자 방과 후 활동을 하지 않아서 벌써 돌아와 있던 동생이 귀찮다는 듯 전화를 받았다.

"아버지 노트북 패스워드 아니?"

동생은 어른스런 말투로 일축했다.

"내가 어떻게 알아. 적당한 단어나 숫자를 입력해 보든지."

엄마는 잠시 가족들 생일이나 키우던 고양이 이름 따위를 입력하다가 마침내 포기하며 말했다.

"이게 바로 판도라의 상자구나. 뭐가 튀어나올지 궁금하기도 하고 보고 싶지 않기도 하고. 어차피 열어 볼 수도 없는데 차라리 부숴 버릴까."

엄마는 그렇게 말해 놓고 제풀에 흥분했는지 옆에 있던 호치키스를 집어 들어 모니터에 던졌다. 그 모습이 소름끼치게 무서워 나는 얼굴을 돌린 채 창밖을 쳐다보았다. 엄마 마음에 똬리를 틀고 있는 시커먼 의심은 떠날 줄 모르는 장마전선처럼 영원히 우리 집안에 머물며 결코 가시지 않을 거라는 예감이 머리를 스쳤다. 실제로 엄마는 치매가 시작되는 순간까지도 아버지의 죽음에 대한 의심에 사로잡혀 괴로워하곤 했다.

엄마가 호치키스를 던지던 순간, 원룸 밖 복도를 젊은 여자 두 명이 웃으며 지나가던 장면이 선명하게 떠오른다.

"얘, 얘, 우리 어떻게 될까? 이렇게 되겠지?"

젊은 여자의 들뜬 목소리가 방 안에까지 들렸다. 어떻게 될까? 이렇게 되겠지? 그때의 나는, 문 하나를 사이에 두고 있을 뿐인데 안과 밖이 왜 이렇게 다를까, 하고 절망과도 비슷한 기분을 맛보았다. 나도 밖에 나가, 어떻게 될까? 이렇게 되겠지? 하고 누구보다 새된 소리로 웃고 싶었던 것이다.

그런 기억을 떠올리는 동안은 매일 시달리던 공복감도 잊을 수 있었다. 역시 오치가 말하는 대로 해야겠다. 곧 닥칠 탈출의 순간까지는 식후에 받는 수면제를 최대한 먹지 않도록 노력해서 잠을 자지 말고, 악몽을 방지하는 약도 어떻게든 피해서 뇌를 활성화

하고 체력을 길러 두어야 한다.

결의를 새로이 한 순간, 마치 기다렸다는 듯 문이 벌컥 열리고 미카미가 나타났다. 오늘 아침에는 하얀 간호사복 가슴에 커피라도 흘렸는지 작고 거뭇한 얼룩이 묻어 있었다. 그것이 아버지 작업실의 카펫에 있던 얼룩을 떠올리게 했다. 다른 점은 아버지의 얼룩은 말라 있었는데 미카미의 가슴에 묻은 얼룩은 방금 생겼는지 아직 젖어 있었다는 것이다.

"안녕."

미카미는 뭐 변한 게 없나 하는 눈으로 병실을 둘러보고는 무뚝뚝하고 억양 없는 목소리로 인사했다. 다크서클이 내려오고 눈두덩이 푹 꺼진 것이 더욱 지쳐 보였다.

"안녕하세요. 미카미 씨, 피곤하세요?"

"음." 미카미가 내 쪽은 보지도 않고 말했다.

전향하니 기분이 어떠세요? 미카미에게 솔직한 의견을 묻고 싶었지만 참았다. 내가 얼굴을 어지간히 빤히 쳐다보았는지 미카미가 언짢은 기분을 숨기지도 않고 말했다.

"내 얼굴에 뭐 묻었어?"

내가 고개를 가로젓자 미카미는 어깨를 으쓱해 보이고는 내 침대 등받이를 수직으로 세웠다. 그러더니 조식 쟁반을 내 무릎 위에 거칠게 놓았다. 변함없이 빈약한 식사였다.

"그 얼룩은 어쩌다가."

나는 미카미의 가슴께를 가리켰다.

"홍차를 흘렸어."

미카미는 대수롭지 않다는 투로 대답했다.

"홍차 좋죠. 얼 그레이 아이스티 같은 거 마시고 싶네."

나는 반사적으로 말했다. 그러자 뭔가가 손바닥에 꾹 쥐어졌다.

"이걸로 참아."

"어, 잼이다."

나는 놀라서 작은 딸기 잼 봉지를 보고 소리쳤다. 진짜 딸기는 한 알도 들어 있지 않지만 빨갛고 달콤한 딸기 잼이다. 어릴 때 학교 급식에 자주 나왔는데. 더구나 마가린은 따로 나왔다. 호사하는 기분이었다.

"쉿, 목소리가 커." 미카미가 꾸짖었다. "딸기 잼이 먹고 싶다고 했잖아. 그래서 특별히 가져다주는 거야."

기쁘고 놀라웠지만 나는 조금 경계했다. 무슨 바람이 불었지? 어제는 메이플 맛 칼로리메이트, 오늘은 딸기 잼을 슬쩍 건네주다니. 칼로리메이트는 오치가 나간 뒤 어둠 속에서 마지막 하나까지 먹어 버렸다. 갑자기 단맛을 보니 좀 더 먹고 싶었다. 그러던 차에 만난 딸기 잼이다.

"정말 고마워요."

"카메라." 미카미가 낮은 소리로 속삭였다. "목소리 조심해."

나는 얼른 봉지를 뜯어 잼을 핥아 먹고 싶었지만 꾹 참고 이불 속에 숨겼다. 들켜서 압수당하면 국물도 없다.

"아, 기분 좋다."

"가끔은 이런 낙도 있어야지."

미카미가 쑥스러운 듯이 말했다. 혹시 미카미는 나를 감시할 마음이 사라진 게 아닐까. 오치와 공모했는지는 알 수 없지만 어쩐지 내 편인 것처럼 느껴졌다.

"미쓰 잠들다."

나는 큰마음 먹고 기메타 아리에의 근작 제목을 혼잣말처럼 말해 보았다. 미카미는 눈썹 하나 까딱하지 않았다.

"그게 뭔데?"

"내가 좋아하는 작품."

"뭐야, 그게."

미카미는 웃지도 않고 내 어깨를 쳤다. 모른 척 하고 있지만 미카미, 즉 기메타 아리에는 내심 기뻐하고 있다고 확신했다.

"어서 먹기나 해."

나는 식빵 봉지를 열고 빵 두 장에 마가린을 발랐다. 잼이라는 낙을 남겨둘 수 있다는 사실이 기뻐서 마음껏 호사를 부리고 싶은 마음이었다. 그래서 빵 두 장에 햄과 상추를 끼우고 샌드위치처럼 만들어 먹었다. 다 먹고 나니 만족스러웠다. 미카미에게 더 응석을 부리고 싶었다.

나는 "뮤샤도 좋아했지"라고 작은 소리로 말했다.

'뮤샤'는 기메타 아리에의 일대 문제작이었다. 숙부와 조카가 육체 관계를 가지는 이야기로, 애초에 근친상간이라는 터부를 깨뜨린 데다 여자들의 자위용 책이라고까지 할 만큼 노골적인 성 묘사로 유명했다. 만화로도 제작되어 잘 팔렸다고 들었다.

미카미의 표정이 어두워지고 눈자위가 젖은 것처럼 보였다. 그러자 나는 기가 살았다.

"뮤샤라고 알아요? 엄청 야한 여자애 얘기."

내처 몰아붙일 요량이었지만 미카미는 의아해하는 눈초리를 던질 뿐이었다.

"당신, 오늘 좀 이상한데? 무슨 일 있었어? 아니, 오늘만이 아니야. 요즘 상태가 약간 이상해."

미간을 찡그린다 싶더니 내가 이불 속에 숨긴 잼 봉지를 재빨리 빼앗았다. 순식간에 일어난 일이라 막을 수도 없었다.

"나한테 준 거잖아요? 왜 빼앗는 거죠?"

나는 너무 낙담해서 원망스레 말했다. 스스로도 꼭 어린애 같은 말이라고 생각했지만 그대로 쓰러져 울고 싶을 만큼 서러웠다.

"안 주기로 했어, 어제 것은 어떻게 했지?"

미카미는 칼로리메이트라고 확실하게 말하지 않았다. 벌써 없어졌다는 듯 나는 고개를 저었다. 미카미는 알았다며 고개를 끄덕이고 알약 몇 종류가 든 종이컵을 집어 들었지만 마음이 바뀌었는지 다시 쟁반에 내려놓았다.

어? 오늘은 약을 먹지 않아도 되나? 나는 미카미의 변화가 불안하긴 했지만 빼앗긴 잼이 아쉬워 다시 호소했다.

"앞으로 쓸데없는 소리 하지 않을 테니까 그거 돌려줘요, 네?"

미카미는 나를 무시하고 쟁반 위에 빈 식기들을 포갰다. 그 모습을 쳐다보며 나는 어떻게든 미카미의 마음을 끌어 보려고 이런 저런 말을 했다.

"근데 미카미 씨. 미카미 씨는 원래 어떤 사람이었어요? 미카미 씨도 작가였죠?"

미카미가 날카로운 눈으로 나를 노려보았다. 아차, 기메타 아리에의 작품이나 미카미의 정체를 언급한 것은 실수였나. 후회했지만 이미 늦었다. 미카미는 쟁반을 들고 화가 난 듯이 나가버렸다.

미카미가 나에게 약을 먹이지 않은 이유는 곧 알 수 있었다. 잠시 후 만나고 싶지 않은 손님들이 줄줄이 내 병실에 나타났기 때문이다. 선두의 감색 폴로셔츠를 입은 볕에 그을린 남자는 다다였다. 간만에 본 다다는 머리가 조금 길었다. 그 뒤에 선 사람이 소마라는 것은 잠시 알아보지 못했다. 소마는 안경을 벗고 있었다. 콘택트렌즈를 한 듯하다. 빨간 테 안경을 쓰고 있을 때는 젊어 보였지만 벗은 모습을 보니 나이에 걸맞은 소마로 보였다. 소마는 내 온몸을 날카로운 눈초리로 훑어보았다.

다다는 내 병실에 한 발 들어서자 악취를 느낀 것처럼 코를 쥐더니 주머니에서 얼른 종이마스크를 꺼내 썼다.

"으, 냄새. 뭐야 이 냄새는."

다다가 돌아보며 물은 상대는 미카미였다. 맨 뒤에 있던 미카미가 문 밖 복도에 선 채로 대답했다.

"그게, 환자가 전혀 목욕을 하지 않으니까요. 청소는 격일로 하고 있지만, 그것만 가지고는 안 되겠죠. 그 냄새 아닐까요."

미카미가 고개를 갸웃거리며 대답했다.

"아니, 몸 냄새만이 아닌데, 이건. 정신이 썩은 냄새야. 아, 역겨워."

다다가 불쾌하다는 듯 손으로 공기를 헤치는 시늉을 했다. 졸지에 다다에게 한 방 얻어맞은 나는 몹시 화가 났다. 응수하려는데 소마가 나서서 무마했다.

"중요한 거 아니잖아요."

소마는 〈마루코는 아홉 살〉의 '다마 짱' 같은 모습은 사라지고 심보 고약한 호스트 같은 분위기를 풍기고 있었다.

"하지만 소마 선생. 마쓰는 사악하거든요. 순종하는 척하며 속으로는 혀를 내밀며 비웃는 유형이죠. 천연덕스럽게 반성하는 척도 하고 우리 의도를 빤히 읽은 듯한 잡문도 써 냅니다. 이런 치들은 작가도 뭣도 아닙니다. 형편없는 거짓말쟁이죠."

다다가 마음 놓고 나를 비난했다.

"이 사람의 성격 같은 건 아무렴 상관없어요. 그런 것보다 현재의 증상이 심각하다는 겁니다. 미카미 씨의 보고에 따르면 몹시 공격적인데다 조금도 개선되지 않았다고 하잖아요. 그것도 최근 들어 두드러졌다지 않습니까."

소마가 그렇게 말하고 광기를 찾아내려는 듯 내 눈을 들여다보았다.

"나는 정상입니다. 없는 병 만들지 말아요."

"바로 이거로군" 하며 다다가 나섰다. "이런 태도가 병인데."

희롱하는 듯한 다다의 말에 다시 화가 났다.

"미카미 씨, 왜 거짓 보고를 했어." 나도 모르게 어두운 복도에서 이쪽을 살펴보고 있는 미카미를 향해 소리쳤다. "엄한 소리 하지 마. 당신이 조금 친절해진 것 같아서 나도 마음을 조금 열었을 뿐이잖아. 당장 취소하세요."

미카미가 내 말끝을 붙드는 듯이 반론했다.

"거짓말이에요. 이 환자는 이게 먹고 싶네 저게 먹고 싶네 하면서 불평만 늘어놓고, 그게 통하지 않자 언어폭력을 휘둘렀어요. 최근에 특히 그런 경향이 심해진 것 같아서 걱정했어요. 뭔가 심경에 변화가 있는 게 틀림없습니다."

"그 뭔가가 뭘까."

다다가 마스크 속에서 혼잣말처럼 중얼거렸다.

"저야 모르죠. 작가도 아니고." 미카미가 말했다.

반사적으로 몸을 일으킨 나는 복도에 있는 미카미 쪽을 손으로 가리키며 쏘아붙였다.

"무슨 소리야. 난 당신이 기메타 아리에라는 걸 다 알아. 잽싸게 전향해 버린 저질 작가 주제에 나에 대해서 무슨 말을 할 권리가 있다는 거야."

"자, 자, 진정해요. 흥분하지 말아요. 흥분하는 게 제일 안 좋아. 당신은 병자라 흥분하면 한이 없어."

소마가 양손으로 말렸지만 나는 소마가 말하는 대로 계속 비난했다.

"난 금방 알았어. 당신이 기메타 아리에라는 거." 이것은 거짓말이었지만, 어떻게든 미카미를 윽박지르고 싶었다.

"당신 작품을 좋아하고 존경했는데, 뭐야, 그 꼬락서니가. 그렇게 작가 근성이 없으면 절벽에서 깨끗이 뛰어내리는 게 좋았을 텐데. 집에 있는 당신 책은 다 찢어 버릴 거야."

나의 새된 목소리가 울려 퍼졌는지 복도에 남자 몇 명이 모여들고 있는 게 보였다. 그 중에 오치도 있는 것 같았지만 확실하지는 않았다.

"말 한번 잘하네. 당신은 저질 작가 아닌가? 엉, 마쓰 선생. 당신이 쓴 콘텐츠도 보잘 것 없잖아. 그러니까 독자들한테 클레임이나 당하는 거지."

다다가 비웃었다.

"콘텐츠가 아냐. 작품이지. 내가 피와 땀과 눈물로 쓴 작품이야. 그걸 콘텐츠라고 말하지 마. 당신들은 그래도 콘텐츠니까 그건 안 된다 이건 안 된다 말할 수 있다고 생각하겠지. 그건 잘못된 거야. 누군가가 쓴 작품에는 경중도 없고 선악도 없어. 멋대로 차별하지 말란 말이야."

나는 침대 틀을 잡고 내려서려고 했다. 내려가서 다다나 미카미를 때려눕히고 싶었다. 하지만 근력이 약해 상체를 일으키는 게 고작이었다.

"뭐라고 떠드는 거야. 자유에는 한계가 있어. 뭐든지 해도 좋다는 건 있을 수 없어. 그게 사회의 상식 아닌가."

다다가 응수했다.

"시시한 논리 들먹이지 마. 작품은 자유야. 인간의 마음은 자유니까. 무엇을 표현해도 돼. 국가권력이 그걸 금지하면 안 돼. 그게 검열이야, 파시즘이라고."

"그럼 헤이트스피치는 뭐야. 하고 싶으면 마음대로 해봐. 못하겠지? 마찬가지로 소설이라도 차별이나 이상한 성적 취향은 쓰면 안 되는 거라고."

나는 신물이 나서 다다의 얼굴을 보았다.

"전에 내가 말했지, 다다 씨. 혐오발언은 작품이 아냐. 내가 말하는 건 작가가 책임을 지고 표현한 작품이야. 허구의 이야기 말이야. 허구는 다양한 인간을 묘사하지. 개중에는 차별적 인간도 있고 그렇지 않은 인간도 있어. 왜냐하면 인간 사회가 그러니까. 다양한 사람의 고통을 그리는 게 소설이니까 아름다운 것만 쓸 수 없지. 차별이 목적인 헤이트스피치와 혼동하지 말라고."

말을 하면서도 분해서 눈물이 뚝뚝 떨어졌다. 몇 번을 말해야 알아들을까. 아니, 알아들을 리 없다. 이놈들은 자기들에게 불리한 말은 전부 금지할 작정이니까. 우선은 모두가 찬동하기 쉬운 인종 차별이나 포르노를 금지하다가 점점 범위를 넓혀 자유를 옥죄어 갈 것이다.

"무슨 노벨상 작가처럼 말하네. 당신은 그냥 엔터테인먼트 작가잖아. 대중이 읽고 재미있어하는 콘텐츠를 만드는 놈들을 엔터테인먼트 작가라고 하는 거야."

"그러니까 그건 차별이라고 했잖아. 노벨상 작가만 자유라니, 그건 그냥 권위주의야. 우리를 포퓰리즘의 도구로 폄훼할 작정인가? 갈라치기하지 마."

다다와 나의 논쟁을 잠자코 듣고 있던 소마가 길게 탄식했다.

"마쓰 씨, 당신의 반항적 태도와 공격적 모습은 전혀 나아지지 않았어. 미카미 씨도 힘들어하니까 치료 방침을 조금 바꿉시다."

"구속복을 부탁합니다." 다다가 말했다.

나는 즉각 기세가 꺾였다. 소마는 이 요양소의 권력자이다. 소마가 '구속복'이라고 말하면 나는 그날로 구속복을 입어야 한다.

"그것만은 말아 주세요"라고 낮은 소리로 호소했다.

소마는 권력을 즐기듯 잠시 대답을 하지 않았다.

"글쎄, 어떡할까."

"부탁이에요. 앞으로 생각을 바꿔서 뭐든지 할 테니까."

나는 급속하게 태도를 바꾸고 간절히 호소했다. 다다가 무시하는 투로 말했다.

"뭐야, 이제 와서. 인간의 마음은 자유라며? 말 한번 잘하던데, 웃기는군."

"제발 부탁합니다. 구속복만은 입히지 말아 주세요. 미카미 씨도 말해줘요. 소마 선생, 그건 입히지 말아 주세요. 부탁합니다. 그것만은 싫어요."

다다가 나의 약점을 파악한 듯 거침없이 웃었다.

"무릎 꿇고 빌 겁니까, 마쓰 선생?"

"꿇을게요." 나는 대답했다. "꿇고말고요."

"알았어, 알았어."

다다가 승리한 듯이 웃었다. 그때 복도 저쪽에서 목소리가 들려온 것 같았다. '얘, 얘, 우리 어떻게 될까? 이렇게 되겠지?' 그래, 이렇게 되는 거야. 나는 수모를 당하고 고통 받으며 죽겠지.

2

"마쓰 씨, 또 어설프게 나오시네. 이거 방금 전이랑 너무 딴판 아닌가요?"

소마가 클리어 파일에서 서류 같은 것을 꺼내 들여다보며 놀란 듯이 말했다.

"그렇게 위세가 좋더니 구속복이란 말이 나오는 순간 이 모양이군요. 약삭빠르시네."

다다가 우습다는 듯 입가를 일그러뜨린다.

"소마 선생, 나, 다시는 거역하지 않을 테니 구속복만은 입히지 마세요."

나는 물러나지 않고 애원했다.

"무섭습니까?"

"당연한 거 아닌가요?"

부아가 치밀어 강한 말투로 대꾸했다. 소마가 틱, 소리를 내며 들고 있던 볼펜의 버튼을 눌렀다.

"있잖아요, 실험 쥐의 뇌조차 부정적 공포를 기억합니다. 그걸 보면 공포는 극복 가능한 거예요. 공포의 기억을 지우기만 하면 되니까. 그러려면 즐거운 기억이 꼭 필요합니다. 요는 뇌의 문제란 겁니다."

소마는 어딘지 즐겁게 말했다.

"난 실험 쥐가 아닙니다, 선생. 실험 쥐처럼 단순하지 않아요."

그러니까 다다에게 반항했을 때 지하실로 끌려가 구속복에 묶인 여자를 본 탓에 필요 이상의 공포가 심어졌다는 말을 하고 싶은 걸까. 그것을 즐거운 기억으로 극복하라고? 이곳에 무슨 즐거운 기억이 있지? 가소로워서 나야말로 얼굴이 일그러졌다.

소마는 그런 내 모습을 관찰하고 있었던 모양이다.

"그럼 당신은 실험 쥐가 아니라 뭡니까?"

호기심을 느낀 듯이 내 얼굴을 들여다본다.

"나는 인간이에요."

"그래요? 그럼 속성을 더 말해 보세요."

무슨 답을 원하는지 불안하게 생각하면서도 떠오르는 대로 말했다.

"여성이고 누군가의 딸이며 한 남자의 누나이고, 현재 부모는 아니지만 곤부라는 고양이의 주인이기는 하죠."

소마는 마지막 대목에서 쓸데없는 말이라고 생각했는지 어깨를 으쓱해 보였다.

"직업은?"

"소설가입니다."

"어떤 소설?"

"어떤 소설이라니, 소설은 속성으로 분류할 수 없어요."

"그래요? 여기 어제 일자 신문이 있는데, 어느 어린이의 질문이 실렸어요. 노벨상 수상 작가의 강연에서 곧 중학생이 되는 남학생이 물었다고 합니다. '좋은 소설과 나쁜 소설은 어떻게 구분합니까?'라고. 당신이 쓴 것은 좋은 소설입니까 나쁜 소설입니까?"

"좋은 소설이라고 생각합니다. 그런데 나는 그 노벨상 수상 작가의 대답을 알고 싶군요. 어떻게 구분한다고 하던가요?"

다다가 코웃음 치는 것이 시야 한쪽에 들어왔다. 하지만 소마는 매우 진지한 표정으로 내 대답을 서류에 갈겨쓰고 있었다.

"그럼 당신이 생각하는 '좋은 소설'의 정의는?"

"자기 자신에게 정직한 소설입니다."

"그러니까 독자 입장에서 생각하지는 않는 거군요."

"어떤 의미에서는 그렇죠. 우리는 자기가 쓰고 싶은 것만 생각합니다. 그게 독자에게 맞을지 안 맞을지, 감동을 줄지 안 줄지 따위는 나중 문제예요. 우선은 내가 쓰는 내용에 스스로 감동해야죠."

소마가 사각사각 소리 내며 뭔가를 적고 있었다. 하지만 내가 진지하게 대답해 본들 근본적인 곳에서 소마에게 통하지 않는 게 아닐까. 나는 무력감에 휩싸였다.

"아주 멋진 말을 하는군요."

소마가 그렇게 말하자 뒤에 있던 다다가 소리 내어 웃었다.

"당연한 말을 했을 뿐입니다."

"그래요? 여기로 오고 나서 당신은 매우 불안정해 보입니다. 우리와 이야기하다 보면 어김없이 격분하잖아요. 그건 뭐가 원인이라고 생각하세요?"

"난 병에 걸린 게 아니니까요. 왜 요양소에 수감되었는지 이유를 모르겠어요."

"나는 과학자여서 질병에 대한 사고방식이 다릅니다. 마쓰 씨 의견에 승복하기 힘들군요."

냉정한 반박에 나는 발끈했다.

"내가 어떻게 해야 소마 선생이 나를 용서해 주는 거죠? 그리고 언제 사회로 돌려보내 주는 건가요?"

"용서?" 소마는 고개를 갸웃거렸다. "난 당신에게 아무런 악감정이 없어요. 당신은 그냥 환자에 불과하니까요."

"나를 환자로 만든 게 소마 선생 아니었나요? 몇 번이나 말했지만 난 병에 걸리지 않았어요. 당신들이 달려들어 병에 걸렸다고 결정해 버린 겁니다. 하루라도 빨리 돌려보내 주세요."

"병에 걸린 사람은 백이면 백 자기는 정상이라고 말합니다. 이 얘기는 결론이 나지 않을 논쟁이니까 그만두죠."

"싫어요."

우리 대화를 듣다 지쳤는지 "나 참" 하는 다다의 목소리가 들렸다. 다다는 문가로 물러나 남자들과 잡담을 시작했다. 소마도 논쟁에 지친 모습으로 가만히 한숨을 지었다.

"소마 선생, 당신, 머리 모양을 바꾸었군요. 안경도 벗고. 콘택트렌즈를 낀 건가요. 덕분에 이미지가 확 변했어요. 나도 어서 사회로 돌아가 미용실도 가고 친구와 LINE도 하고 싶군요. 무슨 계기라도 있었나요? 아니면 이런 프라이버시는 묻지 말아야 하나요?"

소마는 그 물음에는 대답하지 않고 엉뚱한 걸 물었다.

"그러니까 당신은 사교적으로 살고 싶다는 말인가요?"

"당연한 거 아닌가요? 이렇게 자유를 빼앗기고 이상한 약을 한 주먹씩 먹고 인체 실험을 당하고 있잖아요. 나는 곧 구속복에 갇혀 죽겠죠."

말을 하다 보니 제풀에 불쌍해서 눈물이 나올 뻔했다.

"오해하는 것 같아서 말해 두지만 나는 오랫동안 뇌 연구를 해 왔어요. 정신병이라는 질병은 마음의 병이라고 하지만 실은 뇌의 기질적인 문제 때문이 아닐까 생각하고 있습니다."

"오, 그래서요? 어차피 작가는 모두 뇌에 기질적 문제인지 뭔지를 안고 있다고 여기는 건가요? 문학은 광기예요? 그런가요?"

나는 비난을 퍼부었다. 농담처럼 던진 말이었지만 소마는 고개를 끄덕였다.

"작가가 다 그렇다고는 생각하지 않아요. 정상적이고 올바른 사고를 가진 훌륭한 사람도 많죠. 다만 개중에는 기묘한 사고밖에 못하는 그룹이 있습니다. 이 사람들은 어떤 뇌를 가지고 있는지, 그 기질적 변화를 조사해 보고 싶어요."

"어떻게 조사한다는 거죠?"

소마가 대답하지 않자 나는 내처 질문했다.

"그럼 기묘한 사고란 건 뭘 말하는 건가요?"

"보통사람들은 생각도 못할 흉악한 범죄에 대한 집착이나 격렬한 폭력, 소아성도착 등 변태적 취향을 주제로 다루는 것, 차별 조장, 윤리성 결여, 국가에 대한 반역, 그리고 반사회적 사상. 이런 것들을 전부 구사하며 쓰는 사람도 있고요."

"그럼 소마 선생은 그런 글을 쓰는 사람들은 기묘한 사고밖에 못 한다고 생각하는 겁니까?"

"단언할 수는 없지만 그런 경향은 분명히 있다고 생각해요."

"그럼 나도 기묘한 사고밖에 못하는 작가인가요?"

"그래요. 당신 책을 읽어 봤는데, 조금도 재미가 없었고 반사회적이라고 봤어요. 당신은 변태적 섹스를 잘 쓰죠. 아무리 생각해도 이상하잖아요. 당신 자신이 그런 성적 취향을 갖고 있는 게 아닐까 생각했어요."

"작품으로 판단하지 마세요."

"맞는 말이에요. 작품만으로는 알 수 없죠." 소마는 일단은 수긍했다. "하지만 한 가지 편향은 찾을 수 있었어요. 그래서 당신의 유전적 형질도 살펴보고 있습니다. 당신 부친은 신문 기자였죠. 일본에 상당히 비판적이었고. 그게 원인이었는지, 당시 사귀던 여성과 당신 모친 사이에서 고민했던 게 원인이었는지는 알 수 없지만 자살을 했다더군요. 모친은 그게 트라우마가 되어 두고두고 마음고생을 했는지 7년 전부터 치매를 앓고 있죠. 치매는 뇌가 위축되는 질병입니다."

아버지가 자살을 했다고? 그걸 모르고 있던 나는 충격을 받고 몸서리를 쳤다.

"그럴 수가."

'애, 애, 우리 어떻게 될까? 이렇게 되겠지?'라는 목소리가 뇌리에 울렸다.

"모친은 소문이 날까 두려워 자식들에게도 감추었던 거겠지만 그게 오히려 모친에게는 더 스트레스가 되어 좋지 않았던 거죠" 하고 소마는 뽐내는 표정으로 말했다. "그런데 동생 신야 씨는 반사입니까?"

갑자기 반사라는 말이 나와서 놀랐다.

"무슨 말이죠?"

"그러니까, 반사회적 행위를 하는 사람이냐는 겁니다. 대마단속법 위반으로 체포된 적이 있지 않나요?"

소마는 경멸을 감추지 않고 입가를 일그러뜨렸다. 그런 것까지 알고 있나 하고 나는 조금 당황했다.

"그건 조금 다릅니다."

"하지만 사실이잖아요" 하고 딱 잘라 말했다. "코카인 같은 것도 하지 않았을까요?"

신야를 범죄자로 단정하고 가차없이 말한다.

"코카인은 하지 않았을 거예요."

"글쎄, 어떨까요. 동생분은 무대 일을 한다던데. 예능 관계자 중에는 마약을 하는 사람이 많죠. 그런 일을 태연하게 저지르는 것도 유전적인 문제인지 모릅니다. 하지만 당신의 입원비는 죽을 때까지 지불하겠다고 했으니까 어떻게든 제대로 사회생활을 하기를 바랍니다. 그런데 동생분도 큰일이군요. 엄마 간병비도 있고 당신 입원비도 있고, 부담이 크겠어요."

적어도 신야는 사회에서 무사히 지내고 있는 듯하다. 나는 안도했지만 여기서 신야의 전과가 튀어나올 줄은 생각도 못했다.

신야는 10여 년 전, 집에 대마를 소지하고 있다가 체포된 일이 있었다. 그 대마는 당시 사귀던 애인의 것으로, 마침 신야의 집에 가져다 두었던 것이다. 신야와는 무관했다고 들었지만, 결국 대마 소지 혐의로 유죄 판결을 받아 징역 6개월, 집행유예 3년에 처해졌다.

소마가 클리어 파일에서 다시 작은 종이쪽을 꺼내어 읽었다.

"그리고 당신과 1년간 동거했던 가네가사키 유라는 사람이 최근 살인으로 체포되었어요. 우연이겠지만, 반사회적이라는 점에서는 공통되는군요."

나는 숨을 삼켰다. 이 요양소에 수용된 날 곤부의 죽음을 알리려고 가네가사키 유에게 메일을 보냈을 때를 떠올렸다. '엄마'를 자처하는 인물로부터 그가 자살했다는 답신이 왔었다.

가네가사키 유가 사람을 죽였다니. 곱상한 얼굴 말고는 봐줄 게 없는 어리석은 남자였으므로 살인을 하리라고는 도저히 생각할 수 없었다.

"오, 옛날 남자 얘기가 나오니까 갑자기 얌전해지네."

소마가 남 얘기 좋아하는 여자애처럼 천박한 말투로 웃으며 말했다.

"뭔가 잘못된 정보 아닙니까?"

"아뇨, 여기 이렇게 나왔어요."

종잇조각을 보여준다. 작은 글자로 적혀 있어서 나는 읽을 수 없었다.

"소마 선생이 하는 말은 전부 충격적이군요. 아버지가 자살한 것도 가네가사키가 체포된 것도 몰랐어요. 아버지 일이라면 납득이 안 가는 것도 아니지만, 가네가사키는 어떻게 된 거죠? 무슨 일이 있었습니까?"

소마가 서류를 들춰보았지만 거기에는 원하는 정보가 없는지 주머니에서 스마트폰을 꺼내 급하게 키워드를 입력했다. 프린트해 올 틈이 없었던 모양이다. 보고서 같은 내용을 새된 목소리로 읽어나간다.

"가네가사키 유는 연상의 여성에게 환심을 사는 데 능해, 마쓰와 헤어진 뒤에도 호스트 같은 생활을 계속했다. 지난 3년간은 13년 연상인 요식업자 R과 동거했다. 직업도 없이 R에게 용돈을 받으며 살았다. 그러던 어느 날 싫증이 난 R이 집을 나가라고 하자 갈 곳이 없다며 매달렸다. 그래도 R이 냉정하게 거부하자 손맡에 있던 R의 골프클럽을 휘둘렀다고 한다. R은 두개골 함몰로 병원에 실려 갔지만 사망이 확인되었다."

내가 가네가사키 유를 냉정하게 쫓아낸 탓에 R이라는 여성이 죽게 된 건 아닐까. 전혀 근거는 없지만 일말의 관계가 있을지도 모른다고 생각하니 마음이 좋지 않았다. 유는 여자에게 골프클럽을 휘두를 남자는 아니었던 것이다.

"당신 주변 사람들은 이런 자들뿐이군요. 조사하면 할수록 다양한 것들이 드러나고 있어요."

소마는 감정을 드러내지 않고 말했다.

"가네가사키는, 친척이 아닙니다."

"관계성이라는 의미에서는 무관하지 않죠. 마쓰 씨 내부에 있는 무언가가 가네가사키에게 영향을 끼쳤을지도 몰라요."

"아니, 과학자라면서 비과학적인 말을 하는군요."

"뇌는 기억을 관장하는 부위이기도 해요. 일화 기억이 중심이죠."

잘 이해할 수 없는 얘기를 자신만만하게 하는 모습을 보니 우울해졌다.

"그럼 선생의 의도는 뭡니까. 나를 실험 재료로 삼고 싶은 건가요?"

"아뇨, 아뇨, 사후뇌 연구를 하고 싶은 것뿐입니다."

"사후뇌라니, 그건 뭐죠?"

"당신하고는 관계없어요."

입을 잘못 놀렸다고 생각했는지 소마가 당황하며 얼버무렸다. 사후뇌란 말 그대로 죽은 자의 뇌 아닌가? 나는 그녀의 연구에 기본 재료로 제공되는 걸까? 그래서 내가 죽기를 기다리고 있는지도 모른다. 그렇게 생각하니 몸이 떨리기 시작했다.

"선생, 전향할 테니까 용서해 주세요."

창피고 체면이고 아랑곳없다는 말은 나를 두고 하는 말일 것이다. 그래도 나는 그렇게 소리치고 있었다.

"전향이라니, 고바야시 다키지_{1903~1933. 일본 프롤레타리아문학의 대표적 작가. 한국에도 『게공선』으로 잘 알려졌다. 『1928년 3월 15일』은 좌파 인물에 대한 경찰의 참혹한 고문을 폭로한 작품이다} 시대도 아니고, 그런 고리타분한 얘기는 하지 마세요. 누가 들을까 겁나네."

소마가 웃었다.

"왜 웃지? 난 고통 받고 싶지 않고 죽고 싶지도 않아. 특히 당신들을 위해서는."

나는 그렇게 소리치며 침대에서 손을 뻗어 소마의 목을 쥐려고 했다. 소마가 황급히 피하더니 뒤쪽을 향해 외쳤다.

"마쓰가 난동을 부려요!" 그러고는 이내 냉정하게 말했다. "구속복!"

그 이후는 거의 기억이 없다. 나는 즉각 달려든 남자들에게 침대에서 끌려 내려왔다.

싫다고 버둥거렸지만 두 남자가 양쪽에서 팔을 잡아 허공에 띄우다시피 해서 데려갔다. 왼팔을 붙든 사람은 어느새 나타난 오치였다. 나는 "살려줘!" 하고 애원하며 오치의 눈을 보았지만 오치는 낮은 목소리로 윽박질렀다.

"B98, 포기해."

근력이 약한 나는 양팔을 붙들려 공중에 번쩍 들렸다. 연극 속의 유령처럼 허공에 떠서 회색 강철 문 밖으로 나갔다.

밖에는 하얀 무기질의 복도가 이어져 있었다. 낡은 시치후쿠진하마 요양소 지하에 이런 현대적인 공간이 있는 줄은 몰랐다.

전에 구속복을 입고 묶여 있던 여자의 방으로 양팔을 붙들린 채 끌려갔던 적이 있는데, 바로 그곳일까? 비번 직원들이 담소하며 지나가던 그 복도일까? 나는 혼란스러운 머리로 주위를 둘러보았다.

마침내 계단이 보이고 나는 붕 뜬 채 아래층으로 가는 계단으로 끌려갔다.

'우리 어떻게 될까? 이렇게 되겠지?'

예전에 들었던 재잘거리는 소리가 몇 번이고 귀에 메아리쳤다.

구속복 속에서 몸부림치듯 저항하던 여자의 두 눈. 〈양들의 침묵〉의 렉터 박사. 아아, 나도 '이렇게 되겠지.'

기운이 전혀 없었다. 내가 구속복에 묶인 채로 분노에 겨워 죽으면 소마는 '기질적 변화'를 찾기 위해 나의 뇌를 희희낙락 관찰하겠지. 대체 몇 명이나 되는 작가의 뇌가 여기에 있는 걸까. 내 몸의 떨림이 심해질수록 양팔을 붙든 남자들의 굵은 팔뚝에 힘이 더해지는 것을 알 수 있었다.

지하 2층은 역시 어둑하고 죽음의 냄새가 났다.

"부탁이니까 이러지 마요. 살려줘요. 뭐든지 시키는 대로 할 테니까 구속복만은 입히지 말아 주세요."

나는 고개를 틀어 돌아보며 뒤를 따라오는 사람에게 외쳤다. 미카미는 보이지 않고 소마와 다다가 수군거리며 따라오는 모습이 시야에 들어왔다. 하지만 두 사람 다 나를 무시하고 아무 일도 없었던 것처럼 태연하게 대화하고 있었다.

"뭐든지 시키는 대로 할 테니까, 제발요."

"선생, 이미 늦었어. 우리 시간을 두고 병을 고쳐 봅시다."

마침내 다다가 고개를 들더니 노골적으로 비꼬는 투로 말했고, 나는 부끄러운 줄도 모르고 고개를 끄덕였다.

"고칠게요. 주는 약은 다 먹을 테니까 구속복만은 입히지 말아 주세요."

다다는 대답하지 않았다. 소마에게 뭐라고 말하고는 그대로 걸음을 돌려 돌아가 버렸다.

복도 끝 방으로 끌려온 듯했다. 한 발 먼저 도착한 소마가 그 열쇠로 방문을 열고 있었다. 문이 열리자 소마가 손짓했다.

"마쓰 선생을 이리로."

창문도 없는 어둑하고 좁은 방에 침대만 하나 있었다. 내 병실에 있던 세면대나 화장실도 없는 완전한 독방이었다. 하긴 당연한 수순인가. 나는 곧 침대에 묶여 숨이 끊어질 테니까.

"살려줘요."

나는 왼팔을 붙들고 있는 오치에게 애원했다. 볼썽사납다는 것은 알고 있었지만 다른 방법이 없었다. 나는 폐소 공포증이 있다. 두부 MRI 검사를 할 때도 도망쳐 돌아오지 않았던가. 어둡고 좁은 방에서 상체가 결박되어 눕혀진 채 방치되는 상태는 상상만으로도 바지를 적실 것처럼 무서웠다.

그러나 오치는 나를 떼밀듯이 침대 옆에 세웠다.

소마가 방구석에 있던 로커에서 하얗고 커다란 재킷 같은 것을 꺼냈다. 재킷에는 긴 벨트가 몇 가닥 달려 있었다.

나는 필사적으로 저항했지만 남자들이 강제로 내 양팔을 긴 소매에 쑤셔 넣었다. 양 소매는 배 앞에서 교차되어 등 위에서 소매 끝을 벨트로 고정하게 되어 있었다. 게다가 몇 가닥의 벨트로 재킷을 꽉 조이게 만들었다. 즉 내 팔로 내 몸을 안는 듯한 자세로 고정되기 때문에 상체는 완전히 자유를 빼앗기게 된다. 재킷 천 자체는 부드럽지만 양팔을 쓸 수 없으니 얼굴도 만질 수 없었다.

그대로 침대에 똑바로 눕혀진 나는 두 다리도 침대에 결박된 것을 알고 울음을 터뜨릴 뻔했다. 여기서 개죽음을 당하는구나 생각하니 기가 막혔다.

"살려줘요." 다시 한 번 힘없이 말하며 오치의 눈을 보았지만 무표정한 오치는 시선도 맞추려 하지 않았다.

낙담한 나는 소용없는 줄 알면서도 오른쪽 옆의 여드름투성이 남자에게 "제발 살려 주세요"라고 애원했다.

남자는 벨트를 다시 조정하는 척하며 내 오른쪽 가슴을 슬쩍 주물렀다. 아아, 이런 짓까지 당하는가.

"소마 선생."

나가려고 하는 소마에게 내가 말했다.

"뭡니까."

소마가 귀찮다는 듯 돌아다보았다.

"나는 언제까지 이 상태로 있게 됩니까."

"당신의 흥분이 고쳐질 때까지입니다."

"그건 누가 판단합니까."

"의사인 나죠."

소마는 주머니에서 스마트폰을 꺼내 힐끗 들여다보았다.

"기준이 뭔가요. 나는 이렇게 얌전한데."

"당신의 흥분 역치를 알고 싶을 뿐입니다."

"그럼 빨리 조사해 주세요. 그때까지 먹지도 마시지도 못하고 있어야 하나요? 배설도 못하는 겁니까."

소마는 곤혹스러운 듯 고개를 갸웃거렸다.

"약으로 어떻게든 버틸 수 있겠죠. 배설은 그냥 하세요. 나중에 씻어낼 겁니다."

개나 고양이보다 못한 대우다. 나는 풀이 죽었지만 조금이라도 더 대화를 이어 보려고 기력을 쥐어 짜냈다.

"질문이 있어요."

몇 발자국 뗀 소마가 방을 빨리 나가고 싶은지 지겹다는 듯이 말했다.

"뭐죠?"

"머리 모양도 그렇고 안경도 그렇고, 선생은 어째서 이미지를 바꾼 거죠?"

소마가 쓴웃음을 지으며 돌아다보았다.

"내가 그런 것까지 말해야 하나요?"

"그럴 필요는 없지만, 알고 싶어서 그래요. 작가적 흥미라고 해 둘까요."

"당신의 사악한 뇌가 어떤 망상을 품었을까."

"글쎄요, 성 소수자라고 커밍아웃을 하셨나?"

"거봐, 사악하네. 차별적인 생각만 하고."

소마가 화난 표정이 되었다.

"차별적입니까? 나는 상대가 성 소수자라고 해도 특별한 생각이 없어요. 차별 감정이 없으니까. 예전에는 그런 사람들에게 뇌가 병든 탓이라고 말하던 때가 있지 않았나요? 선생은 마음의 병은 곧 뇌의 병이라고 했지만, 꼭 그렇다고는 할 수 없어요. 인간은 복잡한 존재예요."

소마는 그 말에는 대답하지 않고 방을 나가 문을 거칠게 닫았다. 강철 문 닫히는 소리. 나는 홀로 정적 속에 남겨졌다.

3

그로부터 얼마나 흘렀을까. 이런 생각을 하고 있을수록 시간은 바람대로 지나지 않는다는 것을 나는 수없이 겪어 왔다. 또 이 즐거움이 계속되면 좋겠다고 바랄수록 시간은 쏜살처럼 흐르게 마련이라는 것도. 나는 어린 시절부터 늘 어떤 상황에서나 시간과 싸워 왔다. 그러나 이번 싸움은 끝이 보이지 않아서 그 어느 때보다 더 고통스러울 것 같다. 아니, 끝은 보였다. 다만 그 과정이 보이지 않을 뿐. 나는 비장한 결의를 품고 어둠을 견뎠다.

방은 캄캄하지는 않았다. 문에서 멀지 않은 벽에 조명 스위치가 있고, 그 옆에 상야등이 희미하게 켜져 있었다. 그 엄지손톱만한 작은 오렌지색 빛이 이 방에 존재하는 유일한 희망 같았다. 나는 가만히 그 빛을 쳐다보았다.

한데 어느 순간부터 빛은 마치 오 헨리의 고풍스런 단편소설처럼 수명이 다한 듯 깜빡거리기 시작했다. 빛이 점점 약해지고 깜빡이는 간격이 벌어져 갔다. 조만간 망가져서 캄캄해지겠지. 희망 따위도 애당초 없는 편이 나았을 텐데. '전향할 테니까 용서해 주세요'라고 소마 따위에게 애원하던 내 모습이 떠오른다. 전향. 얼마나 고풍스러운 단어인가.

소마가 웃으며 내뱉은 말은 참으로 옳았다.

'전향이라니, 고바야시 다키지 시대도 아니고, 그런 고리타분한 얘기는 하지 마세요. 누가 들을까 겁나네.'

하지만 나는 전향했다. 변절했다. 상상력을 멋대로 구사해서 작품을 쓰면 안 된다는 말에, 예, 그리 할 테니까 용서해 주세요, 라고 굴복했다. 오로지 이 구속복이 무서워서.

다다가 비웃을 만했다. 지금쯤 다다와 니시모리 들은 '알고 보니 별 대단한 자도 아니었다'며 나의 나약함을 비웃고 있을 것이다.

하지만 몇 번이나 전향하겠다고 외치던 아까의 내 모습을 떠올리자 마음은 오히려 차분해졌다. 그만한 깜냥의 작가이니 이대로 썩어버려도 상관없지 않은가. 그렇게 되면 소마도 나의 사후뇌 따위에 흥미를 품지 않을 것이다.

기메타 아리에 같은 천재 작가야말로 사후뇌를 꼼꼼히 파헤쳐야 할 것이다. 하지만 기메타도 쉽게 전향해서 간호사 미카미로 변신하고 말았다. 만에 하나 내가 풀려나게 된다면 나도 전향자로서, 밀고자 간호사나 오치 히로토 같은 폭력적인 직원이 되어 여기서 지내게 될까.

딱 질색이다. 오치 히로토가 어떤 작품을 썼는지는 알 길이 없지만 여기서 사느니 스고우 시즈카처럼 깨끗하게 절벽에서 뛰어내리는 편이 낫다. 그렇지만 막상 그 절벽 앞에 서면 다리가 굳어 버릴 텐데. 뛰어내려, 라고 하면 나는 또다시 용서해 주세요, 전향할게요, 라고 외치겠지. 도대체 이 끝없는 루프에서 벗어나려면 어떻게 해야 할까.

"살아라."

문득 〈모노노케히메〉의 홍보 카피가 불쑥 떠올랐다. 살아라? 어떻게? 어떻게 살라는 건가, 말로가 뻔한데. 나는 이대로 고통받다가 아무도 구해 주러 오지 않아서 쓸쓸하게 죽어갈 테고, 사후뇌는 소마의 브레인뱅크에 들어가거나 쓰레기통에 버려지거나 둘 중 하나일 것이다. 지금 내가 평온한 까닭은 삶을 체념했기 때문이다. 덕분에 이젠 구속복에 갇혀도 버둥거리거나 패닉에 빠지지 않고 차분할 수 있는 것이다. 한데 왜 새삼 '살아라'라는 불온한 단어가 마음에 떠오르는지 알 수 없었다.

내 가족도 열심히 사는 '삶'과는 인연이 없는 불운한 사람뿐이었다. 아버지는 엄마와 애인 사이에서 번민하다 자살했고 엄마는 그리 늙지도 않은 나이에 치매를 앓고 있으며 동생은 애인 때문에 전과자가 되었고 나의 동거남이던 남자는 살인자가 되었으며, 나 자신은 어느 샌가 강제입원 환자가 되었다. 그런 내가 기르던 귀여운 고양이도 어디선가 죽임을 당했다(아마도).

문득 내가 써서 제출한 작문 '엄마의 카레라이스'가 떠올랐다. 나는 다다의 요청대로 시시한 이야기를 창작했다고 생각했지만, 그것은 나와 동생의 실화였는지도 모른다. 사소설. 나와 동생의 뇌에는 부모의 부부싸움으로 인한 트라우마가 남아 있을 것이다. 너무나 전형적이고 불쌍한 우리 가족. 그런 흔해빠진 가정에서 훌륭한 작가가 태어날 리 만무하다. 모든 것이 절망적으로 느껴져 엉엉 소리 내어 울고 싶었지만 수분이 다 증발했는지 눈물 한 방울 나지 않았다.

이 생각 저 생각. 온갖 상념만 머릿속을 빙글빙글 돌고 있었다. 피폐해진 나는 깜빡깜빡하다가 짧은 꿈을 꾸었다. 가니에가 두르던 것과 같은 지저분한 앞치마를 두른 소마가 냄비 속을 휘젓는 꿈이었다.

냄비 속에 사후뇌가 들어 있다고 소마가 말해서 조심스레 들여다보니 그냥 크림스튜였다.

뭐야, 크림스튜잖아, 하고 말하자 소마가 "뇌를 끓이면 녹아요"라고 대답했다. 뇌는 스튜 건더기나 마찬가지라면서. 진한 뇌는 진한 스튜가 되고 연한 뇌는 많이 넣지 않으면 진한 스튜가 되지 못한다고도 했다. 불쾌하기도 하고 우습기도 하고, 뒷맛이 좋은지 나쁜지 알 수 없는 꿈이었다.

나의 사후뇌도 불에 올리면 녹겠지만 냄비 바닥이 보일 정도로 연하겠지. 그런 뇌인 것이다. 능히 개죽음 당할 만한 뇌. 꿈은 언짧았지만 다행히 눈을 떠도 차분한 기분은 유지되고 있었다.

갑자기 희미한 소리가 들렸다. 소리는 희망이기도 하므로, 희망을 배제함으로서 성립하던 평온이 깨지고 나는 심하게 동요했다. 당장이라도 "살려줘요"라고 외치고 싶어 경련이 왔다. 양손을 쓸 수 있었다면 나는 소리치지 못하게 내 입을 틀어막고 손가락을 깨물고 있었으리라.

"괜찮아?"

상대방이 낮은 소리로 물었다. 미카미였다. 순간 미카미의 밀고 탓에 이런 처지에 빠진 거라는 생각도 들었지만 나는 그저 기쁘기만 했다.

"네, 그럭저럭."

어째서 이런 얼빠진 대답을 했는지 알 수 없었다.

"강하네."

"설마요."

한동안 말을 하지 않고 물을 마시지 못해서 목소리가 갈라졌다. 하지만 나의 내부에서는 다시 '살아라'라는 말이 솟구치고 있었다.

"이거 마셔."

미카미가 유리컵을 입술에 살짝 대주어서 나는 바닷물 맛과 흙맛이 나는 미지근한 물을 꿀꺽꿀꺽 마셨다. 시치후쿠진하마 요양소의 물맛이다. 미카미는 이불을 젖히고 재빨리 기저귀를 채웠다.

"이걸로 참고 있어. 또 올 테니까."

"언제 또 와줄 수 있죠?"

초조해진 나는 말투가 급해졌다.

"쉿." 미카미는 나를 달래듯이 내 몸 위에 두 손을 놓았다. 어쩔 수 없이 나는 입을 다물었다. 미카미는 바로 방을 나갔다.

그 순간 평온하던 심정은 어디로 가버렸는지 갑자기 숨이 답답해졌다. 같은 자세로 움쭉달싹도 못하는 상태를 견딜 수 없었다. 여기서 내보내 줘, 라고 소리치고 싶은 것을 필사적으로 참았다. 그래도 미처 억누를 수 없는 공포가 조만간 나를 고함지르게 만들 것이다.

하지만 패닉에 빠져 아우성을 치면 끝이라는 것을 나는 알고 있었다. 소마가 노리는 함정일 테니까. 이걸 뭐라고 하더라? 이 자극성易刺激性? 이노성易怒性? 쉬이 분노한다는 거였던가? 그 말대로 나는 하루 종일 분노해 있었다. 아니, 분노가 되살아났다.

나는 눈을 감고 다른 생각을 해 보려고 했다. 만약 미카미의 방문이 이번뿐이고 다시는 나타나지 않는다면 나는 미카미를 원망하며 죽을 것이다. 그 정도로 여기서 지금 희망이 생겨난 것이 두려웠다.

그러나 아무리 기다려도 미카미는 나타나지 않았다. 미카미의 방문을 갈망한 나머지 목은 금방 마르고 요의가 오고 으슬으슬 추웠다. 지하에서 보았던 구속복을 입은 여자는 몸을 좌우로 흔들어 나를 위해 항의해 주었다. 그녀처럼 움직여 볼까? 나는 몸을 비틀어 보았지만 옴짝달싹하기도 힘들다는 걸 깨닫고 바로 그만두었다.

눈을 뜨자 주위는 온통 암흑이었다. 오렌지색 빛은 결국 꺼져 버리고 말았다. 나에게 가장 무서운 죽음은 좁은 공간에 갇혀 꼼짝도 못한 채 수위가 차차 높아져 익사하는 것이다. 〈동굴〉. 〈잠수함〉. 〈타이타닉〉. 〈데이라이트〉. 〈어비스〉. 지금까지 본 영화의 장면들이 머리에 떠올랐다가는 사라지고, 사라졌다가는 떠올랐다. 나는 산소가 부족해 금붕어처럼 입을 뻐끔거렸다. 마침내패닉이 시작된 것이다. 박동이 격해지고 자연히 양손을 움직이려고 했지만 움직이지 못하니 답답함이 커진다.

그때 문 열리는 소리가 났다. 어둠 속에 다시 회중전등이 만들어 낸 둥근 빛의 고리가 천천히 다가왔다. 미카미가 또 와 준 걸까? 아니, 두 명인 것을 보면 어디선가 내 모습을 모니터로 지켜보던 소마가 상태를 살펴보러 누군가를 데리고 찾아왔는지도 모른다. 나는 긴장해서 상대가 말하기를 기다렸다.

"마쓰, 깨어 있어?"

오치의 낮은 목소리가 귓가에 들렸다. 나는 고개를 크게 끄덕여 보였다.

"좋아, 잠깐 조용히 있어 봐."

또 한 사람의 손이 침대 다리에 내 다리를 묶고 있던 벨트를 풀기 시작했다. 미카미였다. 혹시 두 사람은 나를 구해 주려는 걸까. 기대보다 당혹감을 느꼈다. 미카미는 나를 밀고했고 오치는 그렇게 애원했는데도 냉정하게 굴지 않았던가.

두 다리가 자유로워지자 두 사람은 나를 침대에 눕히고 재빨리구속복을 벗겨 주었다. 나는 자유로워진 사지에 금방 피가 통하는 것을 느끼며 그 감각에 취해 있었다.

"일어설 수 있어?" 오치가 말했다.

"모르겠어요."

실제로 알 수 없었다. 나는 거의 누워서만 지낸 상태였으니 근육이 상당량 사라졌을 것이다.

"천천히 일어나 봐."

미카미가 나를 부추겨 침대에서 일으켜 주었지만, 그것만으로도 현기증이 났다. 오치가 나를 안아 올리듯이 해서 두 다리를 바닥에 디디게 해 주었다. 두 사람에게 어깨를 맡기고 일어서려 했지만 다리가 완전히 위축된 것처럼 힘이 들어가지 않았다.

"걸어. 걷지 못하면 못 구해 줘."

오치가 그렇게 말하기 전에도 나는 두 사람의 긴박감에서 그들의 의도를 느끼고 있었다. 그러나 나의 두 다리는 맥없이 꺾여 쉽게 걸을 수 없었다.

"무리도 아니지. 내내 누워만 있었으니."

미카미가 숨을 헐떡이며 오치에게 말했다.

"죽을 각오로 걸어. 기회는 지금밖에 없어."

오치의 말에 나는 다리를 필사적으로 앞뒤로 움직였다. 체격이 나보다 작은 미카미가 주저앉아 버릴 것 같아서 나는 거의 오치에게 의지한 채 걸어 보려고 노력했다. 미카미가 회중전등으로 방향을 유도했다.

지금 여기서 도망치지 못하면 다시는 시치후쿠진하마 요양소를 벗어날 수 없다. 미카미와 오치가 나를 어디로 데려가려는지는 모르겠지만 적어도 구속복보다는 나을 거라고 생각했다. 내 두 발로 어디론가 갈 수 있다면 설령 가다가 죽음을 맞는다 해도 상관없다.

"고마워요."

작은 소리로 말하자 미카미가 꾸짖었다.

"입 다물어."

"그런 말은 성공한 다음에 해." 오치가 긴장한 목소리로 속삭였다.

우리는 천천히 복도로 나왔다. 복도는 상야등만 점점이 켜져 있었다. 심야에 두 시간 정도는 에너지 절약을 위해 전원을 내린 다고 했던 오치의 말이 기억났다. 지금이 그 시간대인 모양이다. 그렇다면 나는 먹지도 마시지도 못하고 화장실도 가지 못한 채 열두 시간 이상 구속복을 입고 누워 있었던 셈이다.

앞장선 미카미가 바로 옆의 작은 문을 열쇠로 열고 재빨리 안 으로 들어갔다. 오치와 나는 뒤를 따랐다. 회중전등을 껐지만 내 방처럼 상야등이 켜져 있어서 방 구조는 얼추 알 수 있었다. 선반 에 약병들이 나란히 놓여 있으니 약품 창고인 듯했다.

"이거 입어."

나는 회색 제복 위로 하얀 옷을 입었다. 경비원을 만나면 간호 사나 직원이라고 둘러댈 심산이리라.

"화장실에 갈 수 있나요?"

"참아. 힘들면 기저귀에다 그냥 싸."

아무래도 그렇게는 할 수 없었다. 그리하여 나는 기저귀 때문에 볼품없게 퉁퉁해진 백의 차림으로 이곳을 탈출하게 된 것이다.

"이 시간대면 순찰이 강화되니까 잠깐 기다려 봐."

누군가 복도를 걸어가는 소리가 들렸다. 순찰을 도는 경비의 발소리다. 나는 숨을 죽이고 발소리가 사라지기를 기다렸다.

"지금이야."

오치의 말에 우리는 복도로 나갔다. 복도 끝에 계단이 있었다. 나는 오치에게 업혀 두 개 층을 올라갔다. 밖으로 나오자 파도가 해안에 밀려드는 소리가 들린다. 그리고 내 방에서 자주 들었던 저 부웅부웅 으르렁거리는 터빈 소리도. 다다나 니시모리 들이 어디선가 나타날 것 같은 기분도 들었다.

다행히 바깥공기를 �쐰 덕분에 기력이 조금씩 살아나는 듯했다. 다만 체력이 뜻대로 받쳐주지 못해서 안타까웠다. 계속해서 오치에게 업히거나 어깨를 부축 받으며 움직이는 수밖에 없었다.

오치와 미카미는 나를 데리고 주저 없이 식당 쪽으로 향했다. 주방 부근에는 급식실에서 만드는 국 냄새가 남아 있었다. 나는 꿈을 떠올리고 잠깐 멈춰 섰다. 누군가의 뇌로 국을 끓이는 꿈이었는데.

"왜 그래? 배가 고프겠지만 조금만 더 참아."

미카미가 아이를 타이르듯이 나에게 속삭였다.

"그게 아니라."

꿈 이야기를 하려고 했지만 "어서!" 하고 오치가 재촉했다. 나는 아직 현실감을 온전히 회복하지 못한 모양이다.

식당을 통과하여 복도 끝에 다다르자 오치가 남탕 옆 어둠 속으로 사라졌다. 열쇠로 문을 여는 기척이 들린다. 이내 엉성한 문이 열리고 그 밖으로 좁은 아스팔트 도로가 보였다. 도로 양 옆에 키 큰 잡초가 우거져 있다. 그런 도로가 있다는 것은 처음 알았다. 식료품 트럭을 문 앞에 댈 수 있도록 만든 도로인 듯하다.

간만에 밤기운을 쐰 나는 숨을 크게 들이마셨다. 바닷물 냄새가 진하다.

"공기가 맛있네."

"바깥은 오래간만이지?"

미카미가 억양 없는 목소리로 말했다.

"마지막이니까 마음껏 마셔 둬."

오치가 낮은 목소리로 말했다. '마지막'이라니, 무슨 말일까 생각했지만, 물어볼 용기는 없었다.

"가니에가 늘 이 자리에 서서 우릴 지켜보고 있었죠."

그 광경이 먼 옛날처럼 느껴졌다. 하지만 내가 시치후쿠진하마 요양소에 수용되고 아직 몇 개월도 지나지 않았다. 그토록 무더웠는데 어느새 공기가 선선해지고 가을 기운이 감돌고 있었다.

"당신들이 이 도로를 알아채지 못하게 감시했던 거야."

그랬단 말인가. 앞은 바다이고 뒤는 산과 담으로 막힌 격리된 땅이라고 생각했는데, 직원들만 아는 도로가 있었던 것이다.

"이 도로를 가면?"

"현도를 만나게 되는데, 중간에 문이 있어."

"그 전에 여기에 사인해."

미카미가 종이 한 장을 내밀었다. 회중전등이 비추는 자리에 미카미가 시키는 대로 사인을 하고 물어보았다.

"이건 무슨 사인이죠?"

"나는 사후뇌를 기증하고 싶지 않다, 절망감에 절벽에서 뛰어내려 죽는다는 유서야. 내가 썼어."

오치가 종이를 들여다보며 말했다.

"하지만 나는 갇혀 있으니 당신들 도움 없이는 나갈 수도 없잖아요?"

"그렇지. 내가 도와줬다, 차마 지켜볼 수가 없어서, 라고 나중에 증언하는 거야. 수용자의 자살을 방조하는 것은 오히려 장려되는 일이니까."

미카미가 설명했다. 비로소 모든 게 납득되었다. 이제 살았다고 생각한 것은 섣불렀다. 아마도 나는 여기 절벽에서 오치와 미카미에게 등을 떠밀릴 것이다. 스고우 시즈카의 '유서'도 이렇게 작성되어 다음 수용자의 베개에 넣어졌겠지. 그래서 오치도 '마지막'이라고 했던 것이다.

여기까지인가. 떠밀려 죽을 바에야 스스로 뛰어내리는 편이 낫지 않을까. 게다가 밤이라 아무것도 보이지 않을 테니 그리 무섭지 않을 것이다. 나는 충동적으로 A45가 숨어 있던 절벽 쪽으로 가려고 했다. 그러자 오치가 팔을 잡았다.

"어디로 가려고."

"내가 알아서 죽을 테니까 놔 둬."

"무슨 소릴 하는 거야, 바보 같으니. 이 유서는 속임수야."

"살고 싶지 않아?"

미카미가 화난 듯이 말했다.

"하여간 손이 많이 간다니까, 마쓰는." 오치가 쓴웃음을 지었다. "저쪽을 봐."

어느새 소리도 없이 라이트도 켜지 않은 자전거가 이쪽으로 다가오는 것이 어둠 속으로 보였다. 검은 옷을 입은 중년 남자가 손을 쳐들었다.

"마쓰 씨를 데리러 오는 거야."

미카미가 내 등을 밀었다. 두 사람은 여전히 여기에 남을 모양이다.

"기메타 씨는 안 가요?"

미카미가 어깨를 으쓱해 보였다.

"난 기메타 아리에가 아냐. 기메타 아리에는 두 달 전에 죽었어. 당신이 봤던 구속복을 입은 사람이 그 사람이야. 난 미카미 하루라는 극작가야."

이럴 수가. 그 여성이 기메타 아리에였단 말인가. 필사적으로 눈을 맞춰 격려해 주던 사람이 내가 존경하는 작가였다니. 그 해후가 마지막이었다니.

"기메타 씨는 왜 죽은 거죠?"

"구속복을 입은 뒤 쇠약해져서 죽었어. 소마는 기메타 씨 뇌를 조사하고 싶어 했지. 지금쯤 소마의 브레인뱅크에 들어 있을 거야."

"나는 당신이 기메타 씨인 줄로만 생각했어요. 오치 씨, 왜 거짓말을 했죠?"

오치가 거짓말을 한 까닭을 알 수 없었다.

"당신을 분노케 하고 싶었으니까. 한바탕 말썽을 부려서 지하 2층으로 가지 않으면 구출할 방법이 없거든."

분명히 지하 2층은 종종 남자 직원들의 목소리가 들렸지만 지하 1층만큼 사람이 자주 지나다니지는 않는 듯했다. 모든 사람이 다 알게 된, 쉽게 분노하는 나의 기질이 도움이 되었던 걸까.

"이제 시간이 됐어."

미카미가 다시 내 등을 밀었다. 자전거 남자가 가만히 옆으로 다가와 스탠드를 세웠다. 검은 테 안경을 쓴 예순 가까운 남자였다. 몹시 여위어 과연 나를 태우고 산길을 달릴 수 있을지 걱정스러웠다.

"뒤에 올라타시오. 현도에 자동차를 세워 놓았으니까."

나는 오치의 부축을 받아 자전거 짐칸에 앉았다. 오래된 짐 자전거였다. 살이 빠진 엉덩이가 짐칸에 배겨서 아팠다.

"내 몸을 꼭 잡으시오."

남자의 말을 듣고 그의 수척한 몸에 팔을 둘렀다. 자전거가 비틀거리며 달리기 시작했다. 설마 자전거를 타고 도망치게 될 줄이야.

돌아다보니 미카미도 오치도 이미 보이지 않았다. 하얀 철근콘크리트조 상자형 건물이 어둠에 가라앉아 희미하게 보일 뿐이다.

"마쓰 씨, 나, 누군지 모르겠소?"

남자가 불쑥 말했다. 나는 뒤에서 남자 얼굴을 들여다보았다.

"나리타 린이치요."

세상에. 나도 모르게 손을 뗄 뻔했다. 자전거가 휘청거리자 나리타가 이런, 하고 소리치며 페달을 힘껏 밟더니 중심을 잡았다.

"몰랐어요. 많이 마르셨네요."

"네, 마쓰 씨도 많이 달라졌네. 밖에서 스쳐지나가도 피차 못 알아보겠어."

"원만하게 퇴소하신 줄 알았는데, 여기서 어떻게 지내고 계세요?"

"난 마쓰 씨와 달리 전향과 순종의 세월을 보내고 있다오. 애초에 대단한 글을 쓰던 작가도 아니니까. 예예, 지당하신 말씀입니다, 하며 저들이 시키는 대로 따르고, 다다의 졸개가 돼서 일했지."

덕분에 점수를 따서 운 좋게 퇴소했단 말인가. 처음 문윤에서 온 서류를, 그런 건 갖다 버리라고 말한 사람도 나리타였다. 그것이 모든 일의 시작이기는 했다.

"그래서, 오치 씨들과 알게 되었고, 내가 외부에서 돕기로 한 거요. 면종복배라는 거지. 마쓰 씨처럼 용감하진 못하니까."

"다른 사람은 어떻게 되었죠?"

"가령 누구?"

"A45라는 사람."

"아아, 그는 문윤 직원이오. 비밀 직원. 스파이. 그래서 마쓰 씨의 동향은 내내 보고되고 있었지."

나리타는 아무 일도 아니라는 투로 말했다.

"가니에와 아키미는 어떻게 되었죠?"

"가니에 씨는 최근 문윤 본부로 돌아갔다고 들었소. 아키미 씨는 다다 씨와 헤어지고 니시모리와 사귀고 있고."

"다다 씨는 이혼했나요?"

"우여곡절이 있었지만 잘 살고 있소."

나리타는 비열한 웃음소리를 냈다. 자전거는 삐걱거리는 소리를 내며 캄캄한 산길을 움직였다. 하늘은 조금씩 밝아지고 있었다. 나는 문득 불안해졌다.

"지금 어디로 가는 거죠?"

"마쓰 씨가 가자는 곳으로 가야지."

"차는요?"

"저기 앞에 문에 있고, 거길 빠져나가면 현도가 나올 거요. 거기 세워 놓았으니까 어디로든 갈 수 있소."

"그래요? 도쿄까지 얼마나 걸릴까요?"

마침 오르막으로 접어들자 나리타는 페달 밟는 데 열중하느라

대답이 없었다. 오른쪽 숲이 끝났다. 절벽 위인지 문득 전망이 탁
트였지만, 쏴아쏴아 하는 파도소리만 들릴 뿐 밑에 있을 바다는 보
이지 않았다. 정말 원래대로 돌아갈 수 있을까. 나는 불안해서 다
시 뒤를 돌아다보았지만 시치후쿠진하마 요양소는 이제 보이지 않
았다.

　문득 주위가 밝아졌다. 일출이 시작된 듯하다.

　"자, 마쓰 씨."

　나리타가 자전거를 세우고 뒤를 돌아다보았다. 나는 딱딱한 짐
칸에 앉아 아침 해가 떠오르는 것을 쳐다보았다. 태양은 검붉어서
마치 막 가라앉으려는 것처럼 보였다.

　"마쓰!"

　나리타가 다시 이름을 불렀다.

　"네?"

　"어서 가."

　잠시 나는 멍하니 짐칸에 앉아 있었다.

　나리타는 왼쪽 다리를 땅에 디딘 채 내가 결심하기를 기다리고
있었다.

　"아아, 그렇구나."

　나는 소리 내어 말했다.

　이때에 이르러서야 절벽에서 뛰어내리는 의미를 알 수 있었다.
뇌를 산산이 부숴 버리면 스튜에 어울릴지 어떨지 아무도 알 수 없
게 되는 것이다.

나는 천천히 짐칸에서 내려서서 기저귀 찬 볼품없는 모습으로 비척비척 절벽으로 다가갔다.

역
자

후
기

역자 후기

기리노 나쓰오라는 이름을 보고 이 책을 집어든 독자라면 아마 작가에 대한 뚜렷한 이미지를 가지고 있을 것이다. 내 경우, 그의 주요작품 제목 몇 개가 작가를 떠올리는 키워드로 남아 있다. 그로테스크, 다크, 아웃.

"부디 당신의 불타는 능력을 밝은 세계에서는 쓰지 마시기를. 밝은 세계는 밝은 세계. 어차피 어둠 쪽에 있는 사람과는 인연이 없는 세계입니다."

『얼굴에 흩날리는 비』에 나오는 편지글에서 이 문장을 발견했을 때는 작가가 스스로에게 던지는 말 같아서 고개를 끄덕였다.

그이도 스스로를 '쎈はげしい' 소설을 쓰는 작가라고 표현하곤 하는데, 금기의 경계를 아무렇지도 않게 넘나드는 그로테스크한 장면들, 파국으로 향하는 박진감 넘치는 점입가경, 빛과 희망 따위에는 눈길도 주지 않는 비극적 결말은 독자들 마음에 생채기와 같은 여운을 남긴다. 그 암울한 결말에 충격을 받는 이도 적지 않

으니, 읽기 전에 나름의 각오가 필요한 작가이다.

2020년에 출간된 『일몰』은 작가 자신을 닮은 소설가와 권력의 대립을 다룬다는 점이 흥미롭다. 퇴행하는 일본 사회에 경고를 던지는 디스토피아 소설이랄 수 있는데, 일본 사회라고 한정할 일은 아니겠다. 신자유주의의 기승 아래 정치권력과 문화에 반동의 기운이 세계적으로 팽배하고 있는 만큼 어느 나라에서나 나름 현실성 있는 풍자로 읽힐 수 있다.

시골 바닷가 외딴 곳에 있는 '요양소'는 표현의 자유를 억압하는 현대 사회를 상징하는 공간이다. '밥'으로 길들이며 올바른 작품을 쓰라고 강요하는 주체는 소장을 비롯한 공무원들이지만, 그들 뒤에는 무자비한 시장과 다양성을 거부하는 대중이 있다.

작가를 둘러싼 환경은 이런 디스토피아 소설을 쓰게 할 만큼 심각한 것일까?

평화헌법을 전쟁이 가능한 헌법으로 바꾸려는 보수 정권의 반세기에 걸친 노력이 여전히 성공하지 못하고 있을 만큼 일본 사회는 기본적으로 건강한 모습을 유지하고 있다. 하지만 십 수 년 전부터 사회 전반에 퇴행적인 모습들이 많아지고 있는 것이 사실이다.

이 소설에도 '공모죄'라는 말이 여러 번 등장하지만, 2017년에 성립한 공모죄는 도쿄올림픽을 앞두고 테러 방지를 위해 도입된 법안이다. 다만 권력의 의지에 따라서는 반反원전 활동 등 정부를 비판하는 활동에 대해서도 악용될 수 있거니와, 범죄를 실행하지 않았지만 계획하는 것만으로도 처벌이 가능하다는 점에서 많은 비판이 있었다.

일본 정부가 특정비밀로 지정한 사항을 누설할 경우 중벌에 처할 수 있게 하는 특정비밀보호법도 언론의 자유를 침해할 수 있다는 비판이 많았지만 날치기로 통과된 바 있고, 최근 일본학술회의에서 정부에 비판적인 학자들이 배제되는 등 한 세기 전 군국주의 시절에 위력을 발휘하던 것과 유사한 법률과 현상들이 얼마 전부터 나타나고 있다.

하지만 작가가 더 위기를 느끼는 대상은 이러한 정치적 퇴행보다 오히려 대중의 압박과 사회문화적 현실이다.

일본에서는 2000년대 초반부터 『배틀 로얄』처럼 유혈과 살인이 난무하는 작품에 대한 대중의 비난이 있었고, 이에 따라 작가들이 잔인한 장면을 삼가자는 자숙의 분위기가 생겨났다. 기리노 나쓰오처럼 거침없이 소설을 써 왔던 작가에게는 이런 자기검열의 분위기처럼 커다란 위협은 없었을 것이다.

작품보다는 판매량으로 작가를 평가하는 시장주의, 자유로운 표현을 억압하는 '정치적 올바름'은 실제로 작가가 몸으로 느끼는 위기라고 한다. 그이의 작품에서 파국에 빠지는 주인공이 여성이나 사회적 약자인 경우가 많은 만큼 작가의 위기감은 남달랐을 것이다.

작가는 십여 년 전부터 이런 위기를 느끼며 『일몰』을 구상했다고 한다. 소설 전체의 암울한 분위기를 통해 그 위기의식이 얼마나 깊은 것인지가 느껴진다.

마쓰 유메이의 입을 빌어 작가는 이렇게 토로한다. "세계 어디서나 통하는 토를 달 수 없는 정론. 그런 선의의 정론이 전 세계에 만연해 있어서 참으로 숨이 막혔다."

자유를 두려워하는 대중은 지도자에게 열광하거나 국가니 정의니 하는 도그마로 도피한다. 그들은 대세에 추종하고 침묵의 동조를 하며 자유로운 영혼을 공격하는 것이다.

표현의 자유를 둘러싼 현실은 정말 희망이 없는 것일까? 마쓰 유메이를 비롯하여 요양소에 갇힌 작가들의 분노와 시련의 끝은 절벽 밑 나락이어야 했을까. 마쓰 유메이가 다분히 기리노 나쓰오 자신을 닮았다고(고양이를 좋아하는 것도) 생각하는지라 이 결말이 더욱 착잡하다.

동산 위에 바람을 맞으며 날개를 돌리는 풍력발전기는 목가적 풍경이 분명할 텐데, 이 소설을 읽고 난 지금은 그 날개가 하켄크로이츠로 떠오른다. 하켄크로이츠 날개를 돌리는 바람의 실체는 무엇인가.

"위험한 테마는 좋은 얼굴을 하지 않는다"

1995년 3월 20일 월요일 아침. 도쿄 지하철 마루노우치 선, 히비야 선, 지요다 선의 다섯 개 차량에서 신경가스계 독가스가 살포되는 사건이 발생한다. 일본 시민을 향한 무차별 테러였다. 지하철에 타고 있던 승객들은 눈이 멀거나 호흡곤란 증세를 일으켰고 부상자는 오천여 명에 달했다. 인간의 중추신경계를 손상시키는 이 가스의 정식명칭은 '사린(sarin)'이며 나치가 제2차 세계대전 중에 개발한 맹독가스로 알려져 있다.

아사하라 쇼코는 1955년 3월 2일 구마모토 현 야쓰시로에서 태어났다. 소작으로 겨우 집안을 건사하던 부모가 일곱 번째로 낳은 자식이었다. 그는 태어날 때부터 눈에 이상이 있었는데 자라면서 거의 보이지 않게 되어 구마모토 현립 맹인학교에 다녀야 했다. 맹인학교에는 아사하라와 같은 처지의 학생들이 많았고 그 중에는 미나마타의 수은중독이 원인인 경우도 있었다. 야쓰시로 에서 미나마타까지는 차로 한 시간이 채 걸리지 않으며 같은 바 다에 면해 있다.

하지만 아사하라의 형이 아사하라를 미나마타병 환자로 관청 에 신고했을 때 돌아온 것은 아사하라를 "빨갱이로 몰아세우는 소문과 괴롭힘"이었다. 후지와라 신야는 『황천의 개』에 이렇게 적 었다. "미나마타의 질소 공장은 패전 후 국가 재건에 앞장선 선봉 이었다. 그 국가적 산업은 사람이 죽어나가는 것을 알면서도 미 나마타 앞바다에 수은을 방류했다. 중앙정부는 냉혹하게도 국가 재흥에는 다소간의 희생이 따를 수밖에 없다고 판단했다."

아사하라가 고향을 떠나 동경에 머물며 옴진리교를 설립한 것 은 1984년이었다. 단체는 빠르게 성장했다. 10년이 채 지나기도 전에 만여 명에 가까운 이들이 모였다. 변호사와 생화학자, 의사, 과학자, 심지어 정부관료와 경찰의 수도 상당수에 달했다. 이른 바 사회 엘리트층인 그들을 향해 아사하라는 핵전쟁을 예언하고 옴진리교의 신자들만이 살아남을 수 있으며 이를 위해 최첨단 무 기와 독가스를 개발해야 한다고 설파했다.

반론은 허용되지 않았다. 교단 내부에서 아사하라의 예언에 의 문을 가진 사람들은 조용히 제거되었다. 교단의 활동에 항의한 인근 주민들에게는 테러가 가해졌다. 문제는 살인과 납치, 폭력이 자행되었음에도 경찰 당국은 그다지 심각하게 여기지 않았다는 것이다. 옴진리교에 대한 경찰 내부의 움직임이 교단에 소속된 경찰 간부에 의해 시시각각 보고될 정도였다. 1995년의 대참사가 벌어진 그 순간까지도 사린에 대한 방비는 이루어지지 않았다.

당시 메사추세츠 주 케임브리지에서 문학 수업을 맡고 있던 작가 무라카미 하루키는 뉴스를 접하고 일본으로 돌아와 책을 쓸 결심을 한다. 그는 피해를 당한 당사자 140명을 인터뷰하는 방식으로 『언더그라운드』라는 제목의 르포르타주를 출간하며 평범한 사람들이 허무하게 죽어갈 수밖에 없었던 주된 이유로 "무방비 상태의 정치가와 경직된 관료 시스템"을 들었다. 한편 사건에 가담한 신자들과 인터뷰할 때는 공통질문 하나를 던진다.

"당신은 소설을 열심히 읽었습니까?"라는 것이었다. 철학이나 종교, 과학 서적을 탐독해 온 신자들 대부분이 소설에는 흥미가 없었다고 대답했다. 그들의 대답을 종합해서 하루키는 "아사하라가 내세운 세계관은 기본적으로 하나의 픽션이었다. 그러나 픽션에 익숙하지 않은 신자들은 아사하라가 제시한 픽션을 사실과 뒤죽박죽 섞어 고스란히 받아들였다. 다시 말해 픽션이 본래적으로 발휘하는 작용에 대한 면역성을 갖추지 못했다고 말해도 좋을 것이다"(『잡문집』)라고 진단했다. 충분히 일리가 있는 얘기라고 생각한다. 그렇지 않은가?

그로부터 20년 후. 소설은 이제 (예전보다 더) 읽히지 않을 뿐만 아니라, '정치적으로 올바르지 않으면' 고발당하기에 이르렀다. 기리노 나쓰오가 『일몰의 저편』을 통해 집요하게 던지고 있는 질문은 '대관절 소설이 올바르고 올바르지 않다는 판단을 누가, 어떤 기준으로 하는가'라는 것이다. 작가는 2016년부터 『일몰의 저편』을 연재하기 시작했지만 그 이전, 10년 가까이의 사회적 경향을 체감하며 문제의식을 가지게 되었다고 한다. 이대로는 곤란하지 않을까 하고 작가로서 위기의식을 느꼈던 것이다. 출간 직후 인터뷰(《현대 비즈니스》, 2021년 1월 30일)에서 밝힌 집필의 동기는 대략 세 가지로 정리할 수 있을 듯하다.

우선 인터넷에서 정체 모를 사람들로부터 근거 없는 비판을 듣게 되는 경우가 늘었다. 전후 맥락을 완전히 무시한 채 소설 속 등장인물의 입에서 나온 대사 하나만을 뚝 떼어내 "이건 남성 혐오다", "저건 여성 차별이 아닌가"라며 마치 작가가 실제로 남성을 혐오하고 여성을 차별한다는 식으로 트집을 잡는 일이 많아졌다. 아내가 남편을 살해하고 토막 내는 소설 『아웃』에 대해 "당신은 살인을 긍정하고 있는가"라는 질문을 받거나, 야쿠자가 등장하는 소설에 대해 "반사회적 세력이 등장하는 소설은 문학상에 적합하지 않다"는 말을 들었을 때는 기함하고 말았다.

두 번째는 위와 같은 흐름을 아무런 검증 없이 '논란'이라며 부추기는 미디어의 문제다. "누구나 논란을 두려워하고 위축되어 거슬리지 않는 말만 하게 되죠. 거기서 미디어는 의견이 있는 사람에게 대변시켜서 어떻게든 양쪽 의견을 병기해 균형을 잡으려고 하지만, 대론(對論)조차 되지 않는, 한쪽의 단순한 트집일 경우에도 양론(兩論)이라고 하기 때문에 그런 트집이 당당히 세상에 나와 버리는 것입니다. 이러한 움직임은 머지않아 소설가의 표현물에도 영향을 줄 것"이라고 기리노 나쓰오는 말한다.

세 번째로 아베 정권 이후 만들어진 특정비밀보호법(안보와 관련된 정보를 특정비밀로 지정하고 이를 유출하면 처벌할 수 있는 규정을 담은 법)과 안보법제(자국이 공격받았을 때만 공격한다는 방위 차원에서 벗어나 자위대가 언제든 무력행사를 할 수 있도록 한 법) 개정을 비롯하여 작중에도 여러 차례 등장한 공모죄나 헤이트스피치 규제법을 통해 시민들의 표현을 규제하려는 정치권력에 대한 공포도 제대로 묘사하고 싶다는 생각을 했다.

기리노 나쓰오는 전체주의를 그린 픽션과 논픽션을 읽으며 자료를 모으고, 실제 요양소의 평면도를 구해서 시설의 구조를 파악하며 이야기를 구상해 나갔다. 그리하여 강간과 소아성애증을 소재로 한 작품을 발표하고 문예윤리위원회에 의해 감금되는 작가 마쓰의 이야기가 출간되었다. 극중에서 자신이 왜 이곳에 갇혀야 하느냐고 묻는 마쓰에게는 다음과 같은 대답이 돌아온다. 헤이트스피치 규제법이 통과된 후로 범죄를 긍정하는 듯한 창작물에도 규제를 가하기로 했는데, 어린이를 성적 대상으로 삼는 남자들을 등장시키는 장면을 마땅치 않게 여긴 독자들의 고발이 있었기 때문이라고. 위원회 소장의 요구는 간단했다. 누구라도 공감할 아름다운 이야기, 올바른 소설만 쓰라는 것. 이에 대한 반론은 허용하지 않았다. 반항하면 감금 기간이 길어진다. 뿐만 아니라 요양소 안에서 다른 누군가와 이야기를 나누면 공모죄가 적용되기 때문에 대화가 불가능하다. 마쓰는 반항과 절망을 반복하며 소장에게 맞서지만 급기야 침대에 묶여 그나마 있던 신체의 자유마저 빼앗기고 마는데. 과연 소설가 마쓰에게는 어떤 결말이 기다리고 있을까……에 대해 이야기하기 전에 잠깐, 여기서부터는 스포일러가 있으니 아직 소설을 읽지 않은 분들은 앞으로 돌아가 주시길 부탁드린다.

기리노 나쓰오 작가의 소설 『아웃』(황금가지)이 한국에 재출간된 것은 2007년. 북스피어에서 미야베 미유키 작가의 첫 번째 작품인 『누군가』가 출간된 해이기도 하다. 도시락 공장에서 일하는 네 명의 주부들이 가정폭력을 일삼는 남편을 죽이고 범죄의 길로 들어선다는 내용의 『아웃』(다리미디어, 1999년)을 처음 읽었을 때 나는 어두운 스토리와 음습한 묘사에 기겁할 정도로 놀라고 말았다. 그 뒤로 기리노 나쓰오의 작품들은 모조리 찾아서 읽었다. 불륜과 이어진 아동 유괴 사건을 다룬 『부드러운 볼』이나, 조직폭력배와 마약상과 이상성욕자를 대거 등장시켜 세상의 불합리에 맞서는 여성의 모습을 그린 『얼굴에 흩날리는 비』 등은 기존의 일본 문학이 묘사하지 않은 사회적 문제를 정면으로 다루었다는 점에서 당시 내가 열을 올리며 만들던 미야베 미유키의 작품과 통하는 구석이 많았다.

하지만 사회를 바라보는 두 작가의 시선, 즉 현실에 대한 대응은 완전히 극과 극이었다. 예를 들면, 언젠가 미야베 미유키는 이런 말을 한 적이 있다. "나쁜 일은 눈에 잘 띄지만 좋은 부분은 잘 보이지 않을 뿐입니다. 세상이 전부 나빠졌다고는 생각하고 싶지 않아요. (제가) 반드시 해야만 하는 일은 많은 사람들의 잠 못 드는 밤을 위로해 주는 작품을 쓰는 것입니다." 반면 기리노 나쓰오는 어떤가. "꿈이나 희망이 없으면 안 된다고 주장하는 사람들도 있지만 픽션에서까지 그런 걸 요구할 필요는 없다고 생각해요. 꿈을 향해 달려가라든지 너는 세상에 하나밖에 없는 소중한 존재라는 말을 듣고 감동하는 사람들을 보면 그렇게 쉽게 넘어가지 말라고 말해주고 싶어요." 굳이 정의하자면 전자는 휴머니즘, 후자는 니힐리즘 정도가 될까.

그와 같은 연장선상에서 보면 『일몰의 저편』이 보여주는 결말은 일관적이다. 그래도 납득할 수 없다. 최소한 결말 정도는 해피엔딩이었더라면 좋았을 텐데, 하고 생각하는 독자들에게 작가는 이렇게 말했다. 《동양경제》와의 인터뷰에 따르면, 이 작품의 마지막 15줄은 작가가 처음 썼던 내용을 뒤엎어 재교 단계에서 가필했다고 한다. "마쓰가 지는, 아픈 패배가 좋겠다고 생각했습니다. 특별히 경고나 경계 등의 메시지를 담고 있는 것은 아닙니다. 이것은 소설 작품, 픽션이에요. 소설은 답을 주는 것이 아니라, 그 세계에 사는 사람을 그리는 거죠. 이런 짓을 하고 있다면 희망이 없어져 버릴 거야, 정도의 이야기일까요. 하지만 지금의 일본에서는 쓰라린 패배를 묘사하는 소설이 인정을 받지 못하고 있어요. '끝까지 싸워 달라, 그것이 소설로서의 올바른 자세다'라고 주장하는 사람도 있습니다. 현실에는 쓰라린 패배도 있고 전향도 있는 법이죠. 그걸 쓰는 것이 소설인데 지금 소설 속에선 패배조차 용납되지 않아요. 『일몰의 저편』은 그러한 분위기와도 싸우는 소설입니다." 이 인터뷰를 보며 나는 역시 기리노 나쓰오답다고 생각했다. 오랫동안 기리노 나쓰오 작가의 이야기를 읽어 오신 분들이라면 동의해 주시겠지만 그는 늘 절망을 담보로 작품을 집필해 왔기 때문이다. 그러한 절망을 통해 얼마간의 항체가 생긴다면 작가가 제기한 물음에 대한 논의도 조금씩 늘어가지 않을까. 1993년 에도가와 란포 상을 받으며 데뷔한 이후로 나오키 상, 일본 추리작가 협회상, 이즈키 쿄카 상, 시바타 렌자부로 상, 다니자키 준이치로 상, 요미우리 문학상 등 받을 수 있는 문학상을 모조리 수상하고 30년 가까이 작품 활동을 해온 작가의 기개는 여전한 듯하다. 최근에는 창작뿐만 아니라 일본 펜클럽 회장으로, 그리고 문학상 심사위원으로 후배들의 작품도 읽고 있다. "다들 너무나 능숙하고 잘 쓰지만 한편으로 '이걸 쓰면 안 된다'는 두려움이 내면화된 것 같다"며 안타까워하는 작가가 던진 마지막 한 마디는 "다양한 비난이나 장벽에 부딪칠지언정 나에 대해서도, 세상에 대해서도 도전적이어야 한다고 생각해요. 제게 그 기개가 없어지면 끝장이죠"라는 것이었다. 작품을 발표할 때마다 너무나 많은 비판(비난)을 받기 때문에 이제는 만신창이가 됐다는 기리노 나쓰오 작가. 앞으로도 지금까지처럼 변함없이 그의 소설을 읽으며 절망을 맛볼 수 있기를. 그런 희망을 담아 한국에 있는 저도 열심히 응원하겠습니다.

마포 김 사장 드림.

일몰의 저편

초판 1쇄 발행 2021년 9월 30일

지은이   기리노 나쓰오
옮긴이   이규원

발행편집인   김홍민 · 최내현
책임편집   조미희
표지디자인   이혜경디자인
용지   한승
출력(CTP)   현문
인쇄 제본   현문

펴낸곳   도서출판 북스피어
출판등록   2005년 6월 18일 제105-90-91700호
주소   (03961) 서울특별시 마포구 방울내로 11길 43 101-902
전화   02) 518-0427
팩스   02) 701-0428
홈페이지   https://blog.naver.com/hongminkkk
전자우편   editor@booksfear.com

ISBN 979-11-91253-36-8 (04080)
        979-11-91253-37-5 (세트)